KB244748

속담으로 풀어보는

이야기 경제학

속담으로 풀어보는 이야기 경제학

초판 1쇄 인쇄 2005년 4월 8일
초판 5쇄 발행 2009년 7월 30일

지은이 | 김상규
펴낸이 | 김영철
펴낸곳 | 오늘의책
영업·관리 | 정복순·안상희

주소 | 121-865 서울시 마포구 서교동 377-26 1층
전화 | 322-4595~6
팩스 | 322-4597
전자우편 | tobooks@hanmail.net
출판등록 | 1996년 5월 25일(제10-1293호)

ⓒ 김상규, 2005

ISBN 89-7718-250-6   03320

속담으로 풀어보는

이야기 경제학

김상규 지음

오늘의책

● 서문

경제는 선택이 아니라 필수다

경제! 정말 쉽고, 재미있고, 실생활에 유용할 수 있도록 속시원하게 풀어줄 수 있는 방법이 없을까? 이 질문은 20여년간 경제학을 가르쳐온 필자를 줄곧 고민하게 만들었다. 경제는 모든 인간의 출생에서부터 의식주 문제, 고도의 문화생활, 한 차원 높은 예술활동, 심지어는 죽음에 이르기까지 인간의 일상사와 불가분의 관계를 맺고 있다. 특히 무한경쟁·무국경의 지구촌 시대, 경제전쟁의 시대가 전개되면서 경제에 대한 무지와 어설픈 지식은 개인과 기업, 국가 모두에게 경제적 곤란을 가져다준다.

현대인에게 경제는 이미 '선택'이 아니라 '필수'가 되었다. 문제는 경제의 '난이도'다. 경제라고 하면 사람들이 대부분 복잡한 이론을 떠올리며 고개를 돌리고 외면하니 말이다. 이에 필자는 누구에게나 친숙한 속담을 통해 그 해결방안을 모색해보았다.

속담은 오랜 기간 사회구성원의 지지를 받아 오늘날까지 타당성을 인정받아온 살아 있는 민족문화의 지혜다. 속담은 진리를 지닌 촌철살인寸鐵殺人의 언어이며, 은유적인 표현의 관용어이다. 또한 과거 조상의 모든 생활을 담고 있는 백과사전이고, 현재 우리의 일거일동을 들여다볼 수 있는 모니터이기도 하며, 미래 우리의 모습을 비춰볼 수 있는 거울이기도 하다. 속담에는 특수하고 구체적인 개개인의 '경험'과 시공을 초월하여 누구에게나 보편적으로 받아들여질 수 있는 '과학'이 담겨 있기 때문에 속담이야말로 삶과 지식이 조화를 이루는 결정체라고 할 수 있다.

필자는 이 책에서 지난 몇년 동안 진행했던 라디오방송에서 "속담으로 배우는 경제학" "속담으로 풀어보는 생활경제" 등의 제목으로 방송한 것을 재구성하고, 관련 경제원리 및 구체적인 경제사례들을 접목시켜 경제학도는 물론 일반인들도 쉽게 경제원리를 이해할 수 있도록 경제흐름 따라잡기를 시도했다. 그리고 누구나 알기 쉽게 입체적으로 이해할 수 있도록 식물의 생태계 구조에 비유하여 책의 전체 틀을 구성했다.

우리가 앞을 내다볼 때 뿌리를 보고, 나무를 바라본다면, 다음으로 숲과 정글을 볼 수 있는 안목이 생긴다고 판단한다. 이러한 관점으로

1장 〈뿌리의 경제〉에서는 희소성, 기회비용, 시장질서, 균형가격, 상호의존 등 경제 기초개념을 살펴보았다. 뿌리는 모든 식물을 건강하게 자라도록 하는 기본이다. 본격적인 경제학 입문에 앞서 반드시 짚고 넘어가야 할 기본개념부터 알아보았다.

2장 〈나무의 경제〉에서는 뿌리의 경제를 기반으로 펼쳐지는 개인과 기업의 경제활동에 대해 살펴보았다. 개인이나 기업이 어떤 원리에 의해 행동하는가를 개별경제 수준의 관점에서 분석한 '미시경제'가 여기에 해당한다. '가계의 경제'에서는 효용극대화 추구를, '기업의 경제'에서는 이윤극대화 추구를 중심으로 다루었다. '나눔의 경제'에서는 공정한 소득분배에 대해, '조절의 경제'에서는 작으면서 강한 정부라는 관점에서 시장실패와 정부실패 및 그 해결방안을 모색해보았다.

3장 〈숲의 경제〉에서는 국가재정과 경제성장의 상관관계가 언급돼 있다. 국민경제 전체의 견지에서 국민소득, 저축, 투자, 물가, 실업, 경제성장 등이 어떻게 전개되어야 하는가를 균형의 관점에서 분석하는 '거시경제'가 여기에 해당한다. 재정, 조세, 사회보장, 공적자금 등을 중심으로 '국가의 경제'를, 화폐, 물가, 실업이 어떻게 국민경제의 견지에서 작용하는가를 중심으로 '화폐의 경제'를, 신뢰성, 전문화, 기술진보, 인적자본투자 등을 중심으로 '축적의 경제'를 다뤘다.

4장 〈정글의 경제〉에서는 국제경제에 대해 알아보았다. WTO, OECD 등으로 대표되는 적자생존의 '국제경제'가 여기에 해당된다. 다시말해 비교우위, 자유무역, 보호무역, 국제수지를 설명했다.

끝으로 이 책의 출판을 흔쾌히 승낙해주신 '오늘의 책' 최순철 사장님께 감사드리며, 집필 및 교정과정에서 원고를 꼼꼼히 읽고 조언해주신 박혜진 편집장님, 그외에도 이 책이 나오도록 도와주신 모든 분께 진심으로 감사드린다.

2005년 4월

김상규

2. 기업의 경제

3장 숲의 경제

3. 축적의 경제

4장 정글의 경제

뿌리의 경제

▶ ▶ ▶ **1 장**

바다는 메워도 사람 욕심은 못 메운다 ▸**희소성** 산토끼 잡으려다 집토끼 놓친다 ▸**기회비용** 김 매는 주인은 놈 일꾼 아흔아홉 못을 한다 ▸**경제적 유인** 남의 집 금송아지가 내 집 송아지만 못하다 ▸**사유재산제도** 순리대로 살아라 ▸**시장질서** 같은 값이면 다홍치마 ▸**소비자 균형과 생산자 균형** 뛰는 놈 위에 나는 놈 있다 ▸**경쟁** 가는 떡이 두꺼워야 오는 떡도 두껍다 ▸**교환** 독불장군 없다 ▸**상호의존** 내 물건이 좋아야 제값을 받을 수 있다 ▸**균형가격**

바다는 메워도
사람 욕심은 못 메운다

▶희소성

끝없는 욕망과 제한된 자원 사람은 태어날 때부터 무한한 욕망을 채워가면서 살아간다. 배고픔을 달래기 위해 먹고 싶은 욕망, 추위를 이기기 위해 입고 싶은 욕망, 좀더 안락하게 생활하기 위해 좋은 집에서 살고 싶은 욕망이 그렇다. 사람들은 차츰 나이가 들어감에 따라 남보다 더 많이 갖고 싶은 물욕, 좀더 많이 사랑받고 싶어하는 애정욕, 다른 사람보다 더 많이 알고 싶은 지식욕, 이름을 날리고 싶은 명예욕, 천하의 모든 사람을 마음대로 부리고 싶은 권력욕, 더 건강하게 오래도록 살고 싶은 무병장수욕…… 정말 인간의 욕망은 끝이 없다. 그렇지만 인간의 무한한 욕망에 비해 그 욕심을 채워줄 수 있는 지구상의 자원은 한정되어 있기 때문에 인간은 이러한 문제를 합리적으로 해결하기 위해 끊임없이 고민하면서 살아왔고, 앞으로도 그렇게 살아갈 것이다.

우리 속담에 '바다는 메워도 사람 욕심은 못 메운다' 는 말이 있다. 이 속담은 인간의 욕망이 바다보다 더 넓고 깊음을 뜻한다. 반면에 이 속담 속에는 인간의 욕망을 채워줄 수 있는 자원은 상대적으로 한정되어 있다는 의미가 강하게 함축되어 있다.

'가진 놈이 더 가지려 한다' '아홉 가진 놈이 하나 가진 놈 부러워한다' '말 타면 경마 잡히고 싶다' 는 속담들 역시 제한된 자원과 인간의 끝없는 욕망을 함축적으로 표현한 것이다. 이와 같이 인간의 욕망은 끝이 없는데 그 욕망을 채워줄 자원은 한정되어 있는 것을 경제학에서는 희소성scarcity이라고 한다.

인간이 자원을 절약하거나 더 좋은 생산방법을 찾고자 노력하는 이유는 바로 희소성 문제를 해결하기 위해서다. 인간의 경제행위는 자신의 욕망에 비해 자원이 한정되어 있기 때문에 발생한다. 모든 경제문제는 이 희소성 문제를 어떻게 합리적으로 해결하는가에서 시작된다.

희소성 문제를 해결하기 위한 인류의 노력

인간의 끝없는 욕망과 제한된 자원 사이에서 생기는 갈등은 이것을 극복하기 위한 인류의 노력으로 결집되어 나타났다. 희소성 문제는 많은 변화를 추구하게 만들었는데, 인간의 욕망을 채우기 위해 단기적으로는 무한한 시기, 질투, 전쟁이 일어났다. 그렇지만 장기적으로는 그 갈등을 해결하고야 말겠다는 강렬한 욕구가 불행을 발전의 씨앗으로 승화시켰다. 그것이 오늘날까지 발전을 거듭하고 있는 인간의 삶의 모습이다.

원시시대에는 희소성 문제가 그리 심각하지 않았다. 그러다가 인간이 점점 많아지면서 주어진 자원으로는 인간의 욕구를 모두 만족시킬 수 없기 때문에 단순 수렵이나 채취보다 더 많은 자원을 제공해줄 수 있는 생산방법이 고안되어야 했다. 그리하여 일어난 것이 바로 농업혁명이다. 그후 인간은 의류와 같은 물적자원에 희소성을 느꼈고, 그로 인해 산업혁명이 일어났다. 지금 우리 시대에는 정보와 지식에 대한 욕구가 분출하고 있다. 이것은 바로 정보혁명과 지식혁명을 탄생시켰다. 이러한 점에서 볼 때 희소성은 문명탄생의 궁극적 계기이며, 문명발달의 원동력이라 할 수 있다.

상대적 희소성 | 희소성 문제는 상대적인 것으로, 실제 경제생활 속에서 나타나기도 한다. '가을 부채는 시세가 없다'는 속담을 보자. 이 속담은 '쓰는 시기가 지난 것'은 가치가 없다'는 뜻이다. 어떤 자원의 양이 절대적으로 적어도 그 자원에 대한 욕구가 없다면 자원은 희소한 것이 아니다. 동일한 예식장이라도 주말이나 공휴일에는 최소한 몇달 전에 예약을 해놓지 않으면 이용할 수 없을 만큼 붐비고 가격도 높다. 그렇지만 평일에는 한산하고 가격도 낮다. 야구장, 도심의 주차장, 기차표 등에는 모두 이와 같은 원리가 그대로 적용된다.

'내가 중이 되니 고기가 천하다'는 속담처럼 자신에게 어떤 물건이 필요해 구할 때는 몹시 귀하게 여겨지지만 필요 없게 되면 그 물건은 더이상 가치가 없다. 한마디로 희소성이 없어졌다는 말이다. 이러한 희소성 원리를 잘 이해하면 실제 경제생활에서 대단히 편리할 뿐만 아니라 살림도 상당히 윤택해질 수 있다.

'바다는 메워도 사람 욕심은 못 메운다' '가지면 더 가지고 싶다' '아홉 가진 놈이 하나 가진 놈 부러워한다' 는 조상들의 예지는 오늘날 우리에게 많은 것을 시사해준다. 노력이 수반되지 않은 욕망은 불행을 가져올 수도 있으므로 적절히 절제해야 한다는 뜻과 함께, 노력이 수반되는 욕망은 경쟁을 통한 발전을 가져온다는 뜻을 함축하고 있다.

끝없는 욕망에 비해 상대적으로 부족한 재화나 용역을 더 많이 얻기 위해 끊임없이 경쟁하고 있는 인간의 모습은 곳곳에서 볼 수 있다. 인간은 희소성 때문에 울기도 하고 웃기도 한다. 물욕, 애정욕, 지식욕, 명예욕, 권력욕, 무병장수욕 등 희소성 문제는 우리로 하여금 주어진 예산이나 자신의 능력범위 내에서 문제를 해결하도록 합리적 선택을 요구한다. 얻고자 하는 욕망에 대한 희소성이 클수록 인간은 더욱 큰 모험을 하고 치열한 경쟁을 한다. 이러한 관점을 종합해볼 때 희소성은 사회발전 및 문명발달의 원동력이며, 희소성 문제를 해결하는 과정은 인간이 행복을 추구하는 길이라고도 할 수 있다.

산토끼 잡으려다
집토끼 놓친다

▶**기회비용**

어떤 선택을 하는 게 좋을까?

인간의 삶은 무수한 선택choice의 과정이다. 선택이란 A와 B 둘 다가 아니라, A와 B 둘 중의 하나이다. A와 B 모두를 가질 수 있으면 좋겠지만 A 아니면 B 하나만을 가질 수밖에 없다. 우리의 삶은 무수한 선택의 연속이므로 경제학은 바로 우리가 살아가면서 합리적으로 선택할 수 있도록 도와주는 학문이다. 우리는 매일 사소한 일부터 큰일까지 선택을 하지 않으면 안된다. 사소한 소비제품을 선택하는 일부터 학교, 전공, 배우자, 직장, 주택의 형태 등은 물론, 국가의 예산 중 국방비를 늘릴지 교육비를 늘릴지, 환경을 보존할지 에너지 개발을 할지 등 끊임없는 상황변화에 대응하여 선택을 해야 한다.

우리 속담에 '산토끼 잡으려다 집토끼 놓친다' 는 말이 있다. 이 속담은 산토끼를 잡으려면 집토끼는 반드시 포기해야 하고, 토끼 두 마리를 동시에 잡을 수는 없다는 뜻이다. '멧돼지 잡으려다 집돼지 놓친다' '달아나는 사슴보고 얻은 토끼 잃는다' '세상에 공짜 점심은 없다'는 속담 역시 '멧돼지'나 '달아나는 사슴'을 잡으려면, 그 대가로 '집돼지'나 '얻은 토끼'를 잃는 희생을 치러야 하며, '공짜 점심을 얻어먹으면 반드시 그에 상응하는 대가를 갚아야 하는 것'이 세상을 살아가는 이치라는 말이다.

인어공주가 꿈에 그리던 왕자님을 만나기 위해 두 다리를 얻는 대가로 아름다운 목소리를 기꺼이 포기하는 경우라든지, 효녀 심청이 아버지의 눈을 뜨게 하기 위해 기꺼이 목숨을 바치는 경우처럼 어떤 하나를 선택함으로써 포기하지 않으면 안되는 기회의 가치를 경제학에서는 기회비용opportunity cost이라 한다. 이러한 선택의 상황에는 자동적으로 포기가 따르기 마련인데, 선택과 포기가 함께 수반되는 현상을 경제학에서는 상충trade-off이라고 한다.

외팔이 경제학자의 일화

상충 및 기회비용과 관련해서 트루먼(H. S. Truman, 미국 제33대 대통령)의 '외팔이 경제학자' 일화가 유명하다. 트루먼의 경제보좌관은 경제문제에 대해 의견을 제시할 때 항상 두 팔을 사용하여 대통령으로 하여금 선택을 하도록 했다.

예를 들면 물가와 실업 문제에서 물가를 잡으려면 긴축정책을 해야 하므로 그 결과 생산위축으로 인한 실업의 증가를 감수하지 않으면 안되고, 또 실업을 줄이려면 확장정책을 해야 하므로 그 결과 물가상승으로 인한 인플레이션을 감수해야 한다. 이때 트루먼의 경제보좌관은 한쪽 팔로는 물가를 잡을 것을, 다른 한쪽 팔로는 실업을 잡을 것을 요구했다. 이에 트루먼은 선택의 어려움을 피하기 위해 경제보좌관에게 다음에 올 때는 한쪽 팔을 떼어놓고 오라고 농담을 했다고 한다.

경제적 삶이란?

산토끼 잡으려다 집토끼를 놓치는 경우에는 어떤 것이 있을까? 몇가지 사례를 통해 알아보자. A씨가 공모한 엽서가 운좋게 당첨되어 해외여행을 공짜로 다녀왔다고 하자. 여행은 100% 공짜로 했지만 가만히 생각해보면 여기에도 많은 비용이 따른다. 한 달 동안 여행하지 않고 열심히 일했다면 그는 돈을 벌었을 것이다. 한 달 동안에 100만원을 벌 수 있다면 그는 여행함으로써 결과적으로 100만원을 잃은 셈이다. 한 남자가 여자친구와 세 시간 동안 영화를 보았다고 하자, 그러나 영화를 보는 대신에 아르바이트를 했다면 어떻게 되었을까? 그 시간 동안에 돈을 벌었을 것이다. 영화를 감상함으로써 돈을 벌지 못한 기회비용이 발생한 것이다.

또다른 예로 돈을 많이 벌고 싶은 한 가정주부가 이자를 10% 주는 은행에 돈을 저축하려다가 주식에 투자하라는 남편의 말에 그 돈을 주식에 투자했다고 하자. 그러나 투자시기가 좋지 않아서 수익률이 5%였다고 할 때, 눈에 보이는 손해는 없지만 가만히 따져보면 은행에 저축했을 경우에 비해 수익률을 5%나 손해본 셈이다.

이밖에도 공직에 있으면서 민원인들에게서 금품이나 뇌물(산토끼)을 받음으로써 평생 쌓아온 신뢰(집토끼)를 하루아침에 무너뜨리는 경우도 있다.

취업을 원하는 수험생의 '상실소득'도 기회비용에 포함해야 하나?

공부에 별다른 흥미나 목적도 없이 무조건 대학에 가려는 사람이 대학 진학으로 치러야 하는 기회비용을 알아보자. 우선 금전적인 비용부터 계산해보면, 무엇보다 비싼 등록금을 내야 하고 책도 사봐야 한다. 지방에 사는 학생은 서울의 대학에 진학할 경우 등록금과 책값뿐만 아니라 하숙비까지 지불해야 한다.

또 대학에 진학하는 대신 취업을 할 경우 받을 수 있는 '상실소득'도 기회비용에 포함해야 한다. 만일 고등학교를 마치고 바로 취업하여 매달 80만원을 벌 수 있다면, 대학 진학에 따른 기회비용에 연간 960만원의 상실소득을 포함해야 한다. 이렇게 비싼 기회비용을 치르면서도 학생들이 대부분 대학에 진학하려는 것은 대학교육으로 인한 미래의 투자효과가 기회비용보다 더 클 것이라는 판단 때문이다.

사람마다 치러야 하는 기회비용도 다르다. 최근 스포츠 분야에서 대학을 거치지 않고 바로 프로팀에 입단하여 큰 활약을 펼치는 선수들이 늘어나고 있다. 프로의 세계에서 대학 졸업장은 특별한 의미를 지니지 못하며, 대학에 진학할 경우 졸업할 때까지 엄청난 기회비용이 발생한다는 사실이 이러한 추세를 부추기고 있다.

스포츠뿐만 아니라 다른 분야에서도 반드시 대학교육이 필요하지 않은 경우, 재능이 남다를수록 대학생활의 기회비용은 더 커질 수밖에 없다. 젊은 나이에 세계 최고의 갑부가 된 컴퓨터의 황제 빌 게이츠가 대학을 중퇴한 이유도 대학생으로서 그가 치러야 했던 기회비용과 무관하지 않다. 그가 명문대학 졸업생이기를 포기하고 마이크로소프트 사를 설립한 것은 소프트웨어 개발이라는 자신의 뛰어난 재능을 통해 더 가치 있고 보람찬 미래를 설계할 수 있다고 판단했기 때문이다.

우리의 일상생활은 무수한 선택의 연속이다. 하고 싶은 것도 많고 가지고 싶은 것도 많다. 하지만 시간과 자원, 능력은 한정되어 있기 때문에 어떤 것이 중요하고 바람직한가를 신중히 판단해서 선택해야 한다. 사람이라면 누구나 얻는 것 없이 비용이나 희생만 치르려고는 하지 않는다. 기꺼이 일정 비용cost을 치르면 거기에 상응하는 일정 편익benefit이 돌아오기를 바라기 마련이다. 학자들간의 견해가 다양하기는 하지만 경제학적 사고방식이란 비용과 편익의 관점에서 비교, 분석하여 유리한 것을 선택하는 것이라 할 수 있다.

김 매는 주인은
놉 일꾼 아흔아홉 몫을 한다
▶경제적 유인

경제 아이디어를 어디서 찾나? 사람들이 경제활동을 하는 원동력은 무엇인가? 사람들은 어디서 동기를 얻어 경제활동을 하는가? 어떤 문화나 사회는 항상 새롭게 제기되는 문제를 해결할 수 있는 활력을 가질 때 가장 능동적으로 움직이기 마련이다. 자본주의사회에서는 주로 경제적 자유, 민주주의 체제, 개인주의 및 경쟁 등에서 그와 같은 활력을 얻는다. 자본주의사회에서 자기노력에 상응하는 사회경제적 보상체계의 성립은 필수적이다.

모든 사람이 합리적이고 지혜롭게 일했는데도 노력에 대한 보상체계가 비합리적이고 왜곡되어 있다면, 근면과 절약의 미덕은 성립하기 힘들다. 사적소유권 제도하에서 공정한 보상체계는 시장이 자유경쟁 상태에 있을 때 성립할 수 있다.

이와 같은 사회환경 속에서는 기업의 이윤추구와 개인의 효용극대화가 보장될 수 있다. 기업이 이윤을 추구하고, 개인이 효용을 추구하는 과정에서 항상 새로운 아이디어가 나와 새로운 방식으로 기존의 방식을 개선하고 극복해나가며, 이것이 경제발전의 원동력이 된다. 어떤 기업이 이윤을 많이 올렸다는 것은 적어도 그 기업에 종사하는 사람들이 다른 사람들에 비해 새로운 방식으로 생산이나 경영을 쇄신하였거나, 적어도 좀더 미래를 잘 예견했다는 것을 의미한다. 이윤의 크기는 그 기업의 성적표로서, 자본주의사회의 체제적 특징인 경제적 자유와 개인주의적 경쟁에 의해 뒷받침되고 있으며, 매우 강력하고 효율적인 유인으로 작용한다.

경제적 유인에 따라 움직이는 주체들

'김매는 주인이 놉 일꾼 아흔아홉 몫을 한다' '날일에는 장승, 도급_{都給}에는 귀신' 이라는 속담은 이런 뜻을 잘 압축하고 있다. 재산권의 사적 소유는 '김매는 주인' 으로 하여금 최선을 다하여 일을 하게 함으로써 엄청난 성과를 끌어올리도록 할 수 있다. 주인의 몸은 하나뿐인데 어떻게 아흔아홉 사람 몫의 일을 할 수 있을까? 상식으로는 불가능한 일이지만 현실에서는 비일비재한 일이다. 이는 다름아닌 인센티브incentive 문제에 그 핵심이 있다. 어쩔 수 없이 '놉' 일꾼으로 와서 일하는, 일의 성과와는 상관없이 의무적으로 시간을 때우는 사람과 맡은 일의 성과가 바로 자신에게 돌아오는 '주인' 이 하는 일과는 인센티브 구조가 근본적으로 다르기 때문에 이러한 결과가 빚어지는 것이다.

이러한 어떤 작용을 일으키는 직접적인 원인인 유인誘因과 관련된 속담은 이외에도 많다. '벌 나비도 꽃이 좋아야 찾아간다'는 속담에서 꽃은 벌 나비를 쫓아다니게 하는 유인책이다. 우리는 매일 TV 화면에서 여러 종류의 광고를 접한다. 광고주들은 이왕이면 소비자에게 익숙한 연예인을 내세워 제품을 선전하며 효과의 극대화를 기하려 한다. 모 프린터 광고에서 미모의 탤런트가 나와서 현란하게 춤췄던 것을 기억할 것이다. 그 광고에 미모의 탤런트가 아닌 얼굴이 덜 예쁘고 몸매가 풍만한 아주머니가 나와서 춤을 췄다고 생각해보자. 그 프린터를 사고 싶은 생각이 들겠는가? 미모의 탤런트가 춤을 추도록 한 것 자체가 일단은 그 상품을 사고 싶도록 동기를 유발하는 데 성공했다고 볼 수 있다.

'미끼가 커야 큰 고기를 잡는다'는 속담도 있다. 큰 것을 얻고 싶으면 그만큼 큰 투자를 해야 한다는 뜻으로, 큰 미끼가 큰 고기를 잡기 위한 유인으로 사용된 것이다. 이에 대한 실제경제의 예로는 모 스포츠의류 광고에서 인기절정의 가수를 광고모델로 기용한 일을 들 수 있다. 그 가수의 출연료가 몇억원이었다고 하니 사업주에게도 큰돈임이 분명하다. 그렇지만 사업주는 출연료 이상의 광고효과가 있으리라고 기대하고 기꺼이 그 큰돈을 투자했다. 이 경우 사업주는 더 큰돈을 벌어들이기 위한 유인으로 가수를 활용한 것이다.

'전어 굽는 냄새에 집 나갔던 며느리가 돌아온다'는 속담도 있다. 구운 전어의 냄새는 도저히 그냥 지나치지 못할 만큼 입맛을 돋구어

준다. 그 때문에 전어 굽는 냄새를 풍겨 전어처럼 맛이 나는 옛 시댁을 생각나게 하여 토라졌던 며느리를 다시 돌아오게 한다는 뜻이다.

이와 관련된 실제경제의 예에는 어떤 것이 있을까? 우리는 길을 가다가 발길을 끌어당기는 것에 스스로 놀랄 때가 있다. 바로 백화점이나 대형매장에 붙은 '할인판매' '파격세일' 등의 문구다. 특별히 필요하거나 마땅하게 사고 싶은 물건이 없는데도 그런 문구를 보면 지나치지 못하고 발길을 옮긴다. 대체로 처음엔 그냥 다른 사람들이 물건을 사는 모습을 구경하지만, 조금 시간이 흐르면 아무래도 이때를 놓치면 큰 손해를 볼 것 같고 나중에 후회할 것 같아 이것저것 만지고, 결국에는 여러가지 물건을 산다. 나중에는 양손 가득 물건을 사고나서야 자리를 뜨는 경우를 자주 경험한다. 이때 '할인판매' '파격세일' 같은 문구는 소비자에 대한 강력한 유인책이 분명하다.

사람들은 실제 경제상황에 직면히여 이득과 비용을 비교해서 결성을 내리기 때문에, 이득이나 비용의 크기가 변화하면 사람들의 행동도 변화하게 된다. '날일에는 장승' 이란 일당을 주는 날일에는 장승같이 서 있고 꾀를 피우며 빈둥빈둥 시간만 가기를 바라는 사람들의 모습이 나타나 있다. 자기가 한 일의 성과와는 전혀 관계없는 일에 누가 신명을 바쳐 일하겠는가. 사회주의국가에서 꾸준한 경제성장이 이루어지지 않는 이유와 잘 들어맞는 말이다. 또 '도급 일에는 귀신' 이라는 말은 도급 일의 경우 여기까지 하면 얼마를 주겠다고 약속한 일이므로 빨리 끝낼 경우 또다른 일감을 구할 수가 있다. 때문에 사람들은 자기가 맡은 일을 서둘러 마치기 마련인데, 이 말은 사람들의 그런 모습과 심리를 꼬집고 있으며, 경제적 유인에 따라 움직이는 사람들의 강렬한 소유의식을 날카롭게 지적하고 있다.

건성으로 일하며 시간만 지나면 월급이나 그 시간에 상당하는 대가를 받을 수 있다는 소극적인 자세의 '나그네의식'은 우리 사회에서 빨리 사라져야 하고, 매사에 최선을 다하며 책임을 다하려는 능동적인 '주인의식'이 빨리 정착되어야 한다. 사람들을 움직이려면 거창한 명분이나 애절한 호소보다 경제적 유인이 더 효과적이다. 교육의 질을 높이려고 할 때, 교사들에게 연수에 몰두하라거나 겨레의 사표師表로서 몸가짐을 바로 하라는 도덕적 설교보다는 교사의 처우를 크게 개선하면 자연히 우수한 인적자원이 교직으로 몰리게 마련이다. 사회의 물적자원 배분을 다루는 경제에서 자원 흐름의 방향과 그 양은 경제적 유인을 제공함으로써 자연히 해결된다.

남의 집 금송아지가
내 집 송아지만 못하다

▶사유재산제도

개인의 신성하고도 양도할 수 없는 권리 인간은 누구나 자기 것에 대해 강한 애착을 가지고 있다. 작고 값이 싼 생활필수품부터 옷, 피아노, 자동차, 집에 이르기까지 사람들마다 필요로 하는 것과 갖고 싶은 것이 엄청나게 많을 것이다. 이러한 물질에 대한 욕망은 어린아이, 어른, 노인, 부자, 빈자 어느 누구에게도 예외일 수 없다. 획득하는 것, 소유하는 것, 그리고 이윤을 남기는 것은 산업정보사회에서 살고 있는 개인의 신성하고도 양도할 수 없는 권리이다.

우리 속담에 '남의 집 금송아지가 내 집 송아지만 못하다' 는 말이 있다. 이 말은 남의 집 금송아지가 대단히 좋고 탐이 나지만 내 맘대로 관리하거나 처분할 수 있는 물건이 아님을 뜻한다. 그에 비하면 내 집 송아지는 하찮아 보일지 모르지만 마음대로 처분할 수 있기 때문에 대단히 매력적일 수밖에 없다. 결국 내 집 송아지에 대한 내 권리는 내가 법을 어기지 않는 한 제한받지 않으며 절대적이다. 내 집 송아지는 내 노력으로 산 것이므로 남에게 주지 않아도 된다. 내가 내 것으로 무엇을 하든 다른 사람은 전혀 상관할 바가 아니며 독자적으로 소유권이 인정되는 것이다.

물건은 소유하는 사람이 유일한 주인이며 물건 주인은 다른 사람에게서 내 물건을 쓰지 못하게 하는 완전한 권한을 지니고 있다. 예를 들어 아무리 허름하고 오래된 차일지라도 내 소유라면 내 마음대로 운전하고 내가 가고 싶은 곳에 갈 수가 있다. 그렇지만 내 소유가 아니라면 아무리 고급 차라도 별 의미가 없다. 오히려 고급 차는 공해를 유발하고, 상대적 박탈감을 느끼게 하는 대상일 뿐이다.

이러한 사유재산제도는 인류의 역사적 발전의 소산이다. 현대자본주의의 사유재산제도는 18~19세기에 자본주의의 탄생과 함께 발생했다. 이 제도는 개인주의적이어서 재산권의 주체가 민족과 종족이 아니라 개인이라는 특성을 지닌다. 그리고 소유권은 완전히 절대적이고 소유권의 목적물은 향락재든 자본재든 어떠한 제한도 받지 않는다. 오늘날 자본주의사회에서는 사유재산이 분업처럼 경제활동과 사회조직의 근본을 이룬다. 사유재산제도란 자본주의사회조직의 기초로서 법률에 의해 재산의 사유가 인정되는 사회제도다. 재산의 소유권이 개인에게 인정되고, 개인은 자신에게 속한 재산을 자유롭게 처분할 수 있다.

이와 같은 사유재산제도는 분업과 함께 근대자본주의사회의 성립에 불가피한 전제였다. 따라서 근대사회의 성립과 함께 사유재산을 옹호하는 학설이 자연법학자에 의해서 제기되었다. 존 로크J. Locke는 개인의 재산권은 자연권의 하나이며, 재산은 노동의 성과이기 때문에 그 사유는 신성한 것이고, 침해할 수 없다고 했다.

'내 집 송아지'라는 사유재산에 대한 욕망은 각 소유자들에게 그 재산에 대해 다른 사람에게 간섭받지 않고 처분할 수 있는 권한을 가지면서 개인들에게 강력한 유인을 제공한다. 그 소유에 대한 유인이 크면 클수록 개인들의 소유욕은 더욱 강해질 것이며, 개인들로 하여금 더욱 열심히 일하게 만들고, 더욱 경쟁적이게 만든다.

강렬한 소유의식에 따라 더욱 발전하는 경제구조

소유를 향한 강한 집착은 사회를 더 발전적으로 이끌기도 한다. 밤낮없이 일하여 한 푼이라도 더 벌어보겠다는 노동자, 한가지 물건이라도 더 팔아보겠다고 여러가지 판매전략을 내세워 열심히 뛰어다니는 상인, 너 경쟁력 있는 제품을 만들기 위해 기술개발에 모든 정열을 쏟는 기술자들, 더 좋은 학교에 들어가기 위해 밤늦도록 공부하는 학생들, 수백미터 갱 속에서 위험을 무릅쓰고 석탄을 캐는 광부들, 세계를 누비며 기업을 발전시키기 위해 자신의 에너지를 불태우는 기업가들.

이처럼 경제주체들의 활발한 경제활동은 '내 집 송아지'를 가지기 위한 소유욕에서 비롯된 것이다. 나아가 '금송아지'에 비교해 하찮아 보이는 '내 집 송아지'를 더 가치가 높은 '금송아지'로 발전시키기 위해 이와 같은 엄청난 작업을 하게 만드는 것이다.

많은 모순에도 불구하고 공동소유를 전제로 한 사회주의국가들이 모두 쇠퇴의 길을 걷고 있는 반면에 사적 소유를 전제로 한 자본주의 국가들은 발전의 길로 치닫고 있다. 그 중요한 이유는 다름아닌 사유 재산의 매력 때문이다. 결국 많은 사람들은 '남의 집 금송아지가 내 집 송아지만 못하다'는 것을 잘 알기 때문에 '내 집 송아지'를 가지기 위해서, 또 더 호감이 가는 '금송아지'를 가지기 위해서 자신이 가진 능력과 노력을 아끼지 않는 것이다. 자본주의가 끊임없이 발전하는 이유는 인간은 누구나 '내 집 송아지'를 가지려 한다는 사유재산이 갖는 매력을 잘 운용함에 따른 결과라고 볼 수 있다.

순리대로 살아라

보이지 않는 손의 위력 ┃ 자연에 존재하는 물리의 법칙처럼 한치의 예외도 없는 법칙이 인간사회에 존재한다고 보기는 어렵다. 그렇지만 인간사회의 여러 복잡한 현상이 아무 원칙이나 경향성 없이 제멋대로 나타나고 변화하는 것은 아니다. 물리의 법칙과는 다르시만 사회 속에도 일정한 질서가 존재하는 법이다. 경제질서란 인간사회의 여러 경제현상 속에 존재하는 일정한 경향성이나 양식을 일컫는다.

'순리順理대로 살아라'는 말이 있다. 순리란 도리道理에 순종하는 것이고, 순조로운 이치를 말한다. 우리는 어려운 문제에 부딪혔을 때 '순리대로 처리하는 것이 가장 좋다'는 말을 자주 한다. 그러면 경제에서 순조로운 이치란 무엇을 뜻할까? 다름아닌 시장질서일 것이다. 왜냐하면 시장질서란 인간행위의 결과물로 자연스럽게 형성되기 때문이다.

　시장질서는 인간의 개별적이고 구체적인 목적의식에서 만들어진 것이 아니라 인간행위의 결과물로 자연스럽게 이루어진다. 시장질서에서 시장은 물건을 사고자 하는 수요자와 물건을 팔고자 하는 공급자가 만나는 장소이며, 시장에서 각자의 욕구충족에 따른 교환질서가 나타나게 된다. 교환질서는 특정인이 구체적으로 의도해서 창출해낸 질서가 아니다. 사람들의 행동이 자발적으로 이루어질 때 교환의 당사자들인 쌍방이 상호이익을 얻지 못한다면 어떤 교환성향도 나타나지 않게 된다. 인간에게만 고유하게 존재하는 교환질서는 자급자족의 원시경제에서는 드러나지 않다가 생산력이 발전하고 사회경제적 분업이 진전되면서 더욱 형성되고 발전하게 되었다.

　시장경제질서가 효율적이라는 것은 언뜻 생각하기에는 다소 놀라운 이야기이다. 시장에는 수많은 수요자와 공급자가 있지만, 이들은 제각각 자기이익만을 추구한다. 그러나 그들의 의사결정이 분산되고 각자의 이익만을 추구하는 것처럼 보이지만, 그 결과는 혼란이 아니라 효율이다. 애덤 스미스Adam Smith는 『국부론』에서 자신의 의지를 좇아 순리대로 행동하는 시장경제질서의 장점을 다음과 같이 피력했다.

> 인간은 늘 다른 사람에게서 도움을 받아야 한다. 그러나 그 도움을 남의 호의에만 의존하는 것은 헛된 일이다. 남의 이기심을 자기에게 유익한 방향으로 유도할 수 있고, 그가 원하는 것을 해주는 것이 그들에게도 이롭다는 사실을 보여줄 수 있다면, 그 사람

은 더 유리한 입장에 서게 될 것이다. ……푸줏간 주인, 양조장 주인, 빵 굽는 사람들의 호의 때문에 우리가 오늘 저녁을 먹는 것이 아니라, 그들은 자신의 이익을 위해 일하는 것이다. 각 개인은 공공의 이익을 증진할 의도도 없고, 그가 얼마나 공익을 증진하고 있는지도 모른다. ……각 개인은 자신들의 사적 이익만을 추구하고 있고, 그 과정에서 그들이 의도하지 않은 어떤 목적을 달성하기 위해 다른 많은 경우에서처럼 보이지 않는 손invisible hand에 의해 인도되고 있다. 그렇지만 각 개인이 그 목적달성을 의도하지 않았다고 해서 사회적으로 불리하지도 않다. 각 개인은 자신들이 의도적으로 사회의 공익을 증진하려고 노력하는 경우보다, 자신들이 사적 이익을 추구하는 과정에서 사회적 공익을 더 효과적으로 증진시키는 경우가 많다.

이와 같이 물이 흘러가듯이 '순리를 좇는 시장경제질서'는 사회구성원들이 자유롭게 각자의 목적을 추구하는 과정에서 이루어진 자연스런 질서이다. 우리는 매일 매일 의식주를 해결하거나 즐거움을 얻기 위해서 수많은 재화와 용역을 사용한다.

그런데 이것들을 마음만 먹으면 얼마든지 살 수 있다고 생각하면서도 얼마나 많은 사람들이 재화와 용역을 마련하기 위해서 애를 썼는지 생각하질 않는다. 우리는 자주 가는 슈퍼마켓, 백화점, 할인점에 우리가 원하는 각종 물건들이 어떤 과정을 거쳐 놓여 있게 되었는가를 알려 하지 않는다. 우리는 연필이나 빵이 누구에 의해 어떻게 생산되었는지 모르면서도 잘살 수가 있다. 이처럼 시장의 교환질서는 자연스럽게 가격을 형성한다.

이렇게 이루어진 가격은 서로 평화롭고 협력하게 만든다. 생산자와 소비자 간의 교환이 자발적인 것이라면, 그 교환에서 이익이 있다고 믿지 않는다면 양자간의 교환은 이루어지지 않을 것이다. 시장에서 매매자의 자발적 상호작용에서 결정되는 가격이 수백, 수천만 명의 활동을 조정하고, 그 활동을 통해 각 개인이 이익을 추구하고, 결과적으로 모든 사람이 더 부유해질 수 있는 것이다.

이익의 극대화를 추구하라   교환적 시장질서가 지켜지는 사회에서는 자신의 이익을 추구하는 많은 사람들이 스스로 뜻하는 바에 따라 그 결과를 얻게 된다. '순리대로 살아라' 는 말은 사회제도와 법 테두리 안에서 이익의 극대화를 추구하라는 뜻이다. 인간은 원래 사회적인 동물이기 때문에 재화를 얻고 사용하는 행위는 사회조직과 제도를 통해서 이루어진다. 자유주의 시장질서에서 기업이나 가계의 경제주체가 자유로이 경제활동을 전개하지만 사회조직과 제도 속의 자유임을 명심할 필요가 있다. 경제활동에서 자유의 범위는 사회제도에 의해 제한받을 뿐만 아니라, 경제활동이 이룩한 가격구조, 생산, 소비 양식 등에 의해서도 제한받는다.

그러므로 생산자는 생산요소를 구입할 때 시장가격 이하로 구입할 수 없고, 생산물을 판매할 때도 시장가격 이상을 받을 수 없다. 소비자도 사회제도의 테두리 안에서 소비활동을 펼친다. 소비자들은 식료품비, 주거비, 광열비, 피복비, 내구소비재 등을 소비하면서 시장가격 이하로는 소비할 수가 없다. 시장의 경제질서는 경제주체가 능동적으로 자유의사를 드러내면서 만들지만, 일단 경제질서로서 확립된 다음에는 모든 경제주체들이 그 질서의 테두리 안에서 경제활동을 전개하는 것이 순리이다.

시장질서의 전제조건 | 순리대로 살아가면서 이루어지는 시장경제질서는 다음의 전제조건이 성립할 때 그 힘을 더욱 발휘할 수가 있고, 사람들은 모두 이 순리에 따라 살아가려고 노력하게 된다.

첫째, 소유의 안정성이 확립되어야 한다. 누구에게나 열심히 노력해서 일한 만큼 가질 수 있는 기회가 보장되어야 한다. 둘째, 교환의 기회가 확대되어야 한다. 시장에서 이루어지는 모든 거래는 값을 치르고 물건이 교환되는 것을 동의하면서 이루어지는 앙도이나. 세계화, 정보화, 민주화 사회가 인류에게 주는 가장 큰 선물은 누구에게나 더 많은 기회를 보장해주는 것이다. 셋째, 계약이 성실히 수행되도록 보장되어야 한다. 개인과 기업, 정부는 계약을 준수할 의무를 생명처럼 지켜야 한다. 특히 정부의 솔선수범은 필수적이다. 넷째, 순리에 따라 살아갈 수 있는 사회경제적 분위기가 조성되어야 한다. 정치적 혹은 경제적 불안은 사람들을 순리대로 살아가지 못하게 한다. 물가가 폭등하는 인플레이션이 만연하면 가진 자는 더 가지게 되고 못 가진 자는 더 못 가지게 된다. 이 경우 더욱 투기가 판을 치고 한탕주의 경제가 팽배할 것이다.

조화를 이루는 게 합리적이다

이상에서 보았듯이 '순리대로 살아라'는 말은 주어진 경제여건 및 사회제도와 최대한 조화를 이루며 사는 것이 가장 합리적인 태도임을 가르쳐주는 조상들의 예지라 할 수 있다. 시장경제에 참여하는 사람들이 자신의 사적 이익을 좇는 행동은 순리를 따르는 가장 자연스러운 경제행위라고 볼 수 있다. 그렇지만 시장에 존재하는 '보이지 않는 손'이 가격의 원리에 따라 사적 이익의 극대화를 추구한 행위가 놀랍게도 공동체 모두의 경제적 후생을 증진하게 되는 것은 바로 '순리의 승리'를 보여주는 좋은 예라 할 수 있다.

결국 가계나 기업은 모두 물건을 사고 팔 때 시장가격을 고려하여 자기에게 가장 유리한 방향으로 행동하기 때문에 사적 이익의 극대화를 추구함은 물론, 사회제도나 사회조직을 좇아 순리적으로 행동함으로써 사회적 이익의 극대화도 달성하게 된다. 결국 개인과 사회, 국가의 경제를 가장 효율적으로 만드는 것은 다름아닌 순리를 좇는 시장질서이다.

같은 값이면 다홍치마

▶소비자 균형과 생산자 균형

물건을 살 때 같은 조건이라면 나는 뭘 고를까?   일반적으로 소비자들은 자신에게 주어진 소득 안에서 어떻게 하면 최대한 만족스런 소비생활을 할 것인가 늘 고민하며 살아간다. 어린아이가 과자를 사 먹으려고 돈을 들고 동네 기게에 갈 때도, 학생들이 문방구에서 학용품을 살 때도, 가정주부가 시장에 가서 장을 볼 때도, 텔레비전, 냉장고, 세탁기 등 가전제품을 살 때도, 피아노, 자동차, 집을 살 때도…… 우리는 주어진 예산이 한정되어 있을 때 '돈이 조금만 더 있으면 참 좋겠는데' 하고 아쉬움을 드러내면서 살아갈 때가 많다. 이 경우 어쩔 수 없이 주어진 예산범위 안에서 자신에게 가장 큰 만족을 줄 수 있는 물건이 어떤 것인가를 지금까지의 경험과 여러 정보수집 과정을 통하여 최선의 결정을 내리게 된다.

‘같은 값이면 다홍치마’ 라는 말이 있다. 이 속담은 물건을 고를 때 가격조건이 같다면 자기에게 좀더 이익이 되는 것을 선택한다는 말이다. 사자성어로는 ‘동가홍상同價紅裳’ 이라고 한다. 이처럼 최소의 비용으로 최대한 만족할 수 있는 조건을 선택하는 것을 경제학에서는 ‘경제원칙principle of economy에 입각한 합리적 경제활동’ 이라고 한다.

최소비용으로 최대한 만족시키는 조건

‘같은 값이면’ 이란 주어진 예산이 제한되어 있거나, 소비자가 그 물건을 사는데 지불할 의사가 있는 가격 자체가 정해져 있다는 의미가 담겨 있다. 이는 주어진 소득액 또는 예산을 모두 사용해서 최대로 구입할 수 있는 두 가지 재화의 여러가지 구입조합을 나타내는 직선으로 표기할 수 있다.

예를 들어 1,000원을 가진 소비자가 개당 100원 하는 X재화와 개당 200원 하는 Y재화를 구입한다고 가정하자. 이때 1,000원을 다 사용할 경우 X재화와 Y재화의 조합은 X재화를 10개 살 때 Y재화는 0개, X재화를 8개 살 때 Y재화는 1개, X재화를 6개 살 때 Y재화는 2개, X재화를 4개 살 때 Y재화는 3개 등 여러가지 조합을 구성할 수 있다. 이 조합들을 연결해 하나의 직선으로 표시할 수 있는데, 우리는 이 직선을 가격선price line이라 한다. 이 가격선상의 각 점은 ‘같은 값이면’ 의 1,000원으로 구입할 수 있는 두 가지 재화 X재, Y재의 여러 구입 가능한 조합을 표시한다.

또 ‘다홍치마’ 에는 진열되어 있는 치마가 붉은색, 흰색, 검정색, 노란색 등 여러가지이고, 거기에서 마음에 드는 치마를 마음대로 고를 수 있지만, '같은 값'이란 제약조건에서는 만족을 가장 크게 줄 수 있는 '다홍치마'를 선택하겠다는 의미가 포함되어 있다. 바로 소비자가 구입하려는 여러 치마 중 제한된 조건에서 가장 크게 만족할 수 있는 '다홍치마'를 구입할 수 있는 재화소비라는 뜻이다.

예쁜 '다홍치마'를 입고 다니면 흩날리는 봄바람에 기분이 상쾌할 뿐 아니라 지나가는 사람들이 한마디씩 말을 건네면서 부러워할 것 같아 재화에 대한 효용가치가 대단히 높게 나타날 것이다. 그렇기 때문에 '다홍치마'를 구입한 소비자의 경우 제한된 예산으로 최대의 만족을 얻게 된다. 이른바 최소의 비용으로 최대의 만족을 얻게 되는, 경제원칙에 입각한 재화의 소비가 가능해지는 것이다. 일반적으로 소비자들은 시장에서 자신에게 주어진 예산으로 자신이 원하는 재화소비를 통해 극대의 만족을 추구하려고 하기 때문이다.

따라서 '같은 값이면 다홍치마'는 '같은 값'이라는 최소비용조건과 '다홍치마'라는 최대효용조건을 동시에 만족시키고 있으므로, 이 말 속에는 경제원칙에 입각한 합리적 소비라는 생활경제 원리가 함축되어 있음을 알 수 있다. 이렇게 최소비용이라는 가격조건과 최대만족이라는 효용조건을 둘 다 만족시키는 소비경제상황을 경제학에서는 소비자균형 consumer's equilibrium이 달성되었다고 말한다. 이 소비자균형의 조건에서는 어떤 것을 도모할 때 최소의 비용으로 이룰 수 있는 것, 또는 동일한 비용을 가지고 최대의 효과를 거둘 수 있는 것을 선택하는 경제원칙이 성립하게 된다.

자본과 노동을 어떻게 배합하나

기업을 경영하는 생산자에게 주어진 총비용을 가지고 최대의 산출량을 생산하기 위해서는 자본과 노동을 어떻게 배합해야 할 것인가가 중요한 문제이다. 여기에도 '같은 값이면 다홍치마'라는 속담이 그대로 적용된다. 합리적인 생산자의 경우 노동과 자본에 지불할 총비용이 '같은 값'으로 정해졌다면, 생산을 극대화할 수 있는 노동자와 자본재를 구매하려면 어떻게 할 것인지가 최대의 과제이다.

이 경우 생산자는 생산성을 가장 극대화할 수 있는 '다홍치마 노동자'와 '다홍치마 자본재'를 구매하는 것이 합리적일 것이다. 여기에서 주어진 총비용인 '같은 값'이란 경제적 효율성economic efficiency이 갖추어졌다는 의미이고, 그 제약조건 아래에서 최대의 산출량을 생산해낼 수 있는 '다홍치마 노동자'와 '다홍치마 자본재'의 구매는 기술적 효율성technical efficiency이 갖추어졌다는 의미이다. 이와 같이 경제적 효율조건이라고 할 수 있는 주어진 총비용 안에서 기술적 효율조건이라고 할 수 있는 최대의 산출량을 얻게 되는 것을 경제학에서는 생산자균형producer's equilibrium이 달성되었다고 말한다.

일반적으로 모든 소비자와 생산자는 각자에게 주어진 최소의 비용이나 일정한 생산요소를 투입해 최대의 만족이나 산출량을 얻으려 하거나 경제원칙에 입각하여 이윤극대화를 추구하는 합리적인 경제행위를 하려고 한다. 다시 말하면 경제원칙이란 어떤 일을 도모할 때 최소의 비용으로 이룰 수 있는 것, 또는 동일한 비용을 가지고 최대의 효과를 거둘 수 있는 것을 선택하려는 것을 말한다.

경제원칙이 적용되는 경제상황에서는 같은 비용이라면 효과의 극대화가 선택의 목표가 될 것이고, 같은 효과를 얻기 위해서는 비용의 극소화가 목표가 될 것이며, 제약이 없는 상태에서는 효과와 비용의 차이를 극대화하는 것이 목표가 될 것이다. 조상들의 이러한 합리성 추구과정을 유추해볼 때 '같은 값이면 다홍치마' 라는 속담은 단순한 경험의 산물만은 아니며, 충분히 과학적 사고방식에 근거하고 있음을 알 수 있다.

합리적인 경제활동의 예

이러한 경제원칙에 입각한 소비행위나 생산활동에는 어떠한 것들이 있을까? 가격이 같고 동일한 종류의 음식을 먹게 될 때 음식 맛이 좋고 서비스가 친절하고 위생 상태가 청결한 식당을 찾아간다든지, 같은 가격으로 기름을 넣을 때도 세차를 공짜로 해주거나 여러가지 다른 친절을 베푸는 주유소를 찾게 되는 경우를 들 수 있다. 생산활동에서도 노동가격이 동일하다면 신뢰성이 가고 신체가 건강하거나 업무와 관련하여 자격증 등 객관적인 조건을 잘 갖춘 사람을 선택하는 경우라든지, 토지가격이 동일하다면 부대시설과 앞으로의 발전전망이 잘 갖추어진 토지를 구매하는 경우 등도 경제원칙에 입각한 합리적인 경제활동이라고 볼 수 있다.

뛰는 놈 위에
나는 놈 있다

경쟁의 참모습

오늘날 우리는 끊임없이 경쟁하면서 살아간다. 경쟁은 우리에게 선택사항이 아니라 필수사항이다. 우리가 이 세상에 태어났다는 사실 자체가 엄청난 경쟁에서 이겼다는 것이다. 하나의 생명체가 탄생하기 위해서는 난자와 결합하기 위해 수많은 정자들이 치열한 경쟁을 벌이기 때문이다. 우리는 성장하면서 더 좋은 학교에 들어가기 위해, 더 좋은 직업을 갖기 위해, 더 많은 돈을 벌기 위해 날마다 경쟁하며 살아간다. 우리는 일상 경제생활에서 경매나 입찰에 참여한 사람들에게서 계약을 형성하는 과정을 볼 수 있고 거기에서 경쟁의 참모습을 보게 된다.

　　우리 속담에 '뛰는 놈 위에 나는 놈 있다'는 말이 있다. 이는 경쟁세계가 얼마나 치열한지를 잘 묘사하고 있다. 분명 경쟁의 최후 승자자리는 뛰는 놈이 자만하는 동안 나는 놈이 차지하게 될 것이다. 남에게 뒤지지 않으려는 인간의 경쟁욕구는 경제발전의 동기가 된다. 경쟁에서 낙오되지 않고 이기고 싶다면 아이디어를 강구하고, 더 참신한 방법으로 문제에 접근해야 한다.

기업이 경쟁우위성을 확립한다는 것은 자기의 전략을 확립하고, 이에 의해 기업의 활동영역과 목표를 정하여 경쟁기업에 대해 주도권을 확보함을 뜻한다. 경쟁의 승자에게는 영광이, 패자에게는 좌절과 재기의 기회가 주어진다. 그러기에 '뛰는' 자를 이기기 위해 '나는' 기술을 개발하여 경쟁의 승자가 되는 것이다. 1960년대 이후 우리는 선진국을 따라잡기 위해 국가적으로 발걸음을 더욱 재촉하여 경쟁의식을 불태웠다. 그러한 강렬한 경쟁의식은 '따라잡기 모델catch-up model'로 승화되었고, 압축경제성장의 성과를 이룩할 수 있었다.

상생적 경쟁　　경쟁은 사람들을 합리적으로 행동하도록 유도한다. 경쟁의 합리성은 구체적인 지식과 정보를 획득하는 과정에서 더욱 잘 나타난다. 경쟁이 없는 상태에서 노력하지 않은 사람이라도, 시장에서 다른 사람과 경쟁상태에 놓이게 되면 자신이 모을 수 있는 최대한의 지식과 정보를 모으고 활용하려고 노력할 것이다. 경쟁이 없다면 게으름과 나태가 만연할 것이다. 서로 이기기 위해서라도 경쟁이 존재하기 때문에 시장경제에 참여한 사람들은 저마다 더 나은 생산방법이나 제품을 개발하기 위해 노력하게 된다.

적절한 경쟁은 단기적으로는 뼈를 깎는 괴로움이 수반되겠지만 이를 극복했을 경우 자기발전은 물론, 사회와 국가 발전도 기약할 수 있다. 자연생태계 속의 생물들간에도 경쟁은 존재한다.

메기와 미꾸라지의 경쟁적으로 살아가는 모습을 통해 경쟁의 성과과 어떻게 나타나는지를 알아보자. 벼를 심은 논에 메기와 미꾸라지를 함께 넣으면 단기적으로 메기의 먹이인 미꾸라지에게 엄청난 충격과 위협이 될 것이다. 그렇지만 가을수확기가 되었을 때 메기의 먹이로 모두 없어졌을 것이라고 생각했던 미꾸라지가 메기에게 먹히지 않기 위해 더 활발히 움직이고 체력을 단련한 결과 더 굵고 튼튼한 미꾸라지로 성장하게 된 것을 볼 수 있다. 이것은 바로 경쟁의 소산이다. 미꾸라지와 메기가 열심히 경쟁한 결과 병충해가 줄어들고 논매기도 활발하게 이루어져 풍작이라는 성과를 얻게 되는 것이다.

모두가 승자가 될 수 있나? 마음먹기에 달렸다!

경쟁의 세계에서는 경쟁을 위해 자신의 정열을 얼마나 쏟아부었느냐에 따라 그 성과가 달라진다. 아예 경쟁에 참여하지 않거나 중도에 포기하는 사람에게는 실패의 쓴잔만 돌아오겠지만, 잘난 사람은 잘난 대로 경쟁하고, 못난 사람은 못난 대로 경쟁하여 주어진 여건에서 최선을 다했을 경우에는 모두가 승자가 될 수 있다.

위의 예처럼 메기는 메기대로 튼튼해지고 미꾸라지는 미꾸라지대로 충실해지는 것이다. 최선을 다하는 경쟁은 아름다우며, 그 경쟁에 쏟아부은 많은 축적물들은 또다른 경쟁을 위한 밑거름이 될 수 있다는 측면에서 더욱 중요한 의미를 가진다. 전쟁에서는 승자와 패자만 있지만, 경쟁에서는 쌍방이 모두 정의의 법law of justice에 입각하여 최선을 다할 경우 둘 다 승자가 될 수 있다. 이것이 바로 상생相生시대의 경쟁원리이다.

최선을 다하는 경쟁은 이 사회를 더욱 풍요롭게 한다. '기는 놈'이 '뛰는 놈'이 되기 위한 경쟁, '뛰는 놈'이 '나는 놈'이 되기 위한 경쟁, '나는 놈'은 '더욱 잘 나는 놈'이 되기 위한 경쟁은 분명 개인의 생산성은 물론, 사회와 국가 전체의 생산성을 높일 수 있을 것이다. 너 죽고 내가 사는 '적자생존適者生存의 경쟁'이 아니라 다 함께 살 수 있는 '화자생존和者生存의 상생적인 경쟁'이 사회에 충만할 때 지구촌 경제는 더욱 풍요로워질 수 있다.

나라와 시대 및 주어진 경제상황에 따라 경쟁력은 모두 다를 수 있지만 혁신innovation, 기술개발, 경영합리화, 원가절감, 가격파괴전략 등은 기존의 '뛰는 놈'에서 변화를 추구하는 '나는 놈'으로의 변신과정에서 이루어진 소산물이다. 경쟁에서 이기기 위해서는 어떤 것이 가장 경쟁적인 요소인가를 간파하여 적자생존의 자세로 모두가 풍요로운 화자생존의 상생시대를 도모해나가야 한다.

가는 떡이 두꺼워야
오는 떡도 두껍다

▶교환

세상에는 공짜가 없다

시장경제란 수요와 공급에 의해 가격이 결정되고 이 가격으로 소비자와 생산자가 경제행위에 참여하는 제도이다. 소비자와 생산자는 외부의 힘, 특히 정부의 지시나 간섭을 받지 않고 오직 가격의 움직임에 따라 경제활동을 한다. '무엇을 얼마만큼 생산하고, 얼마만큼 구매할 것인가' 는 오직 가격의 움직임을 보고 소비자와 생산자의 자발적 교환voluntary exchange 활동에 의해 이루어진다.

우리 속담에 '가는 떡이 두꺼워야 오는 떡도 두껍다' 는 말이 있다. 이 속담은 세상살이에는 공짜가 없으며, 상대방에게 제공하는 재화의 크기만큼 나에게 재화가 돌아오고, 또 나에게 들어온 재화만큼 상대방에게 제공해야 한다는 경험법칙을 뜻한다. '가는 정이 있어야 오는

정도 있다' '가는 말이 고와야 오는 말도 곱다' '엑 하면 떽 한다' '덕
은 덕으로 대하고 원수는 원수로 대한다' 등도 같은 맥락이다. 이들
속담에서 볼 수 있듯이, 조상들은 교환조건으로 '가는 떡=오는 떡'
'가는 정=오는 정' '가는 말=오는 말' '엑=떽' '덕=덕' '원수=
원수' 등 등가조건을 제시하고 있다.

자유롭게 결정된 교환은 균형가격을 이룬다

시장은 냉정하다. 인
간들에게 서로간의 인정도, 서로간의 말도 완전한 균형조건을 갖출
때 오가게 된다. 하물며 물건의 실체가 확연히 드러나는 '가는 떡'과
'오는 떡'의 교환관계에서야 떡의 크기가 균형을 이루지 못하면 교환
이 이루어질 수가 없다.

이렇게 볼 때 교환이란 어떠한 재물을 타인에게 주고 그 보수로서
타인에게서 같은 가치의 다른 재물을 얻는 것으로서, 교환관계는 매
매자 상호간의 이익을 좇아 자발적으로 이루어진다. 자기에게 필요하
지 않은 재물을 다른 사람에게 주고 그 대가로 자신이 필요한 물건을
얻는 것도 이러한 과정을 거치게 된다.

이와 같은 관점에서 볼 때 시장의 교환질서는 어떤 특정인들이 구
체적으로 의도해서 만들어낸 질서가 아니다. 사람들의 행동이 자발적
인 한 교환의 당사자들이 상호이익을 얻지 못한다면 어떠한 교환도
이루어지지 않는다. 경제사회에서 교환은 자발적으로 이루어지며, 이
경우 교환은 일정량의 물품을 다른 종류의 물품과 얼마만큼 교환할

수 있는가의 상대적인 가치인 교환가치에 의해 결정된다. 시장에서 매매자의 자발적 상호작용에 의해 자유롭게 결정되는 교환의 결과는 균형가격을 이룬다.

교환제도의 발달 | 근대 이전의 가내경제 단계에서는 생산에서 소비에 이르는 과정이 가족이나 마을 주민같이 작은 범위의 집단사회에서 완결되었다. 이때 화폐의 매개 없이 직접 재화와 재화를 맞바꾸는 물물교환이 이루어졌다. 원시시대에는 교통이 불편해서 다른 집단과의 교류가 적을 수밖에 없었고 자급자족을 위한 자기생산이 주를 이루었다. 그후 이러한 자급자족경제는 기술이 진보하고 생산량이 많아짐에 따라 점차 붕괴하여 영리경제로 전환됐다. 또 소금, 면포, 쌀, 조개껍질 등 공통의 가치가 있는 실물화폐가 교환수단으로 사용되며 오늘날의 화폐로 발달하였다. 그리고 다른 집단과의 교환에 의해 생산물을 처분할 수 있게 되자 가장이나 족장 사이에 점차 교환을 위한 생산과 영리추구가 발생했다. 그 영향은 사유재산과 사회분업의 성립을 촉진하였고, 그 결과 교환 내지 영리추구의 발전을 촉진하였다.

재화가 욕망을 채우고 사용가치를 발휘하려면 우선 그것이 타인의 재화와 교환될 능력을 가져야 한다. 타인의 재화와 교환될 능력의 크고 작음에 따라서 재화의 가치가 판단되며, 다른 물건을 획득할 수단으로서 평가된다. 이러한 재화를 '상품'이라 하고, 교환에 의해 다른 물건의 획득수단으로서 갖는 가치를 '교환가치'라 한다. 교환가치는 상품의 일정량이 다른 상품과 교환될 수 있는 능력이다.

시장에서 재화의 교환은 가격을 통해서 이루어진다. 시장가격은 일정한 시간에, 일정한 시장에서 실제로 상품이 거래되는 가격을 말한다. 이 가격은 그때마다 상품의 수요와 공급의 관계에 따라서 변화한다. 가격의 결정은 수요와 공급의 상호관계에 의존한다.

일반적으로 수요가 공급을 초과할 때 수요자간의 경쟁에 의해 가격이 인상되는 경향이 있고, 반대로 공급이 수요를 초과할 때는 공급자간의 경쟁에 의해 가격이 인하되는 경향이 있다. 시장가격은 시장의 상황에 따라 높거나 낮게 결정되므로 경우에 따라서는 막대한 이윤이 생기거나 큰 손실이 발생하기도 한다.

독불장군 없다

인간은 사회적 동물이다

그렇다. 인간은 사회적 동물이기에 서로 영향을 주고받으며 살아간다. 통신수단의 발달로 지구촌이 하나가 된 오늘날은 고립으로는 체제와 번영을 유지할 수 없는, 더불어 사는 세계를 이루고 있다. '독불장군獨不將軍 없다'는 말이 있다. 남의 말에 귀기울이지 않고 자기고집대로 일을 처리하는 융통성 없고 독선적인 사람을 비판하는 말이다. 인간은 서로 의존하지 않고는 살아가기 힘들며 혼자서는 무슨 일이든 이뤄내기가 어렵다.

인간은 자신의 욕망을 충족하기 위해 필요한 재화와 용역을 다른 생산자에게 의존하고, 또 그 재화와 용역의 생산과정에 참여하면서 생산자들이 욕망을 충족할 수 있도록 도와주며 밀접한 상호의존관계를 맺는다. 고도로 발달한 기술사회에서는 노동자들이 매우 전문화했기 때문에 가족들은 대부분 다른 노동자들이 생산한 재화와 용역에 의존하여 생존할 수밖에 없다.

모든 사물에는 원인과 결과가 있다

다니엘 디포Daniel Defoe의 소설 『로빈슨 크루소』에는 무인도에 표류한 선원이 주인공으로 나온다. 크루소는 혼자 살았기 때문에 스스로 낚시하고 채소를 재배하고 옷도 손수 지어 입었다. 이러한 크루소의 생산과 소비 활동은 단순한 경제활동이었으며, 그에게 더이상 발전적인 경제활동을 기대하기란 무리였다. 이처럼 세상에서 주위의 도움 없이 자기 혼자서 발전적인 생활을 영위한다는 것은 거의 불가능하다.

이러한 발전을 위해 상호의존이 절대적으로 필요한데도 오늘날 우리 사회에 '왕따' 현상이 팽배한 것은 엄청난 불행이 아닐 수 없다. '왕따'란 상호의존과는 반대개념이다. 다른 사람에게서 도움은커녕 따돌림을 당하면서 자신이 소속된 조직체의 구성원들에게서 노움을 받지 못하고 오히려 냉대를 받게 됨을 말한다.

경제에서 말하는 상호의존관계는 모든 변수가 서로 원인이 되고 결과가 되면서 결정되는 관계이다. 모든 사물이 생겨나고 변화하는 데는 원인과 결과가 있다. 원인과 결과의 결정관계는 상호의존관계 중에서 선출된 원인에서 결과가 나오는 일방적인 관계를 말한다. 현실을 잘 설명할 수 있는 고도의 자율성을 갖는 경제관계를 얻기 위해서는 먼저 자율도가 높은 광범위한 이론을 설정해야 한다. 상호의존관계는 많은 변수를 포함할수록 자율도가 높아지지만 너무 추상적으로 되기 쉬운 경향이 있다.

상호의존의 이익 | 우리는 원하는 물건과 서비스를 제공받기 위해 매일 전세계 사람들과 상호의존하고 있다. 아침에 일어나 미국산 오렌지주스를 마시고 브라질에서 수입된 커피를 마신다. 일제 라디오를 들으며 직장에 출근하고, 중국산 면화를 원료로 하여 태국에서 만들어진 옷을 입는다. 타고 가는 차는 최소한 몇나라에서 생산된 부품들로 만들어진 것이다. 자동차의 연료, 각종 인쇄물에 쓰이는 종이, 컴퓨터 부품들도 대부분 수입품이다. 사람들은 왜 재화나 서비스를 얻기 위해 다른 이들과 상호의존관계를 맺을까? 바로 상호의존관계인 거래를 통해서 서로 이익을 보기 때문이다. 애덤 스미스는『국부론』에서 상호의존관계에서 생기는 이익에 대해 다음과 같이 설명했다.

한 가정을 유지해본 사람이라면 누구나 알고 있는 진리가 있다. 밖에서 더 싸게 살 수 있는 물건은 절대로 집에서 만들지 말라는 것이다. 양복점 주인은 스스로 신발을 만들지 않고 신발가게에서 사서 신는다. 신발가게 주인은 자기 옷을 만들지 않고 양복점에서 맞추어 입는다. 농부는 옷이나 신발 어느것도 만들지 않고 이 물건을 만드는 사람들을 이용한다. 사람들은 자신들이 이웃에 비해

우위에 있는 생산활동에 전념해서 자신들의 생산물이나 그 생산
물의 가격으로 자신들이 필요한 것을 구입하는 편이 더 이익이 된
다는 것을 알고 있다.

국가간의 이익은 어떤가?

국가간에도 교역을 통해 이득을 볼 수
있다. 미국과 한국 두 나라 사이에 식량과 자동차 두 재화만이 존재한
다고 가정하자. 두 나라 모두 자동차를 똑같이 잘 만든다. 미국이나
한국이나 근로자 한 사람이 한달에 만들 수 있는 자동차는 한 대다.
그러나 식량생산에서는 미국이 비옥한 토지를 더 많이 소유하고 있기
때문에 미국의 식량생산량이 더 많다. 미국농민은 매달 식량을 2톤씩
생산하지만, 한국농민은 매달 1톤밖에 생산하지 못한다.

비교우위원리에 따르면 각 재화는 그 재화의 기회비용이 더 작은
나라에서 생산되어야 한다. 미국에서 자동차 한 대의 기회비용은 식
량 2톤이지만, 한국에서는 1톤이기 때문에 한국은 자동차 생산에서
비교우위가 있다. 따라서 한국은 자동차를 국내에서 필요한 수량보다
더 많이 생산하여 미국에 수출해야 한다. 마찬가지로 한국에서 식량 1
톤의 기회비용은 자동차 한 대이지만 미국에서는 1/2대이므로, 미국
이 식량생산에서 비교우위가 있다. 따라서 미국은 식량을 자국민들에
게 필요한 양보다 더 많이 생산하여 이를 한국에 수출해야 한다.

세상에 '독불장군'은 없다. 사람들은 서로간에 비교우위를 통한 자유거래에서 서로 이익을 본다. 오늘날 사람들은 모두 국내는 물론 전세계에서 생산된 재화와 서비스를 소비하면서 살아간다. 경제적 상호의존관계와 거래는 모든 사람에게 더 다양하고 많은 재화와 서비스를 소비할 수 있게 한다.

거래는 사람들에게 그들이 비교우위가 있는 생산활동을 특화할 수 있도록 해주기 때문에 모든 사람에게 이득을 준다. 서로 거래할 수 있는 것은 그 일이 농사든, 옷을 만드는 일이든, 집을 짓는 일이든, 자동차를 만드는 일이든 각자가 가장 잘하는 일을 특화할 수 있다.

사람들은 서로 거래하면서 더 다양한 상품과 서비스를 가장 낮은 가격에 구입할 수 있다. 비교우위원리는 개인간의 관계뿐만 아니라 국가간의 관계에서도 성립한다. 오늘날 자유무역을 옹호하는 근거가 바로 여기에 있다.

다양한 교류를 통해 더욱 좁아지고 있는 지구촌 경제시대에, 자신이 타인에게 어떤 영향을 받고 있는지, 또는 자신이 내린 결정이나 생활양식에 의해 타인이 어떤 영향을 받는지를 아는 것은 대단히 중요하다. 예를 들어 종종 일어나는 의료파업이나 금융파업 등에서 볼 수 있듯이 전문화된 사회에서 많은 공공근로자가 파업을 일으켰을 때 소비자들이 피해를 입는 것은 상호의존도가 높아졌기 때문이다.

공존공영을 위해서는 서로 마주보고 상대방의 처지를 이해해야 한다. 나아가 세계경제의 헌법구실을 하는 WTO(세계무역기구)와 사랑

방의 역할을 맡고 있는 OECD(경제협력개발기구) 등 국제경제관련기구를 통해 국제경제질서를 구축하기 위한 논의에 적극 참여해야 한다. 공평하고 개방적인 지구촌 경제질서를 이루기 위해서는 다각적인 노력이 필요하다.

내 물건이 좋아야
제값을 받을 수 있다

무엇이 사람들의 행동을 조정하나?

오늘날 지구촌 경제는 생산자들에게 경쟁력을 강력하게 요구한다. 경쟁력은 저절로 생기는 것이 아니라, 생산자와 소비자가 끊임없이 경쟁하면서 각자의 이익을 좇아 자발적으로 교환하면서 생긴다. 시장에서 생산자들간의 경쟁과 소비자들에게서 받는 감시는 균형에서 벗어났을 경우에도 자극을 향한 경쟁력을 통해 새로운 균형에 도달하게끔 한다.

경제행위는 서로 연관된 행위에 종사하는 여러 부류의 개인이 이끌어간다. 그렇다면 이들의 분권화된 의사결정이 혼란을 야기하지 않도록 하는 장치는 무엇인가? 무엇이 능력과 욕구가 다른 수많은 사람들의 행동을 조정하는가? 실행되어야 할 일을 실제로 실행하도록 만드는 것은 무엇인가? 이는 바로 가격기구price mechanism이다. 그럼 이

가격은 어떻게 결정되는가? 시장에서 사고 파는 재화의 가격을 일반인들은 생산자가 생산비에 일정한 이윤을 더하여 정한다고 생각하기 쉽다. 그러나 재화의 가격은 기본적으로 수요demand와 공급supply의 상호작용에 의해 결정된다.

물건의 질은 곧 받고 싶은 상품가격이다 │ 우리 속담에 '내 물건이 좋아야 제값을 받을 수 있다'는 말이 있다. 이 속담은 생산자가 원하는 가격을 받으려면 기술개발, 품질향상, 고유브랜드전략 등을 통하여 소비자의 마음에 드는 좋은 물건을 만들어야 한다는 뜻이다. 곧 '내 물건이 좋아야 제값을 받을 수 있다'는 균형조건을 이룰 때 거래가 이루어진다는 얘기다. 이 균형조건이 성립할 경우 거래가 이루어지며, 이 거래가 이루어지는 곳이 바로 소비자와 생산자가 만나는 시장이다.

'물건의 질＝받고 싶은 상품가격'의 조건이 성립하는 것을 '시장의 균형equilibrium'이라 하고, 이때 이루어지는 가격을 균형가격equilibrium price이라고 한다. 기술개발, 품질향상, 고유브랜드전략 등을 통해 질적으로 향상된 상품은 바로 공급자인 판매자가 내놓는 희소하고 가치가 높은 재화가 된다. 생산자가 공들여 만든 물건을 생산자가 원하는 만큼의 가격을 주고 구매하기를 원하는 사람은 수요자인 소비자가 된다. 이들은 생산자의 물건에 대해 강렬한 소비욕구를 가지고, 그리하여 소비자의 수는 증가하게 된다. 공급자는 높은 가격을 주려는 소비자에게 이 재화를 공급할 것이며, 이 재화의 균형가격은 높아진다. 이를 다시 생각해보면 소비자의 수가 많다는 것은 수요량quantity of demand이 많다는 뜻이다. 수요량이 많으면 균형가격은 높아진다.

 생산자가 정성과 관심을 쏟아 소비자의 입맛에 맞게 변화시킨 상품은 그렇지 않은 상품에 비해 그 가격이 엄청나게 높다. 소비자의 마음에 드는 우수한 상품을 만들었을 경우 생산자가 원하는, 또는 그 이상의 가격을 받을 수 있다. 따라서 한 재화에 대해 좀 더 나은 가격을 받기 위해서 공급자는 생산기술을 발달시켜 더 좋은 재화를 만들도록 노력하거나 판매전략을 세워서 소비자들이 선호할 수 있는 재화를 생산해야 한다. 그러면 그 재화의 가격은 높아질 수 있다.

예를 들어 시장에서 사고 파는 농산물의 형태를 생각해보자. 시골에서 정성스레 가꾼 농작물은 구매자들이 어떠한 경로를 통해서든 알아보고 좋은 물건을 사기 위해 구름처럼 모여든다. 더욱이 생산자가 생산물을 직접 시장에 가지고 와서 판매할 때 보기 좋게 잘 다듬어진 배추, 파, 우엉, 도라지 등은 그냥 파는 것보다는 더 비싼 가격으로 팔리는 경우를 흔히 본다. 이렇게 잘 다듬어진 농작물들은 보기에도 좋을 뿐 아니라 요리하기에도 편하기 때문에 많은 주부가 구입하기를 원한다. 따라서 잘 다듬어진 농작물은 많은 소비자가 원하는 재화이기 때문에 이 재화에 대한 수요량이 증가할 것이며, 균형가격은 높아진다.

시장에서 좋은 물건이란?

시장은 냉혹한 적자생존의 경쟁원리를 반영한다. 시장은 '좋은 물건'을 만들고 싶은 생산자에게 분업, 전문화, 기술개발, 경영합리화, 시장조사, 고유브랜드 등을 요구한다. 시장에서 좋은 물건이란 무엇인가? 바로 경쟁력 있는 상품이다. 시장에서의 상품경쟁력이란 '값이 싸고' '품질이 우수하며' '소비자의 구미에 꼭 맞아야 하고' '소비자가 바라는 시간에 맞추어 제때에 공급해야 하며' '고유의 독특한 브랜드를 갖추고 있어야 한다'. 이 다섯 가지 시장경쟁력을 갖춘 물건이 '좋은 물건'이다. 이 조건들을 모두 갖췄다면 생산자는 감히 내 물건이 좋다고 말할 수 있을 것이며, 자신이 '원하는 상품가격'을 받을 수 있을 것이다.

시장가격은 생산과 소비활동에 유용한 신호구실을 한다. 경쟁력을 갖춘 적자適者는 계속 발전하고, 그렇지 못한 패자敗者는 시장경제에서 자연스럽게 도태된다. 경제주체들이 시장가격을 지표로 삼아 자유롭게 경제활농을 수행할 때, 가격의 사율적인 배급기능에 의해 공급량과 수요량이 일치하는 방향으로 조정이 이루어진다. 상품가격은 수요와 공급의 상호작용에 의한 적절한 조절을 통해 결정된다. 시장에서 소비자와 생산자는 가격과 거래량을 서로 조정하면서 합의를 본다.

이때 서로의 의도가 일치하는 과정은 누가 시켜서 그렇게 되는 것이 아니라 자연스럽게 이루어진다. 시장에서 사고 팔리는 모든 상품의 가격은 '물건이 제값에 팔리도록' 우리가 모르는 사이에 조정이 이루어진 결과이다. 이렇게 거래량과 가격이 결정되었을 때 균형이 달성되었다고 하고, 이때의 가격과 거래량을 '균형가격' '균형거래량' 이라고 한다.

시장가격은 항상 변화를 꿈꾼다

균형가격은 고정불변의 것이 아니라 끊임없는 변화를 통해 새롭게 형성된다. 새로운 변화에 맞추어 더 좋은 물건을 만들어내놓을 경우 지구촌 곳곳의 소비자들이 구름처럼 몰리게 될 것이며, 기업은 발전할 것이다. 변화하는 시장의 균형조건을 맞추지 못하고 소비자와 시장을 탓하는 생산자는 가격기구의 기능을 제대로 이해하지 못한 것이다. 거래가 이루어지지 않는다고 소비자와 시장을 탓할 것이 아니라 달라진 시장조건에 맞추어 '경쟁력을 갖춘 좋은 물건' 을 만들어내는 끊임없는 노력이 필요하다. 이러한 생산자가 바로 혁신적인 생산자이다.

혁신적인 생산자는 새로운 상품을 생산하고 새로운 기술을 개발하며 새로운 시장을 끊임없이 개척하는 자이다. 시장에서의 균형가격은 가장 효율적으로 생산할 수 있는 사람들에게 재화를 생산하도록 하고, 그 가격에서 큰 만족을 얻을 수 있는 사람들에게 소비하게 함으로써 경제전반의 한정된 자원을 효율적으로 배분해준다. 지구촌 시대에 제값 받기를 원하는 생산자는 다섯 가지 시장경쟁력을 갖춘 '우수한 품질의 상품' 을 생산해야만 한다.

▶ ▶ ▶ **2 장**

나무의 경제

열 번 재고 가위질은 한번 하라 ▸합리적 소비 싼 게 비지떡 ▸비합리적 소비 맛있는 음식도 늘 먹으면 싫다 ▸한계효용체감의 법칙 적게 먹으면 약주요, 많이 먹으면 망주다 ▸한계효용균등의 법칙 개똥도 약에 쓰려면 귀하다 ▸수요 아주머니 떡도 싸야 사먹지 ▸수요의 가격탄력성 바늘 가는 데 실이 간다 ▸보완재 손님이 왕이다 ▸소비자주권 남이 장에 간다고 하니 거름 지고 나선다 ▸소비행위의 상호의존성 조리에 옻칠한다 ▸사치와 낭비 마른 수건도 다시 짠다 ▸절약 티끌 모아 태산 ▸저축 절약만하고 쓸 줄 모르면 친척도 배반한다 ▸절약의 역설 공든 탑이 무너지랴 ▸근면성 자식도 많으면 천하다 ▸공급 보리밥알로 잉어 낚는다 ▸생산성 한푼자리 푸닥거리에 두부가 오 푼 ▸비생산성 장사꾼은 오 리(里) 보고 십 리(里) 간다 ▸영리추구 청기와 장수 ▸독점기업 누이 좋고 매부 좋다 ▸기업집중 놓친 고기가 더 커 보인다 ▸매몰비용 꿩 먹고 알 먹는다 ▸합리적 투자 사람은 죽으면 이름을 남긴다 ▸고유브랜드 배보다 배꼽이 더 크다 ▸끼워 팔기 전략 콩 심은 데 콩 나고 팥 심은 데 팥 난다 ▸공정분배 재주는 곰이 부리고 돈은 되놈이 가져간다 ▸불공정분배 원님 덕에 나팔 분다 ▸외부경제 사촌이 땅을 사면 배가 아프다 ▸외부불경제 신작로 닦아놓으니 왕 서방이 먼저 지나간다 ▸공공재 염불에는 맘이 없고 젯밥에만 관심이 간다 ▸도덕적 해이 선무당이 사람잡는다 ▸불완전한 지식과 정보 행랑이 몸채 노릇한다 ▸주인과 대리인의 문제 빈대 잡으려다 초가삼간 다 태운다 ▸정부의 규제

01 가계의 경제

열 번 재고
가위질은 한번 하라

▶합리적 소비

이익을 향한 저울질 | 하루라도 무언가 사지 않는 날이 없을 만큼 우리의 일상은 소비의 연속이다. 이는 어떤 물건을 소비함으로써 우리의 욕구를 충족할 수 있기 때문이다. 따라서 소비란 주어진 소득으로 생활에 필요한 상품이나 서비스를 구입하여 효용을 창출하는 경세 행위로서, 궁극적으로 인간의 만족을 극대화하는 과정이라고 할 수 있다. 이러한 소비는 생활의 편리와 편익은 물론, 국민경제에도 깊은 영향을 미치기 때문에 소비자는 소비생활을 하면서 어느 정도 책임의식이 필요하다. 더욱이 다양하고 많은 욕구에 비해 소득은 제한되어 있으므로 주어진 소득으로 최대의 만족을 얻는 소비선택은 대단히 중요한 일이다.

속담에 '열 번 재고 가위질은 한번 하라' 는 말이 있다. 포목 같은 것을 매매할 때 한번 잘라버리면 다시 되돌릴 수 없으므로 자르기 전에 열 번이나 재어본다는 말이다. 이것은 무엇을 의미하는가? 파는 사람은 혹시나 더 잘라주면 자신에게 손해가 되고, 사는 사람은 혹시나 잘못 재서 덜 잘라가면 자신에게 손해가 되므로 정확하게 재야 한다는 뜻이다.

사람에게는 누구나 자신에게 이익이 되도록 행동하려는 성향이 있다. 손해보는 것을 좋아하는 사람은 아무도 없을 것이다. 이것은 경제학에서 말하는 '합리성'이란 개념으로 사람은 사리self-interest를 기준으로 행동한다는 것을 의미한다. 하지만 여기서 이기심selfishness과 혼동하지 않도록 주의해야 한다.

예컨대, 어떤 사람이 불우이웃에게 사랑을 실천하며 자기를 완성하고자 한다면 자선행위가 최선일 것이다. 이것은 분명히 그에게 금전상으로는 손해다. 하지만 이 사람이 금전보다 더 우위에 두는 가치가 '어려운 사람을 돕는 것'이므로 금전을 희생해서 이 가치를 이룰 수 있다면 그것은 합리적인 소비라고 할 수 있다. 이렇듯 합리성rationality은 무자비하고 냉혹한 이익추구profit-seeking와는 다른 것임을 알아야 한다.

합리적 소비의 가상사례

자동차 구입과정을 예로 들어 합리적 소비가 어떤 것인지, 어떠한 과정을 거치는지 알아보도록 하자.

모 기업의 K씨는 오랫동안 만년 차장으로 근무해오다 최근에야 비로소 부장대열에 끼게 되었다. 그가 부장으로 승진하자 그의 아내와 아이들, 그리고 동생은 기다렸다는 듯이 예전에 타고 다니던 소형차 대신 중형차로 바꾸자고 성화였다. 그도 부장쯤 되면 남의 이목도 있으므로 중형차를 타고 다녀야 한다고 생각했기 때문에 새 차를 구입하기로 결심했다. 하지만 막상 구입하려니 어떤 차종으로 할 것인지 고민이 되었다. 자동차는 고가에다 한번 구입하면 몇년을 두고 써야 하므로 신중하게 결정해야 했다.

물론 K씨는 그동안 '갑 자동차회사'의 A모델 자동차가 중후하고 안전성도 우수하다고 생각했다. 그러나 그의 아내와 딸이 추천하거나 동생이 권유하는 것과는 달라 선뜻 결정할 수 없었다. K씨는 안전성에 최고의 우선순위를 두었지만, 그의 아내와 딸은 디자인과 색상, 그의 동생은 경제성에 우선순위를 두었기 때문에 가족 모두를 만족시키기가 어려웠다. K씨는 협상과 설득으로 가족의 만족을 이끌기로 했다. 먼저 가족 각자가 그들이 선호하는 자동차 모델을 제시하고 K씨는 거기서 제품과 관련된 정보를 얻기로 했다. 안전성을 우선으로 생각하는 K씨는 친구의 조언을 참고하고, 지금까지 그가 이용해온 차도 갑 자동차회사의 것이었기 때문에 같은 회사의 검정색 A모델 자동차를 구매대상으로 삼았다.

그러나 그의 아내와 딸은 디자인이 산뜻한 '을 자동차회사'의 백색 B모델 자동차를 강력하게 지지했고, 동생은 경제적인 면을 내세워 그가 이용해오던 C모델 자동차를 권유했다. 이렇게 자동차를 사기 위한 첫번째 과정은 자신의 흥미와 욕구에 맞는 제품들을 찾아 선택 가능항의 집합으로 만드는 것이다.

　 K씨는 우선 각사의 자동차에 대한 일반적인 이미지는 접어두고 외부에서 정보를 수집하기로 했다. 텔레비전, 신문, 잡지의 홍수 같은 광고 세례에서 어느정도 정보를 수집한 뒤, 편견이 적은 객관적인 조언자로서 친구, 후배, 친척을 통해서도 정보를 수집했다. 그의 딸은 자동차대리점을 찾아다니면서 직접 시승해보기도 했다. 그 결과 자동차의 가격, 성능, 디자인뿐만 아니라 후속모델 출시계획, 중고차 가격, 연비, 유지비 등의 상세한 정보까지 모을 수 있었다.

　K씨는 이와 같은 정보를 바탕으로 대안비교와 평가과정을 거치기로 했다. 우선 K씨는 비교대상을 줄이기 위해 결합전략을 이용했다. 결합전략이란 선택가능한 집합의 요소들 가운데 조건을 충족시키지 못하는 한가지를 제외시키는 것을 말한다. 이 과정에서 동생이 권유한 '병 자동차회사'의 C모델이 비교대상에서 제외되었다. C모델은 탐색과정에서 견고하면서 안전성은 있지만 내부공간이 동급의 자동차에 비해 떨어진다고 판단했기 때문이다. K씨는 우선순위에 두고 있던 갑 자동차회사의 A모델과 그의 아내와 딸이 추천하는 을 자동차회사의 B모델을 비교평가 대상으로 선정하고, 비교평가 작업에 들어갔다. 자동차의 외형적 크기에서는 두 차 모두 장단점이 있었다. 내부공간은 B모델이 넓고, 엔진의 형식과 배기량은 거의 같았다.

　결론적으로 성능에서는 뚜렷한 차이가 없었고, 안전성에 대해서는 주변 친구나 동료들 사이에서도 의견이 분분했다. 이런 상황이 되자 그의 아내와 딸은 의기양양해졌다. 그들은 다른 모델의 성능이 엇비슷하면 디자인에 가중치를 줘야 한다고 강하게 주장했다. 사실 K씨도 B모델의 디자인이 A모델보다 산뜻하다는 것에는 마음속으로 동의하고 있었다. 그는 '같은 값이면 다홍치마'라고 이왕 성능이 비슷하다면 디자인이 더 좋은 B모델을 구입하기로 했다.

이 이야기에서 우리는 최대의 만족을 줄 수 있는 자동차를 사기 위해 철저하게 따져보는 소비자의 모습을 볼 수 있다. 지금 당장 가시적으로 보이는 가격, 성능, 디자인뿐만 아니라 사용하면서 드는 연비, 유지비 또 그후의 일을 생각한 후속 모델 출시계획, 중고차 가격까지 정보를 수집하는 꼼꼼함이 엿보인다. 소비자는 최소의 비용으로 최대의 편익을 추구하려고 하기 때문에 합리적으로 소비하려는 경향이 있다.

일상생활 속의 합리성

그러나 인간의 일상생활이 반드시 합리적이지만은 않다. 친구늘이 많이 가지고 있어 덩달아 사게 되는 옷이나 신발, 휴대폰, 인기 탤런트가 가지고 있는 것이 너무 멋있어 보여서 따라 산 물건, 유혹에 이끌려 필요하지도 않은 물건을 사는 충동구매, 얄팍한 자존심 때문에 자기분수를 넘게 되는 무리한 소비, 남에게 보이기 위한 과시적 소비 등 열거할 수 없을 만큼 비합리적으로 소비하는 경우가 허다하다. 지나친 과소비가 개인을 파탄으로 몰고, 가정을 파산시키는 경우를 자주 본다. '남의 장단에 춤춘다' '숭어가 뛰니까 망둥이도 뛴다'는 속담도 이런 경우를 잘 대변한다.

따라서 '열 번 재고 가위질은 한번 하라' 는 속담이 뜻하는 소비생
활의 절제, 신중, 합리성을 추구하도록 한 조상들의 예지는 오늘날에
도 역시 중요하다. 합리적인 소비행위는 기업에게 싼값에 좋은 품질
의 제품을 생산하게 하고, 기술개발에 힘쓰며, 정직한 광고를 하게 만
든다. 가정에서는 현명한 소비를 통해 예기치 않은 일에 대처할 수 있
도록 하며, 저축을 많이 하게 하고 가정살림을 짜임새 있게 함으로써
안정감 있게 생활하도록 한다. 나아가 합리적 소비행위는 나라경제가
발전하고 국민 모두가 잘살 수 있는 풍요로운 사회를 만든다.

싼 게 비지떡

단지 싸다는 이유로, 충동구매? 우리는 일반적인 소비상황에서 자기의 소득이나 호주머니 사정은 생각지도 않고 순간적인 기분에 의해 많은 물건을 덜컥 사버리는 경우가 자주 있다. 깊이 생각해보지 않고 예전에 그 물건을 비싸게 산 기억 때문에 약간 싸다는 생각이 들면 지금 당장 필요하지도 않은 물건을 앞으로 필요할 것에 대비해 몇박스씩 한꺼번에 산다. 그러나 단지 싸다는 이유 때문에 구매한 물건들은 알뜰하게 소비하기는커녕, 싸게 구매한 것 이상으로 낭비를 하게 되는 역설적인 결과를 가져온다.

'싼 게 비지떡'이란 말이 있다. 처음부터 그 물건을 구매할 계획이 없었는데, 그 상황에서 순간적으로 생각해보니 가격이 싸다는 이유로 충동적으로 구매하게 된다는 뜻이다. 충동적 구매란 구매목적은 없었지만, 실제로 가게 안팎에서 상품을 보거나 광고를 보고 나서 사고 싶은 생각이 들어 구매하는 행동을 말한다. 어린이들이 용돈 기입장을 쓰고 주부가 가계부를 쓰는 가장 큰 이유는 충동적 구매를 자제하고, 자신의 형편에 맞추어 꼭 필요한 물건인가를 따져 합리적인 소비생활을 해나가는 데 있다.

합리적인 소비생활이란?

합리적인 소비생활을 위해서는 물건을 살 때 전부터 꼭 필요했던 물건을 사는 것인지, 사지 않고도 활용하거나 대치해서 쓸 만한 것은 없는지, 겉모양보다 쓰임새를 더 우선하는 것인지, 오래도록 잘 쓸 수 있는 물건을 사는 것인지 등 여러가지 면에서 따져봐야 한다. 또 물건을 쓸 경우에는 일회용인지 장기용인지, 쓰기는 편리하며 위생적인지, 환경오염에는 문제가 없는지 등을 검토해 사용하는 것이 중요하다. 이와 같이 비용과 활용성, 환경평가 등을 종합적으로 고려해 물건을 사고 쓰는 소비자야말로 21세기의 환경친화적 소비자라고 할 수 있다. 물건을 버릴 때도 다시 한번 쓸 방법이 없을지 생각해보고, 이것이나마 필요로 하는 사람은 없을지, 쓰레기 양은 최소한 줄여주고, 유독물질과 오염원에 대해서는 폐기방법을 알아 처리하는 것이 합리적인 소비방법이다.

물자가 절대적으로 부족했던 시절에는 값이 싼 상품은 그 이유만으로도 분명 매력적이었다. 그러나 이미 우리의 소득수준이 1만달러에 육박하는 오늘날, 실속 없이 싼 물건들은 그야말로 '비지떡' 일 따름이다. 비지떡은 두부가 될 물을 짜내고 남은 찌꺼기에다 쌀가루나 밀가루를 넣고 빈대떡처럼 부친 떡이어서 가격이 쌀 수밖에 없다. 필요하지도 않고 별맛도 없는 비지떡을 값이 싸다고 한꺼번에 사놓았으니 알뜰하게 소비할 리도 없거니와 상당부분은 그냥 버리게 된다.

오늘날 이와 같은 비지떡 신세의 상품들은 수도 없이 많다. 음식물 찌꺼기로 버려지는 비용이 10조원에 달하고 아직 입을 만한 옷은 물론, 쓸 만한 내구소비재를 버리는 경우가 허다하다. 고급 아파트는 말할 필요도 없거니와 중저급 아파트에서도 이와 같은 현상은 흔히 볼 수 있다.

가격파괴가 결코 싼 게 아니라고?

가격파괴가 소비시장으로 일반화되면서 소비자들이 물건을 소비하는 데 혼란을 안겨주고 있다. 일반적으로 싼 가격은 상품소비에서 가장 매력적인 요소지만, 오히려 소비자에게 부담을 안겨준다면 그 가격은 결코 싼 게 아니다. 이렇게 볼 때 '싼 게 비지떡' 이라는 속담은 자기에게 필요한 물건을 자기의 소득범위 내에서 여러가지 면을 충분히 따져 합리적으로 소비하라는 뜻으로 해석할 수 있다. 싼값에 산 비지떡을 제대로 먹지도 못하고 쓰레기로 내버리는 소비는 지양해야 한다. 그 물건의 쓸모와 비용, 내구성, 디자인, 환경오염 문제 등은 구매할 물건에서 중요한 요건이 될 것이다. '싼 게 비지떡' 이라는 말을 명심하여 예산과 효용가치를 잘 따져 합리적인 소비생활을 해나가는 자세가 중요하다.

맛있는 음식도
늘 먹으면 싫다
▶한계효용체감의 법칙

얼마를 먹는 게 경제적일까? 소비자가 주어진 소득 안에서 만족도를 최대한 높이려 할 때 어떤 방식으로 소득을 나누어 써야 할까? 소비를 통해 얻는 만족감은 재화의 소비량이 많을수록 증가하겠지만, 그 재화의 소비량이 증가함에 따라 무한히 증가하는 것은 아니다. 재화소비를 늘릴수록 그 재화에 대한 만족도는 점점 줄어들기 때문에 무슨 재화든지 무조건 많이 소비하는 것이 최상은 아니다. 따라서 주어진 소득을 가지고 적당히 나눠 써서 만족감을 최대화하는 것이 합리적인 소비이다. 실제경제 상황에서는 어떤 소비선택이 합리적일까? 이와 관련해 '맛있는 음식도 늘 먹으면 싫다' 는 속담을 살펴보자.

한국사람이 많이 먹는 음식에는 어떤 것이 있을까? 그야 한국 고유의 음식이며, 세계인이 즐겨 찾는 김치가 아닐까? 김치는 종류만 해도 배추김치, 열무김치, 오이김치, 갓김치, 백김치 등 셀 수 없이 많다. 김치로 만든 식품 가운데서는 김치찌개가 제일 인기가 있다. 한 가정주부가 이 '김치찌개'를 동일한 내용물, 동일한 솜씨로 끼니 때마다 끓여서 내놓을 경우 어떻게 될까? 아마 처음 몇끼니까지는 아주 맛있게 먹겠지만 이 김치찌개가 사나흘 이어질 경우 가족은 '또 또……' 하면서 투정할 것이다.

이것은 가정주부가 이른바 '한계김치찌개맛체감의 법칙'을 이해하지 못한 데서 비롯된 것이다. 이 원리는 젊은층에서 즐겨 먹는 피자, 아이스크림, 햄버거, 핫도그 등에서도 똑같이 작용한다. '한계피자맛체감' '한계햄버거맛체감' '한계아이스크림맛체감' '한계핫도그맛체감' 등의 원리도 가능하다.

인조대왕과 도루묵

이와는 달리 아무리 맛없는 음식이라도 상황에 따라서 엄청나게 맛있는 음식으로 바뀌게 되는 경우를 경험할 수 있다. 이는 '시장이 반찬'인 경우로, 이와 관련해서는 '인조대왕과 도루묵' 일화가 유명하다.

인조대왕이 남한산성으로 피난을 갔을 때다. 난리중이었으므로 물자가 부족한 것은 당연했다. 궁궐에 있을 때는 거들떠보지도 않던 음식도 먹어야 했다. 그와중에 인조대왕은 생선을 몹시 먹고 싶어했다. 이를 보다 못한 신하 한 사람이 성 밖으로 몰래 빠져나가 '묵'이라는 생선을 구해와서 요리한 후 임금님의 수라상에 올렸다. 묵은 크기가

15~20센티미터이고 등쪽이 황갈색을 띤 작은 바닷물고기로, 별맛이 없고 잘 알려지지 않았다.

'시장이 반찬' 인지라 인조대왕은 순식간에 묵을 다 먹은 후, '이 고기 맛이야말로 천하에 제일이로다! 이 고기의 이름이 무엇인고?' 하고 물었다. 신하가 '묵이라고 하옵니다'고 대답하자 '이 맛있는 고기를 그냥 묵이라고 하면 되겠느냐? 다른 이름을 짓도록 하라'고 명했다. 신하들은 궁리 끝에 맛이 좋아 임금님을 기쁘게 했다는 뜻을 담아 '충미어忠美魚'라고 지었다. 난리가 끝난 후 인조대왕은 궁궐로 돌아왔고, 맛있는 음식을 마음껏 먹을 수 있게 되었다. 그러던중, 피난 때 먹었던 충미어의 맛을 잊을 수가 없어 그 고기를 잡아오도록 명했다. 충미어를 잔뜩 구해온 신하들은 온갖 양념을 넣어 정성껏 요리해 임금님의 수라상에 올렸다.

그런데 그 요리를 한 점 들고 난 인조대왕은 이맛살을 찌푸리면서 피난 시절에 맛본 고기 맛이 아니라고 신하를 나무랐다. 그러면서 '맛도 없는 고기를 충미어라고 부르기 아깝구나! 옛날 이름 그대로 묵이라고 부르도록 하라'고 명했다. 그래서 충미어는 오늘날의 '도루묵'이 된 것이다.

한계원리를 맥주에 적용시킨다면?

이러한 한계원리를 일반인이 마시는 맥주에 적용할 경우 어떻게 나타날까? 친구들과 어울려 맥주를 마실 때 몇병을 마시는 것이 좋을까? 대체적으로 사람들은 처음부터 마실 양을 미리 정해놓고 한꺼번에 주문하는 것이 아니라 일단 몇병을 마셔보고 더 마시고 싶으면 더 주문한다. 왜냐하면 적절한 술의 양은 정해져 있는 것이 아니라 몸 상태나 그때 그때의 분위기에 따라 달라질 수 있기 때문이다. 추가적인 술의 소비에서 얻는 편익이 추가적인 술의 소비에서 잃게 되는 비용보다 클 경우에는 술의 추가 주문이 계속 이어지겠지만, 반대의 경우에는 더이상의 술 소비를 멈추고 그 술자리를 끝내게 된다.

이에 대하여 조상들은 '술 취한 후에 한잔을 더함은 마시지 않은 것보다 못하다'는 속담을 만들어냈다. 대체로 사람들은 '한계술맛체감의 원리'를 좇아 술의 소비에서 얻는 편익이 술의 소비에서 잃는 비용보다 큰 수준에서 합리적으로 술을 소비하는 것이다.

'맛있는 음식도 늘 먹으면 싫다' '흉년의 떡도 많이 나면 싸다' '듣기 좋은 노래도 오래 들으면 싫다' '말 많으면 쓸 말이 적다' '말 많으면 장맛도 쓰다' '술 취한 후에 한잔을 더함은 마시지 않은 것보다 못하나' 등의 속담에 담겨 있는 의미는 무엇일까? '맛있는 음식' '흉년의 떡' '듣기 좋은 노래' '말' 등은 일반적으로 효용가치가 대단히 높은 재화이지만, 욕망이 일정수준을 초과했을 경우에는 효용가치가 체감하게 마련이다. 이 속담들은 그 점을 명백히 제시해주고 있다.

따라서 '추가적으로 듣는 말' '술 취한 후에 더하는 한잔' 등은 추가적 비용(=한계비용)이 추가적 편익(=한계편익)을 초과한 것으로 나타남을 알 수 있다. 이를 경제학에서는 한계효용체감의 법칙law of diminishing marginal utility이라고 한다.

시험 전날에는 애인과 데이트를 하지 않는 게 경제적일까?

사람들은 대부분 자신의 한계 내에서 생각하며 최선의 결정을 내린다. 학생들이 왜 시험 전날 밤에 데이트를 거의 하지 않는지 생각해보자. 이는 학생들이 데이트의 한계비용이 한계편익을 초과한다고 판단했기 때문이다. 데이트의 편익이란 데이트를 할 때의 즐거움이다. 데이트의 한계편익은 데이트 일반의 편익이 아니라 이전의 데이트에 새로이 추가해서 하는 오늘의 해당 데이트의 편익이다. 시험 전날은 시험에 대한 부담이 크고 시험공부를 소홀히 함에 따른 'F학점' 등의 기회비용이 수반될 수도 있으므로 다른 날에 비해 데이트의 한계편익(즐거움)이 적어진다.

이와 같이 경제적 사고란 한계분석에 기초하며, 한계편익과 한계비용은 고정불변하는 것이 아니라 상황에 따라 변하기 때문에 주어진 상황에 맞게 대응하는 것이다. 결국 그 재화의 가격에 영향을 주는 요인은 과거나 미래가 아닌 현재 시점의 한계효용이다. 경제적으로 살아가는 비결은 과거나 미래에 집착하지 않고 현재 시점의 한계효용을 따져가며 합리적으로 사는 데 있다는 것을 명심해야 한다.

적게 먹으면 약주요, 많이 먹으면 망주다
▶**한계효용균등의 법칙**

합리적인 소비란 무얼까? 사람들은 무엇인가를 소비할 때 합리적이기를 원한다. 우리의 끊임없는 소비생활에서 합리적 소비란 과연 무엇일까? 매일, 매순간의 소비선택과정에서 합리적 소비란 자신의 풍요로운 삶과 직결된 것이므로, 이를 합리적으로 해결해나간나는 섯은 대단히 중요한 과제이다.

우리 속담에 '적게 먹으면 약주藥酒요, 많이 먹으면 망주亡酒다' 라는 말이 있다. 여기에서 '적게 먹으면' 이란 '실제 적게 소비한다는 뜻이 아니라 문맥상 적당히 기분 좋을 정도로 술을 마셔라' 는 의미로 해석할 수 있다. 일정한 정도를 넘어 술을 너무 많이 마시면 몸을 상하게 되고, 또 여러 사람에게 피해를 주게 되면, 술이 한 사람을 망하게 하는 망주가 되는 셈이다.

예를 들어 주량이 소주 한 병인 사람이 있다고 하자. 그에게는 술을 소비하면서 얻어지는 효과가 두 가지 있다. 첫째로 기분이 좋아지고, 둘째는 몸이 상하거나 술주정을 부리는 것이다. 이때 그 사람의 적당한 주량인 소주 한 병은 바로 술을 한잔씩 마시면서 기분이 좋아지는 정도와 몸이 상하거나 추태를 부리게 되는 정도 사이에 균형이 이루어지며 한계효용이 균등해지는 것을 뜻한다. 따라서 이 속담에서는 한 재화에 대한 여러 긍정적 효과와 부정적 효과가 존재할 때, 이것을 균형점에 도달시켜 소비하는 것이 현명하다고 역설하는 셈이 된다.

'많아도 탈이요, 적어도 병이다'도 마찬가지 뜻이다. 소비재의 양이 욕구에 미치지 못한다면 병이 될 수도 있고, 감당하지 못할 만큼 많다면 그 때문에 스트레스를 받을 것이다. 이 속담에서는 여러가지 재화들간의 관계에 대해서 설명이 가능하다. 가령 서로 다른 품목이 100가지가 있다고 하자. 이런 상황일 때 '어떤 물건을 몇개나 살까?' 하고 고민하게 된다. 이럴 때 적용되는 것으로 수많은 품목들 가운데서 꼭 필요한 수량만큼만 구입하라는 뜻이다. 다시 말하면 구입해야 할 재화들의 품목이 여러가지일 때 각각의 재화의 소비에 따르는 한계효용들이 동일점에 이르도록 소비하라는 것이다.

나에게 맞는 균형있는 경제소비란?

또다른 이야기로 '이불깃 봐가며 발 편다'는 속담은 이불은 작은데 발을 넓게 뻗으면 안되듯이 자신이 가진 것을 고려해 경제활동을 해야 한다는 뜻이다. 『논어』에 보면 지나치는 것은 모자라는 것보다 못하다는 뜻의 '과유불급過猶不及'이 나오는데, 이를 두고 한 말이다. 이를 빗대어 다음의 예를 살펴보자.

모 회사에 근무하는 A씨는 월급으로 100만원을 받는다고 하자. 그녀는 결혼비용으로 쓰기 위해 한달에 30만원을 저축하고, 20만원은 부모님께 드린다. 그리고 나머지 50만원으로 생활한다. 그런데 평소에도 고장이 잘 나던 자동차가 이번에는 아예 고칠 수 없을 정도로 망가져서 어쩔 수 없이 폐차시켜버렸다. 그리고는 3년간 할부로 1,500만원짜리 자동차를 새로 샀다. 자동차를 사고 나서 계산해보니 한달에 자동차 할부금으로 나가는 돈이 40만원이 넘었다. 한달 생활비가 50만원인데 할부금을 빼고 나면 10만원도 남지 않았다. 사실상 그 돈으로 한달을 생활한다는 것은 불가능했기 때문에 매달 돈을 빌려야 했다. 과연 A씨의 소비행위는 옳았을까? '그렇다' 또는 '아니다' 라고 분명히 대답할 수 없다. 그녀의 경제사정을 생각한다면 새 자동차를 사지 않거나, 가격이 더 싼 자동차를 샀어야 했다.

한계효용균등의 법칙

이제부터는 속담의 풀이과정에서 도출된 경제학적 의미를 자세히 살펴보기로 하자. 효용이란 재화goods 내지 상품이 갖는 유용한 성질에 대해 사람들이 주관적으로 부여하는 심리적 평가 혹은 만족도다. 한계효용은 재화의 한 단위를 추가적으로 소비한 결과 얻어지는 추가적인 만족도를 뜻한다. 술을 마실 때 한잔 마시면 기분이 좋아지는 정도가 4이고 두 잔째 마셨을 때는 그 정도가 3이라고 하면, 이때 총효용은 7이 된다. 그러므로 재화 한 단위에 대한 값은 한계효용의 크기에 의해 결정된다.

이와 같은 한계효용은 소비자가 갖는 욕망의 강도에 정비례하고, 가진 재화의 존재량에 반비례함을 알 수 있다. 곧 재화에 대해 소비자가 갖는 욕망이 강하고 재화의 존재량이 적으면 한계효용은 높고 이를 화폐가치로 환산한 가격도 높아진다. 반대의 경우에는 한계효용이나 가격이 낮아진다.

그런데 이때 소비자가 일정한 소득을 갖고 가장 효과적으로 지출하여 극대효용을 얻을 수 있는 조건을 밝혀주는 것이 한계효용균등의 법칙law of equi-marginal utility이다. 한계효용균등의 법칙은 소비자가 일정한 소득을 가지고 A, B, C, D 네 가지 재화를 구입할 때 최종적인 화폐 1단위가 모두 동일한 한계효용을 갖게끔 소비해야 함을 뜻한다. 만약 이러한 한계효용균등의 법칙이 성립되지 않으면 사람들은 극대만족을 얻을 수 없다.

따라서 한계효용이 높은 재화를 더 많이 소비하고 한계효용이 낮은 것을 적게 구입할 것이다. 그러면 더 많이 구입한 재화의 한계효용은 낮아지고, 더 적게 구입한 재화의 한계효용은 높아져서 결국 양쪽이 동일하게 되는 한계효용균등의 법칙이 최종적으로 성립되면 극대 만족을 얻을 수 있게 된다.

'적게 마시면 약주요, 많이 마시면 망주다' 를 보면 술을 한잔씩 더 소비할 때마다 개인에게 돌아오는 부정적 효과의 효용이 더 커지므로 한계효용균등의 법칙에 따라 술을 더 적게 소비하면 긍정적 효과의 한계효용이 더 높아지고, 부정적 효과의 한계효용이 더 낮아진다. 따라서 이 속담 속의 의미는 합리적 술 소비형태라고 결론내릴 수 있다.

'많아도 탈이요, 적어도 병이다' 를 통해서는 한계효용균등의 법칙 중 각 재화 A, B, C, D의 가격이 서로 다를 때 어떻게 소비해야 하는가에 적용될 수 있다. 가격이 서로 다른 여러 상품을 일정한 소득 안에서 구입하려면 각 상품의 가격과 한계효용의 비율이 같도록 소득을 배분하여 지출해야 한다. 그때 한계효용균등의 법칙이 성립된다. 이 속담 안에는 일정 소득으로 여러가지 재화를 구입할 때 어느것을 몇 개나 구입할까 하는 고민에 대한 답이 한계효용균등의 법칙에 제시되어 있다. 곧 여러 재화들의 한계효용이 균등하도록 소비하면 된다.

이상에서 살펴보았듯이 우리는 대체도 제한된 예산 안에서 싸임새 있는 소비생활을 해나가기를 바란다. 그렇지만 짜임새 있고 합리적인 소비란 말처럼 간단하지도 않거니와 쉽지도 않다. 이에 대해 제시한 세 가지 속담은 합리적인 소비의 구체적인 사례를 압축하여 잘 나타내고 있다. '자신의 소득수준을 지나치게 초과하는 것은' 합리적인 소비가 될 수 없기 때문에, 분수에 맞는 균형잡힌 소비를 해나가는 것이 가장 합리적인 소비임을 다시 한번 강조한다.

개똥도 약에 쓰려면 귀하다

▶수요

같은 조건이라도 요일에 따라 값이 다른 이유는? 동일한 꽃이

라도 졸업식이나 입학식 때면 대단히 비싸고 어버이날, 스승의 날 때
면 카네이션 값이 평소보다 훨씬 비쌀까? 겨울에는 밍크코트나 난로
등이 비싼데도 더 많이 팔리고, 여름이 되면 선풍기, 에어컨디션, 아이
스크림 등이 더 비싼데도 더 많이 팔릴까? 주말이면 동일한 예식장 야
구장 축구장임에도 불구하고 사용료, 입장료가 더 비싸다. 왜 그럴까?

우리 속담에 '개똥도 약에 쓰려면 귀하다' 는 말이 있다. 이는 대단
치도 않게 흔하던 물건도 정작 쓰려고 하면 귀하다는 말이다. 막상 쓰
려는 시기에 개똥(물건)의 공급이 줄어든 반면 꼭 필요로 하는 수요자
가 많아지게 되면 희소성의 원리에 따라 개똥(물건)값은 급격하게 올
라가게 된다. 심지어는 당장 필요하지 않는 사람들도 다른 사람들이

사는 것을 보고 앞으로 필요하지 않겠나 하는 기대심리 때문에 가수
요가 발생할 경우 그 개똥(물건)값은 천정부지로 올라가게 되는 경우
도 있다.

서양속담의 '사물의 가치는 그것이 없을 때 잘 드러난다The worth
of a thing is the best known by the want of it.' '우물이 마르고 나서야 물 고
마운 줄 안다You never miss the water till the well run dry.' 도 수요의 중요성
을 강조한 것이다.

필요로 하는 사람들은 많은데 수량이 적으면 재화의 값이 올라간
다. 물건의 양이나 가격의 변화에 따라 소비가 어떻게 달라지는지 나
타낸 것을 '수요'라고 한다. 예를 들어, 연필 한 자루의 가격이 100원
에서 120원으로 오르면 소비자들은 소비를 줄일 것이다. 반대로 100
원에서 80원으로 가격이 내리면 소비는 늘어날 것이다. 상품의 가격
과 소비는 뚜렷한 관계를 맺고 있는데 이를 '수요'라고 한다.

아이스크림 값이 내린다면?　　　　사람들의 아이스크림 수요를 한번
생각해보자. 매달 아이스크림을 얼마나 살 것인지는 어떻게 결정하
며, 그 결정에 영향을 미치는 것에는 어떤 것들이 있을까? 아마 다음
과 같은 변수들을 생각해볼 수 있을 것이다.

첫째, 아이스크림의 가격이다. 아이스크림 한 개의 값이 700원에서
1000원으로 오른다면 냉장 음료수를 사먹을 것이다. 반대로 아이스
크림 값이 500원으로 내린다면 아이스크림을 더 많이 사먹을 것이다.

이와 같이 수요량은 가격이 오르면 줄고 가격이 내리면 늘어난다. 그러므로 아이스크림의 수요량은 아이스크림의 가격과 정반대의 관계로 움직인다. 이와 같이 어떤 재화의 가격이 올라가면 그 재화의 수요량은 줄어드는 것을 우리는 수요의 법칙law of demand이라고 부른다.

둘째, 연관되는 재화의 가격이다. 이제 냉장 음료수의 가격이 하락한다면 수요의 법칙에 의해 소비자들은 냉장 음료수를 더 많이 사먹게 될 것이다. 마찬가지로 콜라의 가격이 떨어지게 되면 그 재화와 서로 바꿔서 소비할 수 있는 사이다의 수요량이 줄어들게 된다.

셋째, 사람들의 소득이다. 만일 사람들이 직장을 잃게 된다면 매달 받게 되는 소득이 없어지게 되므로 사람들은 아이스크림을 사먹는 것을 줄이지 않을 수 없을 것이다. 사람들은 소득이 줄어들면 지출할 수 있는 돈이 적어지므로 대부분의 재화의 구입량을 줄여야 한다.

넷째, 소비자의 취향이다. 예를 들어 아이스크림을 좋아하면 아이스크림을 더 많이 사게 된다. 사람들이 핫도그나 햄버거, 피자를 좋아하면 그 재화에 대한 수요가 늘어나는 것도 마찬가지이다.

다섯째, 그 재화나 서비스에 대한 소비자의 미래기대는 현재의 수요에 영향을 미칠 수 있다. 만약 다음달부터 소득이 증가할 것으로 기대한다면 저축의 일부를 사용하여 아이스크림을 더 살 수 있을 것이다. 또한 내일 아이스크림 가격이 하락할 것으로 기대한다면 오늘 아이스크림을 덜 사먹게 될 것이다.

세상에는 60억 명이 넘는 사람들이 살고 있다. 이들이 필요로 하는 물건은 셀 수 없이 많다. 이때 어떤 물건은 비싸고, 어떤 것은 싸다. 왜 그럴까? 그것은 주로 사람들이 얼마나 갖고 싶어하느냐에 따라 정해진다. 물건의 양은 적은데 그것을 원하는 사람들이 많다면 값은 비싸진다. 반대로 생산된 물건의 양은 많은데 원하는 사람들이 적으면 물건의 값은 싸진다. 물건의 양과 가격의 관계가 바로 수요이다.

수요를 알면 소비자나 생산자가 어떻게 이익을 얻을지 알 수 있다. 소비자들은 물건이 많이 만들어진 장소나 시기를 잘 선택하려고 한다. 그러면 적은 돈으로 좋은 물건을 많이 살 수 있기 때문이다. 온 들판이나 길거리에 필요하지도 않은 '개똥'이 여기저기 널려 있다면 그것을 돈을 주고 사기는커녕 오히려 그것을 보는 순간 눈길을 돌리고 피하려 할 것이다.

그러나 그 흔해빠진 '개똥'도 내가 어떤 병에 걸려 그것이 약용으로 꼭 필요한데 동일한 용도로 많은 사람들이 한꺼번에 찾게 될 경우 '개똥'은 갑자기 귀해져 그 값은 비싸지게 되는 것이다. 평소엔 아무도 찾지 않던 기피의 대상인 '개똥'을 병을 고치기 위해 약용으로 때에 맞춰 구하려면 매우 비싼 가격을 주고라도 사지 않을 수 없다. 그러므로 언제, 어떤 물건이, 얼마만큼의 양으로 필요한지를 미리 예측하여 이에 대비하는 생산자는 많은 이익을 챙겨 큰돈을 벌 수 있는 것이다.

아주머니 떡도 싸야 사먹지

왜 가격파괴를 할까?

우리는 파괴의 시대에 살고 있다. 가격파괴, 인사파괴, 시장파괴, 조직파괴…… 언젠가 이정현의 '바꿔' 라는 노래가 유행한 것도 같은 맥락에서 이해할 수 있다. 그 가운데 가격파괴는 셀 수 없이 많은 곳에서 벌어지고 있거니와, 할인률 또한 엄청나서 도저히 지나칠 수 없게끔 한다. 사정이 이렇다보니 하나만 사고 말 물건을 두세 개씩 사는 것은 예사고, 가끔은 싼맛에 몇보따리씩 사기도 한다. 더욱 가관인 것은 대형 할인매장에 아예 가족과 함께 승용차를 타고 가서 공짜로 얻어오기라도 하듯이 카드로 물품대금을 지불하고, 한 차 가득 싣고 오는 풍경을 흔하게 볼 수 있다. 이는 모두 수요의 가격탄력성을 나타내는 기업들의 판매전략에 소비자들이 함께 춤을 추는 경우다.

이러한 예를 통해 '아주머니 떡도 싸야 사먹지'라는 속담을 떠올릴 수 있다. 이는 수요의 가격탄력성을 잘 나타내는 말이다. 이 속담은 떡을 사먹는 중요한 이유가 아주머니이기 때문이 아니라 값이 싸기 때문이라는 것을 명백히 밝히고 있다. 아주머니는 소비자들의 심리에 맞춰 떡을 많이 팔기 위해 값을 싸게 받는다. 하지만 단지 떡을 팔기 위해 이득이 안되는 일을 하지는 않는다. '모든 인간은 자기이익을 위해서 행동한다'는 관점에서 본다면 아주머니에게는 떡값을 싸게 받는 게 더 이익이 되기 때문에 떡을 싸게 파는 것이다.

수요의 가격탄력성

떡값을 싸게 받는 것이 어떻게 아주머니에게 더 이익이 될까? 떡값을 올리면 그로 인한 수입증가분보다 떡의 수요량 감소로 인한 수입감소분이 더 크고, 거꾸로 떡값을 내리면 그로 인한 수입감소분보다 떡의 수요량 증가로 인한 수입증가분이 더 크기 때문이다. 만일 그렇지 않고 떡값을 내릴 때 떡 가격의 하락률보다 수요증가율이 적어진다면 수입은 줄어들게 될 것이다.

이와 같이 수요의 가격탄력성price elasticity of demand이란 가격변동률에 대한 수요변동률의 절대값이다. 이 탄력성의 지수는 1을 기준으로 1보다 크면 탄력적이라 하고, 1보다 작으면 비탄력적이라고 한다. 탄력성이 2라는 것은 가격이 10% 변할 때 수요량이 20% 변한다는 뜻이다.

수요의 가격탄력성에 따라 나타나는 행동들

수요의 가격탄력성은 가격변동에 대해 수요량변동이 얼마나 민감한지 파악하는 데 유용하다. 한 예로, 조금이라도 싸게 사려고 가격인하 때만 되면 백화점에 달려가 내린 가격 폭보다 더 많은 물건을 사는 알뜰파는 탄력적인 사람이고, 가격인하 때는 붐빈다고 백화점에 가지 않는 거만파는 비탄력적인 사람이다.

탄력적인 상품으로는 사지 않아도 별문제가 없는 사치품을 들 수 있다. 또 자기소득에서 차지하는 지출비중이 클수록 탄력적인 것으로 나타나며, 이 경우 가격변화에 민감하게 반응한다.

비탄력적인 상품으로는 농산물이나 생필품을 들 수 있다. 이들은 가격이 오르더라도 울며 겨자 먹기 식으로 사지 않을 수 없고, 가격이 내린다고 하더라도 필요 이상으로 물건을 구입하지 않기 때문에 탄력성이 낮다.

또 시간이 길어질수록 가격변동에 적응할 여지가 많아지기 때문에 가격탄력성이 높아진다. 예를 들면 1973년 제1차 석유파동에서 석유 가격이 오른 후 한동안 석유 소비를 줄이지 못했다. 그러나 그후 10여 년이 흐르면서 사람들은 형편에 따라 석유보일러를 연탄보일러로 대체했고, 휘발유 자동차를 경유나, LPG 자동차로 대체하여 석유 소비를 크게 줄였다. 결국 석유의 가격인상 요인에 대해 다른 물품으로 대체하거나 소비량을 감소하여 합리성을 추구한 것이다.

조상들의 지혜를 월마트에서 활용하다니?

이상에서 알 수 있듯

이 '아주머니 떡도 싸야 사먹지'는 수요의 가격탄력성을 잘 활용한 선조들의 생활예지이다. 이와 같은 조상들의 번득이는 지혜를 서구식 대형할인점에서 판매전략으로 활용하는 것은 아이러니컬한 일이다. 세계 최대의 유통할인업체인 미국의 월마트는 물품을 가장 싸고 많이 팔면서도 수익을 챙기기로 유명하며, 유통혁명의 선도자로 불리고 있다. 이 회사의 연간매출액은 1,000억달러 정도로 국내 유통시장의 전체 규모(약 80조원)와 맞먹는 액수다. 월마트의 경쟁력은 '매일 저비용 운영과 매일 저가격 판매'라고 할 수 있다.

'아주머니 떡도 싸야 사먹지'에 나타난 수요의 가격탄력성 개념은 한 나라의 경제정책, 한 기업의 판매전략, 한 개인의 소비전략에 이르기까지 간과해서는 안될 중요한 개념이다. 경제적으로 어려움을 겪고 있는 요즘에는 '아주머니 떡도 싸야 사먹지'에 담긴 지혜가 더욱 아쉽다.

바늘 가는 데 실이 간다

▶보완재

꿩 대신 닭 | 우리는 일상생활에서 끊임없이 많은 재화를 소비하며 살아간다. 이 경우 어떤 한가지 재화만을 소비하는 경우도 있지만 대체적으로 여러 재화를 결합하여 소비하는 경우가 많다. 이때 재화에 대한 수요와 그 수요에 영향을 주는 요인의 함수관계를 수요함수라고 한다.

특히 수요는 다른 재화의 가격에 의존한다. 다른 재화의 가격이 상승할 때 직접적으로 영향받는 재화가 있는가 하면, 전혀 영향받지 않는 재화도 있다.

속담에 '꿩 대신 닭'이라는 말이 있다. 이 속담은 원래 본인이 원하는 적당한 물건이나 상품이 없을 때 비슷한 물건이나 상품으로 대신함을 뜻한다. 여기에서 꿩과 닭은 서로 바꿔 쓸 수 있는 재화다. 이러한 재화를 대체재substitute goods라고 한다. 대체재는 한 재화의 가격이 하락함에 따라 다른 재화의 수요량이 감소하는 경우 두 재화의 관계를 말하기도 한다. 실제경제에서는 이와 같은 현상이 자주 일어난다. 커피와 홍차, 콜라와 사이다, 짬뽕과 자장면, 우유와 요구르트, 핫도그와 햄버거, 영화와 비디오 테이프가 대표적인 대체재다. 이러한 대체재의 경우 어떤 재화에 대한 수요는 다른 재화의 가격에 영향을 받는다.

예를 들면 커피값이 오르면 상대적으로 값이 싸게 느껴지는 홍차에 대해 수요가 증가할 수 있다. 커피전문점 주인은 홍차의 가격에, 콜라회사는 사이다의 가격에, 우유회사는 요구르트의 가격에 신경을 곤두세우는 것은 이러한 이유 때문이다.

뗄레야 뗄 수 없는 상생의 관계?

우리 속담에 '바늘 가는 데 실이 간다'는 말이 있다. 이 속담은 밀접한 관계가 있는 것끼리는 서로 떨어지지 않고 항상 따라다닌다는 뜻이다. 전통사회에서 바늘과 실은 부녀자들의 생활필수품이었다. 물자가 넉넉하지 못했던 시절에 부녀자들은 바늘과 실을 챙겨다니면서 옷이나 양말이 떨어지면 단정하게 꿰매어 입고 다녔다. 가족의 옷을 깔끔하게 꿰매주는 것도 중요한 일과의 하나였다. 그런데 떨어진 옷은 바늘과 실 가운데 하나만 가지고는 꿰맬 수가 없다. 이와 같이 상호보완하여 한가지 용도로 쓰이는 재화를 보완재complementary goods라 한다.

일상생활에서 이러한 재화들은 대단히 많다. 커피와 설탕, 버터와 빵, 연필과 지우개, 펜과 잉크, 골프공과 골프채, 바늘과 실 등이 보완재의 구체적인 예다. 이 경우 한가지 재화를 독립적으로 사용하기보다는 두 재화를 결합하여 사용함으로써 만족수준을 더 높일 수 있다.

가격이 오르면 상대되는 재화의 수요는 감소한다. 예를 들면 커피값이 오르면 설탕에 대한 수요가 감소할 것이다. 가격인상으로 커피에 대한 수요가 감소하는 데 비례하여 커피와 함께 사용되는 설탕에 대한 수요도 줄어들 것이기 때문이다.

한편 재화에 따라서 대체관계나 보완관계에 있지 않은 경우가 있다. 한 재화의 가격변화가 다른 재화의 수요에 아무런 영향을 미치지 않을 때 이들 두 재화는 독립관계에 있다고 하며, 이러한 관계에 있는 재화를 독립재independent goods라고 한다. 텔레비전, 피아노, 맥주, 자동차, 구두 등이 독립재의 예다.

손님이 왕이다

경제활동의 궁극적 목표는 소비다 경제생활은 생산과 소비의 연속적인 순환과정이다. 생산이 경제생활의 출발점이라면 소비는 종착점이라 할 수 있다. 모든 경제활동은 소비를 궁극적인 목표로 하여 이루어진다. 그리고 소비는 인산의 욕방을 충족시켜 스스로 새생산하는 기본적인 경제활동이 된다. 아무리 좋은 재화가 생산되었다 하더라도 소비자에 의해 소비되지 않는다면 재화로서의 존재가치를 발휘할 수 없다. 시장경제에서는 자유경쟁에 의한 영리추구가 이루어지기 때문에 기업은 기술개발, 경영합리화, 시장조사 등을 통해 끊임없이 창의력을 발휘하여 소비자를 만족시킬 수 있는 더욱 우수한 제품을 생산하기 위해 최선을 다하게 된다. 따라서 소비는 투자의 근원이며 생산유발을 촉진한다.

'손님이 왕이다' 는 말이 있다. 이 속담은 모든 경제생활은 생산에서 출발하여 소비에서 종착하기 때문에, 소비자가 구매하지 않는 물품은 생산해봤자 재고만 쌓일 뿐이며, 경제가 활성화되느냐 활성화되지 못하느냐는 소비자의 손에 달려 있다는 뜻이다.

자유경쟁을 원칙으로 하는 자본주의 경제에서 경제구조 및 생산구조, 산업유형을 결정하는 최종적인 권한은 소비자에게 있다고 할 수 있다. 이때 소비자가 원하는 상품을 원하는 시기에 원하는 만큼 마음대로 선택해서 구매할 수 있는 것을 소비자 주권consumer's sovereignty이라고 한다.

손님이 왕

요즘은 어느 업종에서나 고객을 왕으로 모시는 것을 자주 볼 수 있다. 고객들에게는 은행에 가고 시장에 가고 백화점에 가는 것이 여간 신나는 일이 아니다. 소비자들이 이러한 분위기에 점점 더 익숙해지다 보니 생산자들은 더욱 강도 높은 전략으로 소비자를 모시지 않으면 생존 자체를 위협받게 된다. 소비자들은 만족을 넘어서 감동을 원하고 있다.

생산자는 시장을 통해 제품을 상품화하며, 상품화된 제품은 소비자에 의해 구매되어 그들의 욕망을 충족시켜줌으로써 그 목적을 달성하고 이윤을 획득하게 된다. 모든 생산자는 소비자가 원하는 물품을 소비자가 지불하고자 하는 가격에 공급하면서 스스로 번영을 유지할 수 있는 것이다.

세상이 하루가 다르게 변하고 있어 시장에서 물건을 파는 일도 날이 갈수록 어려워지고 있다. 동종업체들은 제품을 개발하고, 판매전략에 동분서주하면서 치열한 전쟁을 치르고 있다. 소비자의 취향도 날로 까다로워지고 있어 늘 새로운 수법을 생각해내지 않으면 안된다. 제휴판매, 끼워팔기, 미끼판매, 스타판매, 틈새시장 메우기, 베팅판매, 경품판매…… 웬만한 소비자들은 이와 같은 다양한 판매전략에 단련이 되어 있어서 갈수록 강도 높은 전략이 요구된다.

사람들이 모이는 곳이라면 어디든지 나서라

생산자와 판매자는 소비자를 왕으로 모시기 위해 고민해야만 하는 상황이다. 소비자로 하여금 자사 제품을 구매하도록 하기 위해 어떤 방법이 가장 효과적인지 끊임없이 연구한다. 비용 때문에 가입을 망설이고 있는 잠재 소비자에게 보조금을 통해 비싼 단말기를 공짜로 주다시피 하는 것도 그 방법 가운데 하나이다. PCS라는 새로운 휴대통신매체가 등장하자 개인휴대통신 서비스업체들이 통신료 특전은 물론 단말기 액세서리 등 특별보너스를 제공하면서 공격적으로 시장을 확대하는 것도 마찬가지다. 신규고객을 뺏기지 않기 위해 경쟁업종인 PCS 서비스업체들이 하는 것처럼 단말기 보조금을 올려 신규가입자들의 단말기 구입 부담을 낮춰주지 않을 수 없다.

생산자는 소비자가 스스로 선택할 때까지 기다려서는 안된다. 거리에서, 시장에서, 백화점에서, 사람들이 모이는 곳이면 어디에서나 소비자의 환심을 사기 위해 PCS를 홍보하는 예쁜 도우미를 만날 수 있다. 신문과 TV, 잡지 등 사람들이 눈길을 돌릴 만한 곳이면 어디에서나 소비자에게 환심을 사려는 광고가 쏟아진다.

나의 생존은 손님에게 달려 있다?

무한경쟁과 무국경의 지구촌 시대를 맞아 생산자와 판매자는 죽을 맛이지만, 소비자는 정말 살맛이 난다. 은행에 가나, 백화점에 가나, 시장에 가나, 거리를 걸어가나 미소짓는 얼굴들이 90도로 인사하고 서비스를 제공해주니 얼마나 신나는 일인가? 죽을 맛을 참고 견디며 서비스를 아끼지 않는 생산자와 판매자에게는 그만한 이유가 있다. 왜냐하면 그들의 생존이 소비자에게 달려 있기 때문이다.

자본주의 시장구조에서 신하의 처지에 놓인 생산자는 왕인 소비자가 유능한지 무능한지 주시하게 된다. 생산자는 소비자가 상품의 유용성, 내구성, 유행성, 적정가격성, 사기성, 환경친화성 등을 판단하고 선택할 수 있는 능력이 있는지 따진다. 신하가 왕을 모셔도 왕이 제구실을 못한다고 판단하면 신하는 돌변한다. 왕으로부터 얻을 것이 많으면 많을수록 신하는 왕을 더욱 깍듯이 모시지만, 왕에게서 얻을 것이 별로 없다고 판단하면 신하는 서서히 떠나고 태도도 바뀌게 된다. 특히 서로의 이해관계로 얽힌 신하와 왕에게 그 관계가 큰 의미를 가지지 못한다면 그 관계를 청산하는 것은 당연하다.

남이 장에 간다고 하니 거름 지고 나선다

▶소비행위의 상호의존성

인간생활과 시장

우리 속담에 '남이 장에 간다고 하니 거름 지고 나선다'는 말이 있다. 이 말은 자신의 주관이 없이 남이 행동하는 대로 따라한다는 뜻이다. 이를 경제적 관점에서 해석하면, 특별히 시장에 가서 팔거나 사고자 하는 물건이 없으면서 남들이 시장에 가니까 따라갔다가, 시장 분위기에 젖어 꼭 필요한 물건이 아닌데도 남들이 많이 사니까 따라서 사는 경우를 가리킨다.

인간은 사회적 동물로서 많은 이들과 더불어 생활한다. 그 속에서 사람들은 다른 이를 의식하며 살아가지 않을 수 없고, 다른 이들에게서 많은 영향을 받는다. 그러한 영향을 가장 많이 받을 수 있는 곳이 다름아닌 시장이다. 시장은 수요와 공급에 따라 형성된 가격에 의해 매매자간에 이루어지는 거래과정, 또는 그것이 행해지는 장소이다.

시장은 시간과 공간의 일치를 통해 인간과 인간, 인간과 물자가 만나는 곳이며 이것들이 유통되는 중심지이다.

전통적인 시장의 모습은 농촌사회에서 일반적으로 볼 수 있는 정기시장에서 찾을 수 있다. 대개 5일마다 열리는 정기시장은 지역사회를 공간적으로, 또는 시간적으로 한데 묶는다. 전통사회에서 시장은 분열되어 있는 것처럼 보이는 개개의 촌락을 서로 연결하고 사회와 닿게 하는 구실을 했다. 그래서 농민들은 사거나 팔 물건이 없더라도 구경삼아 시장에 나오곤 했고, 견물생심見物生心이라고 물건을 보니 갑자기 사고 싶은 마음이 들어서 충동구매를 하기도 했다. 이는 전통사회에서는 흔히 볼 수 있는 농촌 풍경이며 인간의 삶의 모습이다. 오늘날에도 이와 같은 소비행위는 여전히 존재한다.

밴드웨건 효과

한 소비자가 어떤 재화를 소비할 때, 다른 소비자들이 그 재화를 많이 소비하는 데서 영향을 받아 소비하는 경우가 많다. 이런 소비를 '밴드웨건 효과bandwagon effect에 의한 소비행위'라고 말한다. 밴드웨건은 선두행렬에 있는 악대차, 우세한 세력, 사람의 눈길을 끄는 것, 유행 등을 뜻한다. 단순소비재든 내구소비재든 신제품을 출하해 시장을 개척할 때 상품에 대한 인지도를 높이기 위해 사람들의 시선을 끄는 다양한 방식으로 광고하고 홍보하는 것을 흔히 볼 수 있는데, 이는 밴드웨건 효과에 의한 소비의 기대 때문이다.

실제로 많은 사람이 다른 이들의 소비행위에 크게 영향을 받는 경우가 많다. 자기가 좋아하는 사람이 어떤 재화를 소비하고 있기 때문에 자기도 그 재화를 소비한다든가, 많은 소비자들이 소비하고 있기 때문에 그 재화는 틀림없이 고급 재화일 것이라고 생각하여 자기도 그 재화를 소비하는 경우가 있다. 모두 밴드웨건 효과에 의한 소비이다.

특히 여자들의 경우 좋아하는 탤런트나 유명배우가 입은 옷이 맘에 들어 그 옷이 자신에게 어울리든 안 어울리든 간에 사 입는 일이 많다. 마찬가지로 밴드웨건 효과에 의한 소비행위이다.

또다른 예로 우리나라의 경소형차 사용비중을 보면 일본이 20%를 넘는 것에 비해 2000년 3.5%, 2003년 3.2%, 2004년엔 4.5%로서 일본의 5분의 1 수준에 머무른다. 또 우리나라의 자동차 교체주기는 평균 4년에 폐차주기가 7.6년인 것에 반해 미국과 일본은 자동차 교체주기가 약 8~9.5년, 폐차주기가 18년인 것을 통해 알수 있듯 이는 우리의 약 2배 수준이다. 그리고 초고속인터넷망 보급률은 최근 4년간 3배 가까이 증가하여 미국의 30%에 비해 우리나라가 76%로 매우 높은 것으로 나타났다. 휴대전화 보급률 또한 미국인의 60%에 비해 우리나라가 75%로 매우 높다(정보통신부, 『IT통계자료』, 2005).

또한 고급 외제골프채 등의 소비가 급격히 증가하고 있다. 모두 밴드웨건 효과에 따른 소비행위의 단적인 예다.

밴드웨건 효과가 있을 때는 없을 때에 비해서 한 재화를 더욱 많이 소비한다. 생산자의 경우 소비자들의 이러한 소비심리를 잘 이용하면 엄청난 매상고를 올릴 수 있다.

스놉 효과

거꾸로 스놉 효과snob effect는 밴드웨건 효과와는 정반대되는 소비효과이다. 스놉이란 지위와 재산만을 중요시하여 윗사람에게 아첨하고 아랫사람에게 교만한 사람을 일컫는다. 이런 사람은 남이 어떤 재화를 많이 소비하고 있으면 그 재화의 소비를 그만둔다. 이러한 경우의 소비를 '스놉 효과에 의한 소비행위'라고 말한다. 스놉 효과는 자기가 남과 다르다는 것을 과시할 때 나타나는 소비이다. 스놉 효과가 있으면, 그것이 없을 때에 비해 한 재화를 더 적게 소비한다. 예를 들어 테니스가 대중화되어 많은 사람들이 테니스를 즐기면 테니스는 이제 천한 운동이라고 생각하여 포기하고, 골프나 수영 같은 운동으로 전환하는 경우가 그렇다.

베블렌 효과

한편 남보다 돋보이고 싶어서 하는 소비도 있다. '베블렌 효과Veblen effect에 의한 소비행위'이다. 캐딜락, 다이아몬드 반지, 샴페인, 외제승용차, 외제골프채, 유명 브랜드의 옷, 수억원씩 하는 고급 주택 등 값비싼 재화를 소비할 수 있는 능력을 가졌다는 것을 과시하고 싶어서 소비하는 경우가 여기에 속한다. 이러한 소비는 사치스럽고 허영심 많은 사람에게서 주로 나타나는데, 베블렌 효과가 있을 때는 일반적으로 가격이 높은 재화일수록 소비가 더 많아진다.

조리에 옻칠한다

보릿고개가 엊그젠데   우리 조상은 사치와 낭비를 경제의 큰 해악으로 생각했다. 오늘날에도 이와 같은 생각은 전혀 예외가 될 수 없으며, 동서고금을 막론한 공통사항일 것이다. 제한된 자원 안에서 필요에 맞게 물건을 어울리도록 잘 사용하는 것은 자원의 낭비를 없앨 뿐만 아니라, 그 물건의 본래 쓰임새를 극대화할 수 있도록 해준다.

그런데 오늘날 우리의 생활은 어떠한가. '보릿고개'와 '초근목피 생활'이 불과 한 세대도 지나지 않았는데, 음식물 찌꺼기로 버리는 쓰레기가 연간 10조원에 이르고 아직 쓸 만한 내구소비재를 폐기처분함으로써 엄청난 경제적 손실을 입고 있다. 국토는 쓰레기로 자정능력을 잃을 지경이다.

더욱이 2003년 한국소비자보호원이 조사한 우리나라 가정의 한 회

평균 혼례비용이 7,500만원이라는 사실은 경제의 현주소가 과연 어디쯤인지 짐작케 한다.

돼지우리에 주석 자물쇠

'조리에 옻칠한다' 는 말이 있다. 조리는 가는 대오리나 철사로 만든 작은 삼태기 모양에, 위에 제물자루가 길게 달려 있는 것으로 쌀을 이는 데 쓰는 도구이다. 조리에 비싸고 좋은 옻을 칠해봤자 본래 기능에는 아무 보탬도 주지 못하며, 아까운 돈만 낭비하게 된다. 이 속담은 의미없는 일에 재물을 함부로 낭비하지 말 것을 빗댄 말이다.

지금은 도정공장이 많고, 집안에서 타작을 하는 경우가 흔치 않아 쌀에 돌이 섞이는 경우가 드물다. 시멘트가 보급되기 이전, 시골에서는 마당에서 벼타작을 했다. 아무리 조심스럽게 갈무리해도 벼에 돌이 섞이는 일이 다반사였기 때문에 벼를 싣고 정미소에 가서 방아를 찧었을 때 쌀에 돌이 많이 섞여 들어갈 수밖에 없었다. 그러므로 조리는 그 시절 밥을 지을 때 돌을 골라내는 필수적인 생활도구였다. 그렇게 유용하던 조리가 도정공장이 곳곳에 생기고 타작기술이 급격히 발전하자 이제는 구경하기조차 힘들게 되었다. 그나마 다행인 것은 사라질 위기에 처한 조리가 생활 속에 미풍양속의 하나로서 정착하고 있는 것이다. 그밖에 사치와 낭비를 경계한 속담으로 '돼지우리에 주석 자물쇠' 라는 말이 있다. 격에 맞지 않는 치장을 지적하고 사치를 경계하는 말이다.

소득생활과 무관한 소비형태는 피해라

생활 속에서 '조리에 옻 칠하는' 예에는 어떤 것들이 있을까? 특수귀족층이라 불리는 이른바 '오렌지족'의 소비행태가 그렇다. 자신의 소득수준과는 별개로 무리하게 이루어지는 소비행태도 마찬가지다. 금방 분양받은 아파트를 뜯어내어 새 자재로 채우는 것, 아직 쓸 만한 고급 가구를 단지 유행이 지났다는 이유로 폐기처분하고 새 가구로 교체하는 것, 얼마 타지 않은 차를 금세 새 차로 바꾸는 것도 같은 맥락에서 이해할 수 있다. 이러한 소비행태의 공통점은 용도보다는 외양에 더 치중하고 있으며, 가격이 비싸고 남의 눈에 띌수록 그러한 소비를 더 즐기고 있다는 데 문제가 있다.

사치와 허영은 대체로 매우 비싼 기회비용을 요구한다. 어차피 희소가치가 가격을 결정하므로 가격이 비싼 것은 당연하다. 이동전화 단말기의 개발경쟁이 본격화하면서 휴대폰의 수명이 훨씬 짧아졌다. 신제품이 나온 지 한달만 지나도 가격이 절반으로 하락하는데, 한달 만에 거의 두 배에 해당하는 기회비용을 치르게 되는 경우도 같은 유형이다. 최신 유행에 맞춰 옷을 사 입게 될 때도, 최신 유행하는 전자제품을 가장 빨리 구매하는 것도, 그 분야를 전공하는 사람들이야 어쩔 수 없겠지만 상대적으로 필요성이 적은 비전문가가 최신 전문서적을 서둘러 구매하는 것도 마찬가지다. 그들은 모두 사치와 허영의 대가로 엄청나게 비싼 기회비용을 치르게 된다.

소비자의 취향이 각각 다를 수 있겠지만 어떤 특수한 위치에 있지도 않으면서 남들보다 빨리, 매우 비싼 가격의 신제품을 손에 넣기 위해 엄청난 기회비용을 치르는 경우를 우리는 흔히 본다.

지혜로운 삶이란 간단하다

어떻게 세상을 살아가는 것이 지혜로운 삶일까? 세상을 지혜롭게 살아가는 방법은 그렇게 어렵지 않다. 남보다 소비의 눈높이를 약간만 낮추면 된다. 남보다 조금 빨리 최신형 물건을 소유하면서 얻는 허영의 즐거움과 이를 위해 지불하지 않으면 안되는 기회비용을 생각해보라. 의외로 지혜롭게 살아가는 방법은 간단하다. 물건을 살 때마다 항상 지금 당장 나에게 꼭 필요한 물건인지, 평소에도 갖고 싶어하던 물건인지, 다른 대체품은 없는지 등을 따져보고 구매해야 한다. 그러면 '조리에 옻칠하듯이' 지불하는 기회비용을 엄청나게 절감하게 된다.

한 시대의 사치품은 다음 시대에 반드시 생활필수품으로 이어진다. 이러한 사치품과 생필품이 오늘날에는 몇년에서 몇달, 몇시간 단위로 바뀌고 있다. 시대의 흐름을 잘 파악하고 소비에 대한 눈높이를 조절하면서 살아나갈 경우 우리의 경제생활은 윤택해질 것이다.

마른 수건도 다시 짠다

샴페인을 너무 일찍 터뜨린 나라?

'마른 수건도 다시 짠다'는 말이 있다. 물기가 없는 수건에서 다시 물을 짜낸다는 말이니 얼마나 힘을 들이고 노력해야 하는가를 함축하고 있다. 다시 말하면 돈을 지출하고 물건을 소비하면서 꼭 필요한 부문에 필요한 만큼의 지출인가를 철저하게 따져서 낭비가 없이 알맞게 지출하라는 뜻이다.

지난 세대 동안 한국경제는 성장제일주의와 수출제일주의를 성공리에 수행하여 압축경제성장을 이룩했다. 이러한 성과가 있기 전 우리는 아끼지 않으면 살아갈 수 없었고, 실제로 아낄 것도 없는 경제형편이 대단히 딱한 물질빈곤의 시대를 살았다. 그런 과거를 잊고 빈곤의 악순환에서 벗어나기가 무섭게 한풀이식 소비를 하고 있으니 안타까운 일이다. 그러니 국제사회에서 '샴페인을 너무 일찍 터뜨린 나라' '1만불 소득에 3만불 소비의 나라' '한 해 동안에 음식물 찌꺼기로 내버리는 쓰레기가 10조원에 이르는 나라' '호화외유가 끊이지 않는 나라' 같은 비아냥을 받는 것은 당연하다.

그와 같이 압축성장의 추억에 빠져서 흥청거리다가 1997년 말 외환위기를 겪으면서 상황이 조금 달라지기는 했지만 아직도 사회 분위기는 옛 추억에서 좀처럼 헤어나지 못하고 있다. 한번 풀어진 허리띠는 좀처럼 죄어지지 않는다. 살을 깎는 다이어트는 하지 않으면서 허리띠만 자꾸 탓하는 경우가 허다하다.

외국에 나가려는 여행객들이 공항 대합실을 메우고 있고, 아직 쓸 만한 각종 내구소비재를 처리하느라 국토는 몸살을 앓고 있다. 술집 등 야간업소는 불야성을 이루고 고급 외제품을 판매하는 백화점에서는 물건이 없어서 판매하지 못할 정도이고, 몇백만원대의 고급 외제 양주들이 세관에 체류되어 있고, 연휴에는 고속도로가 주차장이 되는 등 아직 우리나라의 소비수준은 IMF 외환위기 이전과 별차이가 없다는 비판도 만만치 않다.

그러던 우리나라가 변하고 있다. '마른 수건도 다시 짜는' 풍토가 전개되고 있다. 그동안 언론에 보도됐던 우량기업들의 원가절감 방안도 다양하다. 불황에 대비해 불필요한 경비지출을 최소화함으로써 기업체질을 바꿔놓겠다는 전략을 내놓은 것이다. LG전자는 각 사업본부를 중심으로 경영환경 악화에 따른 다양한 원가절감 노력을 펼친 바 있다. 대표적인 예로 구미공장의 경우 IMF 외환위기 때 벌였던 '아나바다'(아껴 쓰기, 나눠 쓰기, 바꿔 쓰기, 다시 쓰기) 운동을 재개했으며, 실내온도도 섭씨 20도 이하로 유지해 불필요한 에너지 소모를 줄여나갔다. 또한 대한항공의 경우는 비행기 관리비용을 줄이기 위해 여덟 가지이던 항공기 기종을 네 가지로 단순화하기도 했다.

일상생활에서 '마른 수건을 다시 짜는' 예로는 어떤 것이 있을까? 가정에서 사용하는 가전기기의 경우 습기나 먼지가 적으면서 바닥이 수평으로 안정된 곳에 설치하면 전기를 절약할 수 있다. 특히 냉장고나 전자레인지의 경우 불안정한 장소에 설치하면 진동과 소음이 발생하고 전력도 많이 소모된다. 안 쓰는 가전기기는 플러그를 빼서 전력 손실을 방지하는 것이 좋다.

가구별 주당 TV시청 시간을 보면 2000년에 23.7시간인 것에 반해 2004년에는 주당 TV시청 시간이 22.2시간으로 1.5시간 감소를 보이며, 시청률은 96.4%로 0.1% 감소했다. 만일 TV시청 시간을 하루에 한 시간씩 단축할 경우 연간 410억원의 비용을 절감하는 효과가 발생한다고 한다(통계청, 『사회통계조사보고서』, 2005).

냉장고도 벽에 바짝 붙이면 효율이 떨어지고, 햇볕이 들거나 열기가 있는 곳에 가까이 두면 20~25%의 전력이 손실된다. 냉장고는 전체 용량에서 60% 정도가 채워졌을 때 가장 효율적이다. 120만 가구가 이 원칙을 지켰을 때 연간 절약되는 에너지 절감액은 372억원에 달한다고 한다. 며칠씩 여행을 할 경우에는 냉장고 안의 음식을 미리 꺼내서 정리하고 전원 플러그를 뽑아둔다. 뜨거운 식품은 식힌 다음에 넣고, 냉장고 문은 자주 열지 않는 것이 경제적이다.

세탁기의 경우는 어떨까?

한번에 너무 많은 세탁물을 빨면 무리가 생기고 잘 빨리지 않는다. 거꾸로 너무 적어도 전력과 물에 낭비가 생겨 손해다. 옷의 종류에 따라 세탁하는 시간과 세제 및 탈수시간도 달라지므로 세탁물을 종류별로 분리하여 세탁하는 것이 경제적이다. 에어컨도 한 대의 전력소모량이 선풍기 30대의 전력량과 맞먹으므로 사용을 가급적 자제해야 한다. 에어컨을 '약'에 놓고 선풍기를 함께 사용하면 '강'의 효과를 얻을 수 있으므로 경제적이다. 그밖에도 다리미, 가스레인지, 청소기, 전기담요 등 '마른 수건도 다시 짤 수 있는 지혜'는 대단히 많다.

수돗물의 경우도 살펴보자. 지구에는 천문학적인 양의 물이 있다. 그러나 그 가운데 97%는 바닷물이고 담수는 3%밖에 안된다. 음료수나 생활용수로 쓸 수 있는 것은 강물, 냇물, 호수물, 지하수 등인데, 모두 합해도 0.8%에 지나지 않는다. 그것도 손쉽게 쓸 수 있는 것이 아니고 정수과정, 양수과정, 송수과정을 거치면서 많은 에너지와 설치비를 들여서 마침내 가정까지 도달하게 된다. '돈을 물 쓰듯 한다'의 물은 이미 오늘날 우리 시대의 물이 아니다. 물은 곧 돈이고, 물을 돈처럼 아껴 쓰지 않으면 안되는 시대에 살고 있음을 명심하자.

티끌 모아 태산

저축을 하는 이유 저축이란 장래의 소비에 대비하는 행동으로 소득을 모두 소비하지 않고 그 일부를 적립하는 것을 말한다. 애덤 스미스는 절약을 자본축적과 결부시켰다. 그의 말에 따르면 절검은 자본증가의 직접적 원인으로 자본은 절검에 의해 증기히고, 낭비와 비행prodigality and misconduct에 의해 감소한다. 이 말대로 사경제의 미덕인 절약과 국민경제 현상인 자본축적의 결합은 지금까지 진리로 이어져오고 있다.

속담에 '티끌 모아 태산'이라는 말이 있다. 아주 작은 먼지나 티끌이 모여 작은 언덕을 이루고, 이러한 작은 언덕들에 티끌이나 돌, 나무들이 어울려 큰 산을 이룬다는 뜻이다. 마찬가지로 적은 돈이지만 한푼이라도 꾸준히 모으면 큰돈이 되고, 이렇게 모여진 목돈은 한푼으로는 도저히 상상할 수 없었던 일을 해낸다. 작게는 개인 재산을 늘리는 것은 물론 지방자치단체나 국가에서 필요로 하는 대규모의 사업까지 가능하게 한다. 사람들이 현재의 소비를 포기하고 저축을 하는 이유는 다음의 세 가지로 요약할 수 있다.

첫째, 자기가 필요로 하는 거래를 좀더 원활하게 하기 위해서 저축을 한다. 사람들은 다른 이들과 어울리며 그들에게서 자기가 필요로 하는 것을 도움받고, 다른 사람이 필요로 하는 것을 도와주며 살아간다. 그러기 위해서는 모든 경제관계에서 다름아닌 돈이 중요한 매개체로 작용한다. 자기가 필요한 부분에 다른 사람에게서 공짜로 도움을 받을 수는 없다. 도움을 받는 대가로 일정한 금전을 지불해야 한다. 노후를 위하거나 자손을 위한 저축이 그렇다.

사람은 평생 자신의 욕망을 충족하기 위해 저축을 한다. 자손에게 유산으로 남겨주기 위해 저축하는 경우도 마찬가지다. 이 경우에 필요한 돈은 대부분 순식간에 마련될 수 있는 것이 아니므로 사람들은 이를 위해 필요한 돈을 한푼씩 은행 등의 예금기관에 저축한다.

기업에서 하는 법인저축corporate saving이 있다. 기업이 차입에 따르는 이자비용의 부담을 줄이고, 사업을 확장하기 위해 자기자본을 준비하려는 목적으로 행하는 저축이다. 법인저축은 기업이 자기금융을 예상하는 저축이다. 마찬가지로 기업을 경영하는 법인에서도 그때그때 필요한 원재료나 기자재 등을 사기 위해 한푼씩 저축한다.

둘째, 불의의 사태에 대비하기 위해 저축을 한다. 일상생활을 해나가면서 언제, 어느때, 어떤 일이 일어날지 모르기 때문에 갑작스런 일이 닥쳤을 때 거기에 대비해 일정한 돈을 저축해놓는다. 사람이 동물과 다른 점은 불의의 사태에 대비해 여유가 있을 때 절약하고 검소하게 생활하여 그 여분을 저축함으로써 불행을 어느정도 예방할 수 있는 것이다.

셋째, 더 많은 돈을 벌기 위한 기회를 포착하기 위해 목돈 마련의 수단으로 저축을 한다. 사람들은 경제생활을 하면서 어느쪽이 더 유리할지 계산하면서 살아간다. 특히 여유돈이 있으면 주식을 살지, 부동산을 살지, 채권을 살지, 은행에 예금을 할지 고민한다. 이때 중요한 기준이 되는 것이 금리와 수익률이다. 주식이나 부동산, 채권사업을 할 때 생기는 수익률에 비해 은행의 예금금리가 상대적으로 높을 경우 당연히 은행에 예금하는 것이 합리적인 경제행위다. 그렇지만 그 반대의 경우 사람들은 모험을 무릅쓰고 투기를 하게 된다.

우리의 경우 저축은 악덕이 되나, 미덕이 되나?

저축과 자본주의 발전과정을 연관하여 생각해볼 필요가 있다. 자본주의가 발전하는 시기에 저축은 곧 투자에 반영되어 자본축적을 촉진시켰으므로 미덕이었다. 그러나 자본주의가 정체기에 들어서면서 저축은 투자되지 않고 보장hoarding되어 그만큼 생산을 저해하므로 악덕으로 간주되었다. 자본이 풍부한 선진자본주의 국가에서는 정체화의 원인이 될 수 있으므로 저축이 악덕이 되는 경향이 있지만, 후진국에서는 자본축적의 전제가 되므로 미덕인 것이다.

절약만 하고 쓸 줄 모르면
친척도 배반한다

▶절약의 역설

박제가의 '우물론'

경제는 생산과 소비의 상호작용 속에서 끊임없이 발전할 수 있다. 소비가 뒷받침되지 않는 생산은 곧장 상품의 재고를 낳고 실업을 유발하며 불경기와 공황으로 이어진다. 낭비와 사치는 배제되어야겠지만 필요한 소비마저 억제하는 것은 오히려 경제를 더욱 어렵고 곤란하게 만든다.

속담에 '절약만 하고 쓸 줄 모르면 친척도 배반한다'는 말이 있다. 돈은 버는 것도 중요하지만 적절하게 쓰여질 때 진정한 가치를 발휘한다. 생산과 소비가 균형을 이룰 때 경제발전이 촉진되는 것이다.

실학자 박제가는 『북학의北學議』에서 '비단을 입지 않으니 나라 안에 비단 짜는 사람이 없고, 그릇이 비뚤어지든 어떻든 간에 개의치 않으므로 예술의 교묘함을 알지 못하니, 나라에 공장과 도야(陶冶, 질그

릇을 굽는 곳과 대장간)가 없어지고, 기예도 없어지는 것이다'라고 했다. 필요한 소비가 이루어지지 않는 데서 생기는 경제적 문제점을 예리하게 지적한 말이다. 박제가는 '우물물은 퍼 쓸수록 맛이 있다'는 '우물론'을 통해 경제회복책을 주장했다.

그의 말처럼 우물물은 일정한 속도로 계속 퍼 쓰지 않으면 물이 고이고, 오랜 시간이 지나면 썩게 마련이다. 샘이 솟는 곳에 우물을 만들었으므로 우물물은 계속 퍼 써야만 다시 깨끗한 물이 차오르고 맛도 좋아진다. 재물도 이와 같다. 소비가 없는 생산은 상품의 재고를 가져오고 실업을 일으키며 궁극적으로는 경기침체와 공황을 가져온다. 이른바 절약의 역설paradox of thrift이다. 절약은 분명 권장되어야 할 미덕이지만 소비가 위축되어 경기침체와 공황을 불러올 경우, 절약은 오히려 악덕이 되는 것이다.

유효수요 | 한 나라의 부富는 마치 우물과 같아서 어떤 물건이리도 사용하는 사람이 늘어나야 그 물건을 만드는 사람도 늘고, 따라서 소비가 생산을 촉진하게 된다. 이러한 구매력을 수반한 소비인 유효수요는 경제발전을 위해 절대적으로 필요하다. '유효수요effective demand'란 물건을 살 때 돈을 가지고 물건을 살 수 있는 확실한 구매력이 뒷받침되는 수요를 말한다. 한 상품을 생산하기 위해서는 반드시 수요가 있어야 하며, 그런 점에서 유효수요는 중요할 수밖에 없다.

유효수요이론은 영국의 경제학자 케인스J. M. Keynes가 1930년대 대

공황의 타개책으로 제기했다. 이 이론에 따르면 산출량의 크기와 고용수준은 투자와 소비로 이루어지는 유효수요의 크기에 의해 결정된다. 당시 고전파 경제학자들은 실업이나 공황은 일시적 현상에 지나지 않으며 경제의 자동조절작용으로 경기불안이 해소되면서 완전고용 상태가 될 것이라고 가정하였다. 공급이 수요를 창출한다는 세이J. B. Say의 법칙을 따르고 있었던 것이다. 이 법칙을 부정하고 케인스는 유효수요이론이라는 새로운 법칙을 만들어냈다.

박제가의 우물론은 검소함에 대한 왜곡을 극복하고 소비의 원리를 정확히 운영하는 것이야말로 경제를 발전시키는 원동력임을 강조하고 있다. 여기서 우물물을 퍼낸다는 것은 소비를 뜻한다. 계속해서 물을 사용하면 물은 마르지 않고 계속 차오른다. 이는 곧 새로운 경제질서가 실현됨을 뜻한다. 우물물을 아예 쓰지 않는 것은 검소가 아니다. 우물물은 적절하게 퍼내어 써야만 다시 깨끗한 물이 차오른다. 샘에서 일정하게 솟아오르는 물을 아깝다고 퍼내지 않고 그냥 내버려두면 그 물은 고여서 썩으며 궁극적으로는 말라버리게 된다. 경제질서에서 새로운 기술, 우수한 상품 생산이 중단되는 것이다.

박제가 왈, 조선의 폐쇄성과 검소함이 소비를 위축시켰다?

적절하게 우물물을 퍼주는 것이 필요하듯이 꼭 필요한 재화에 대한 소비는 국민의 경제생활을 더욱 윤택하게 해준다. 『북학의』에서 박제가는 중국과 조선을 비교하면서 조선이 선진문물을 받아들이는 데 보였던 폐쇄성과 지나친 검소함이 소비를 억제하도록 조장하여 결국 경제활동을 위축시켰다고 신랄하게 비판했다. 그의 말을 들어보자.

사람들은 지금 쌀밥을 먹고 비단옷만 입으면 그밖의 것은 필요없다고 생각한다. 그러나 쓸모없는 물건을 사용하기 위해서는 쓸모있는 물건과 통하게 해야 한다. 그렇지 않으면 쓸모있는 물건도 장차 모두 한곳으로 치우쳐 제대로 유통되지 못한 채 한쪽에서만 이용되면서 모자라기 쉽다. 이제 우리나라도 영토가 수천리나 되고 백성이 적지 않으며 물자도 구비되어 있건만, 산과 물에서 생산되는 물자도 다 이용하지 못하고 있는 것은 경제의 이치를 모르기 때문이다. 날마다 쓰이는 것에 대한 일은 아예 생각지도 않고 연구하지도 않으면서 중국의 가옥, 가마, 단청, 비단 등이 훌륭한 것을 보고 '사치가 심하다'고 비웃고만 있다.

중국 역대왕조에서는 사실 사치하다가 망한 적도 있다. 그렇지만 우리나라는 검소한데도 쇠퇴하고 있다. 이는 무슨 까닭일까? 검소하다는 것은 물건이 있어도 남용하지 않음을 말하는 것이지, 자신에게 물건이 없다 하여 스스로 단념하는 것을 말하는 것은 아니다. 지금 온 나라 안에 구슬을 캐는 집이 없고 시장에는 산호 같은 보배가 없다. 또 금과 은을 가지고 가게에 들어가도 떡을 못 사는 형편이다. 이것이 참으로 검소한 풍속 때문이라고 할 수 있겠는가? 이것은 물건을 이용하는 방법을 모르기 때문이다. 이용할 줄 모르니 생산할 줄도 모르고, 생산할 줄 모르니 백성의 생활은 나날이 궁핍해지는 것이다.

형편에 알맞은 소비는 개개인의 처지에 따라 사치스럽게 보일지는 몰라도 오히려 유효수요이고 한 나라의 경제력을 창출하는 원동력이다. 어차피 한 시대의 사치품은 다음 시대에는 반드시 생활필수품이 되게 마련이다. 상대적 박탈감을 초래하는 과시적 소비는 지양되어야 하지만 소비가 비난의 대상이나 지탄의 대상이 되는 것은 오히려 경제 전반의 흐름을 잘못 파악하는 것이다.

균형적 소비는 즐겨라

인류가 진보해왔다는 것은 결과적으로 무엇을 뜻하는가? 문명의 진보는 한때 극소수의 사람들만이 즐겼던 사치재가 점점 대중의 손으로 옮겨지는 역사라 할 수 있다. 어느 시대든지 그때마다 사치스러운 재화를 즐기는 사람이 있어야 물건의 질이 점점 좋아지고 이에 대한 대량생산이 이루어지면서 생활의 질이 날로 나아진다. 오늘날 쉽게 접할 수 있는 TV, 냉장고, 핸드폰, 컴퓨터, 자동차 등 우리의 삶을 편리하게 해주는 상품은 대부분 일반인들이 범접하지 못하는 사치재에서 시작했다.

문명의 역사란 이런 사치품들이 대중의 손에 이전되면서 생활필수품으로 전환되어온 역사라고 할 수 있다. 당시 조선 사람들은 중국인들이 지나치게 사치에만 몰두한다고 비난할 뿐 정작 자신들의 경제사정을 해결하는 데는 관심이 없었다. 사치는 금해야 하고 인간은 근검절약해야 한다는 도덕률에서 벗어나지 못했던 것이다.

요즘 같은 IMF 구제금융으로 인한 경제위기가 가시지도 않은 시대에 당연히 검소하게 살아야 할 것이다. 하지만 너무 검소하여 필요한 소비마저 하지 않게 된다면 생산이 줄게 되고 따라서 상업도 부진해질 것이다. 그 결과 경제가 더욱더 위축될 것이다. 사치와 낭비는 자제되어야 하지만, 필요한 소비마저 억제하는 지나친 검소 또한 경제 위축을 가져오므로 균형적 소비는 오히려 권장되어야 한다.

02 기업의 경제

공든 탑이 무너지랴

부의 축척의 기본은 부지런함이다 생산수단과 생산자원이 제한된 농경사회에서 윤택한 경제생활을 위한 최선의 방법은 근면성이었다. 지식정보화 사회에서도 근면성은 목적하는 일에 대한 성공을 위해서니 부의 축적을 위해 가장 기본적인 덕목이 될 수밖에 없디. 한 나라의 경제는 그 나라 사람들이 창의력을 발휘하고 부지런히 일할 때 더욱 성장한다. 시간이나 때우며 건성으로 일하는 경우와 창의성을 발휘하여 온갖 정열을 쏟아 일하는 경우는 분명히 성과가 다르게 나타난다.

'공든 탑이 무너지랴' 는 속담이 있다. 지극한 정성으로 공을 들인 일은 쉽사리 실패하지 않으며, 말없이 꾸준히 일하는 사람은 마침내 큰일을 해낸다는 뜻이다. 사실 이 세상에서 노력을 들이지 않고 그냥 이루어지는 일은 거의 없다. 남들이 보기에는 쉽게 이루어진 것처럼 보이는 일도 내막을 구체적으로 들여다보고 분석하면 그 일이 클수록 엄청난 노력과 정성을 쏟았음을 알 수 있다. '로마는 하루아침에 이루어지지 않았다'는 말도 같은 맥락에서 비롯된 것이 아닐까?

'거지도 부지런해야 더운 밥을 얻어먹는다'는 말처럼 근면성은 세상살이에서 가장 기본되는 덕목이다. 아울러 근면성이 뒤따라야 주어진 상품의 효용가치를 극대화할 수 있고, 아무리 손쉬운 일이라도 노력해야 성과를 얻을 수 있다. '구슬이 서 말이라도 꿰어야 보배'며, '부뚜막의 소금도 집어넣어야 짠' 셈이다.

허준과 『동의보감東醫寶鑑』

근면성으로 성공한 대표적인 인물로는 허준을 들 수 있다. 그는 조선 선조 때의 명의로 궁중의 전의典醫로 있으면서 선조의 명을 받아 의학서적을 편찬했다. 그 책이 바로 『동의보감東醫寶鑑』이다. 『동의보감』은 우리나라와 중국의 의학서적을 모아 저술한 것으로 동양에서 가장 우수한 의학서로 꼽힌다. 허준에 얽힌 이야기를 소개해보자.

그는 처음에 의술을 배우기 위해 당시 명의로 이름을 떨치고 있던 유의태의 집에서 약초를 캐기 시작했다. 그는 항상 약초의 잔뿌리를 다칠세라 조심스럽게 땅을 파고 정성을 다하여 보관했다. 허준이 일에 임하는 태도는 너무나 진지했으며, 그가 의술에 쏟아붓는 열정은 다른 사람들이 도저히 흉내내지 못할 정도였다. 허준의 스승 유의태는 제자의 강한 집념과 성실성을 높이 평가했다. 그는 자기 아들을 제쳐두고 허준에게 의술을 전수한 것은 물론, 자기 몸까지 의학실험용으로 제공하여 허준이 천하의 명의로 이름을 떨치게끔 했다. 유의태의 행동은 허준의 성실성에 대한 깊은 신뢰 때문이었다.

최고를 향한 집념

근면성을 얘기할 때 빼놓을 수 없는 사람이 에디슨이다. 에디슨은 오직 근면성과 집념으로 미국의 대발명가가 되었다. 자동중계기, 투표기록기 등을 발명한 이래 끊임없는 노력의 결과로 전신기, 전송기, 축음기, 백열전등, 영화촬영기 등 1,000여종에 이르는 물건을 발명해 특허를 받았다. '모든 일은 99%의 노력과 1%의 영감으로 이루어진다'는 말은 에디슨의 근면성을 대변한다. 스코틀랜드에서 태어난 철강왕 카네기 역시 끈질긴 근면성으로 사업에 성공했다.

성공한 사람, 거부가 된 기업가, 한 분야에서 최고의 경지에 이른 사람은 가만히 앉아서 영화로움을 선물받은 것이 아니다. 부유한 나라 역시 마찬가지다. 공든 탑을 쌓기란 쉬운 일이 아니지만 그만큼 쉽게 무너지지도 않는다. 최고를 향한 집념과 근면성이 있을 때 반드시 최고를 이룰 수 있다. 이러한 사항은 부강한 나라의 필수조건임을 명심하자. 결국 탑이 무너지느냐 아니냐는 탑을 향한 집념과 근면성에 달려 있다.

자식도 많으면 천하다

공급량이 많아지니 가격이 떨어진다

'자식도 많으면 천하다' 는 속담이 있다. 이는 모든 것이 흔하고 많으면 대수롭지 않게 생각하기 쉽다는 뜻이다. 특히 농경사회의 제한된 토지에서 하루하루를 살아가기가 어려운 처지에 있는 근로자들에게 자식들이 많으면 자연 그들을 먹여 살릴 걱정을 하게 될 수밖에 없으므로 보배가 되어야 할 자식이 오히려 귀찮게 여겨짐을 빗대어 이르던 말이다.

이 세상 부모들에게 자식은 천금을 주고도 바꿀 수 없는 존재다. 그렇지만 그 자식도 먹고살기가 어려운데 자식 숫자가 많아 그 자녀가 중요한 빈곤의 원인으로 여겨질 경우 부모에게 그 자식은 '천금과도 바꿀 수 없는 자식' 에서 '천덕꾸러기 자식' 으로 바뀔 수 있다. 경제에서도 사람들이 필요로 하는 물건의 수량(수요량)보다 생산·판매되어지는 물건의 수량(공급량)이 더 많아지면 그 물건 값은 떨어지게 된다. 이와 같이 사람들이 필요로 하는 물건을 생산하여 시장에 보급해 주는 것을 공급supply이라고 한다.

사람들이 살고 있는 곳곳에는 많은 물건들이 생산되고 있다. 농촌에서도 어촌에서도 공장에서도 셀 수 없을 정도로 많은 물건들이 쏟아지고 있다.

공급의 법칙

어떤 종류를, 얼마나 생산하느냐는 누가 시켜서 이뤄지는 것일까? 아무 까닭도 없이 그냥 만들어지는 것일까? 아니다. 그가 누구든 어디서, 무엇을, 얼마나, 값은 얼마로 받을지를 생각해서 물건을 생산한다. 예를 들어 달걀 한 개의 값이 100원일 때 20개만 공급했는데, 값이 120원으로 오르면 공급자는 달걀 개수를 더 늘릴 것이다. 이익이 한 개에 20원씩 더 늘어나니까. 이와 같이 재화(물건)나 용역(서비스)은 가격이 오르면 공급량이 늘어나고, 가격이 내려가면 공급이 줄어드는데, 이를 우리는 공급의 법칙law of supply이라고 한다.

생산된 재화나 서비스의 공급이 그걸 필요로 하는 사람보다 많으면 공급자들끼리 경쟁을 해 가격이 떨어진다. 따라서 공급의 원리를 알면 예를 들어 농부든, 어부든, 기업을 하는 사람이든 사람들이 필요로 하는 게 무엇이며, 언제·얼마나 필요로 하는지를 잘 알아두면 적은 노력으로 많은 돈을 벌 수 있다. 어느 재화나 서비스의 공급량은 판매자가 그 물건을 팔고자 하는 의사와 능력이 있는 수량을 말한다. 다시 말하면 공급량이란 생산자들이 일정 기간에 주어진 가격에 맞춰 만들고자 하며, 동시에 시장에서 팔고자 하는 상품이나 서비스의 수량이다.

공급의 결정요인에는 어떤 것들이 있을까?

만약 어떤 사람이 빵을 생산, 판매하는 빵집을 운영한다고 해보자. 그가 희망하는 빵의 생산, 판매량을 결정하는 것들에는 무엇이 있을까? 여기에는 다음의 몇 가지 변수들을 생각해볼 수 있다.

첫째, 빵의 가격이다. 빵의 가격은 빵의 공급량을 결정하는 변수의 하나이다. 빵의 가격이 올라가면 빵의 판매수익이 높아지므로 빵의 판매자는 빵의 공급량을 늘리려 할 것이다. 이를 위하여 근무시간을 연장하고, 빵의 기계를 더 사들이고, 종업원도 새로 채용할 것이다. 반대로 빵의 가격이 떨어지면 사업에서 얻어지는 이익이 적어지므로 빵의 생산량도 줄일 것이다. 만일 빵의 가격이 어느 수준 이하로 떨어지면 아예 빵가게의 문을 닫고 빵의 생산을 중단할 수도 있을 것이다. 이처럼 빵의 가격이 올라가면 공급량이 늘고, 가격이 떨어지면 공급량이 줄어들기 때문에 공급량은 가격과 비례의 상관관계가 있다고 할 수 있다.

둘째, 빵을 만드는 데 사용되는 생산요소의 가격이다. 빵을 생산하기 위해서는 밀가루, 설탕, 첨가제, 빵기계, 매장 건물, 종업원 등 여러가지 요소가 필요하다. 이들 요소가격이 올라가면 빵 사업은 수익이 떨어지게 되므로 빵 제조업체를 경영하는 사람은 빵의 생산량을 줄일 것이다. 요소가격이 너무 높아지면 빵 제조업체가 생산을 중단할 수도 있다. 따라서 어느 재화의 공급량은 그 재화의 생산에 투입되는 요소가격과 반대반향으로 움직이게 된다.

셋째, 빵의 생산기술이다. 빵의 생산기술은 빵의 공급량을 결정하는 또 하나의 변수이다. 예를 들어 자동화된 빵 제조기가 발명됨에 따라 빵 생산에 투입되는 사람들이 줄어들게 되어 비용이 낮아지고 따라서 빵의 공급량은 늘어나게 된다.

넷째, 미래에 대한 기대이다. 오늘의 빵 생산량은 미래에 대한 기대에 의해 영향을 받을 수 있다. 예를 들어 앞으로 빵의 가격이 오를 것으로 예상되면 빵 공급자는 현재 생산량의 일부를 창고에 보관해두고 현재 공급량을 줄일 것이다.

보리밥알로 잉어 낚는다

인간욕망은 생산활동으로 이뤄진다 인간들의 끝없는 욕망에 대한 근본적인 해결책은 결국 생산활동을 통하여 이루어진다. 생산이란 인간의 욕망을 충족시키기 위하여 재화나 효용을 증가시키는 인간의 모든 행위로서, 생산자들은 한정된 생산자원을 가지고 제품을 얼마나 생산해야 하고 각 생산요소들을 어느정도 배급해야 하는 것이 유리한 가와 같은 합리적인 생산의 문제에 끊임없이 부딪치게 된다.

생산을 위하여 투입input된 생산요소의 양에 대한 생산물의 산출량 output의 비율인 생산성productivity은 각종 자원을 얼마나 효과적으로 이용하였는가를 잴 때 사용되어지는 개념이다.

생산성은 실제경제에 있어서 한 사람의 근로자가 한 시간 동안 일해서 만들어낼 수 있는 재화와 서비스의 수량으로 표시된다. 이때 생산요소 한 단위의 투입물이 만들어내는 생산물의 산출량을 의미하는 생산성은 소득증가와 경제발전의 중요한 기준이 되며, 더욱이 생산성의 증가는 국민들의 소득증가와 직결되므로 경제운영에 있어서 최선의 목표가 된다.

적은 투자로 큰 성과를 올리다

'보리밥알로 잉어 낚는다' 는 속담에서, '보리밥알' 이란 생산을 위하여 투입되는 생산요소를 의미한다. '낚여지는 잉어' 가 일정할 경우 '보리밥알' 을 적게 투입하면 적게 투입할수록 효율적이다. 작은 보리밥알 몇개로 낚싯바늘에 꿰어서 강물에 던져두면 그 미끼를 따먹기 위해서 커다란 잉어가 걸려든다. 적은 투자로 큰 성과를 얻는 것이다. 이때 미끼로 넣은 보리밥알이 적을수록, 또 낚싯바늘에 걸린 잉어가 클수록 보리밥알의 생산성이 높다고 한다. 이러한 생산성은 실제경제에서 근로자 한 명이 한 시간 동안 일해서 만들어낼 수 있는 재화와 서비스의 수량으로 표시할 수 있다. 전세계에서 국가간의 생활수준은 엄청나게 차이가 난다. 고소득 국가의 국민은 물질적 풍요 속에 안락함을 누리며 평균수명도 더 길다. 시간에 따른 생활수준도 매우 크게 변화한다. 미국의 경우 해마다 물가상승을 뺀 소득이 약 2%씩 증가하여 평균소득이 35년 만에 두 배가 되었다. 일본은 20년 만에 평균소득이 두 배가 되었는데, 한국은 불과 10년 만에 두 배가 되었다.

생산성을 극대화하기 위한 결정요인

과연 무엇이 이렇게 국가간에 또는 시간상으로 국민소득의 차이를 일으켰을까? 해답은 의외로 간단하다. 국민생활수준의 변화는 대부분 국가간의 생산성 차이 때문이다. 곧 한 사람이 한 시간 동안 일해서 만들어낼 수 있는 재화와 서비스 양의 차이에 달린 셈이다. 시간당 근로자가 생산해낼 수 있는 재화와 서비스 양이 많은 나라에서는 국민 대부분이 높은 생활수준을 누리고, 근로자의 생산성이 낮은 나라에서는 국민이 궁핍한 생활을 견뎌야 한다.

'보리밥알로 잉어 낚는다'는 말을 구체적으로 분석해보자. 여기서 가장 큰 관심사는 어떻게 하면 잉어를 더 많이 낚을 수 있을 것인가다. 생산성을 극대화하기 위해 낚시꾼에게 다음 네 가지 결정요인이 필요하다. 첫째, 낚싯대를 더 많이 가지고 있어야 하고, 둘째 잉어 잡는 기술을 훈련받아야 하며, 셋째 잉어가 많이 있는 곳에 자리를 잡아야 하고, 끝으로 잉어가 잘 잡히는 곳을 알아야 한다. 다시 말하면 물적자본, 인적자본, 자연자원, 기술지식을 갖추어야 하는 것이다. 이를 좀더 구체적으로 살펴보자.

첫째, 물적자본이란 무엇일까? 이는 재화와 서비스의 생산에 투입되는 장비나 건물을 말한다. 근로자들이 도구를 사용하면 생산성은 높아지게 마련이다. 목수가 가구를 만들 때 톱, 선반기계, 압축기 등 도구를 사용하는데, 도구가 좋고 많을수록 목수는 일을 더 빠르고 정확하게 할 수 있다. 곧 기본적인 도구만을 사용하는 목수보다 정교한 장비를 갖춘 목수가 같은 시간 동안에 더 많은 가구를 만들 수 있는 것이다.

둘째, 인적자본이란 무엇일까? 이는 근로자들이 교육, 훈련, 경험을 통해 체득하는 지식과 기술을 뜻한다. 여기에는 유아교육, 초등교육, 중등교육, 대학교육을 비롯해 성인 노동인구들이 현장 직업훈련을 통해 얻는 모든 기술이 포함된다. 물적자본처럼 인적자본도 한 국가의 재화와 서비스를 생산하는 능력을 높여준다. 인적자본도 물적자본처럼 생산되기는 마찬가지다. 인적자본을 생산하기 위해서는 교사, 도서관 지식과 기술을 익힐 수 있는 시간 등이 필요하다.

셋째, 자연자원이란 무엇일까? 토지, 강물, 광물, 산림자원 등 자연에서 제공되는 생산요소를 말한다. 자연자원 부존량의 차이는 세계 여러 나라의 생활수준 격차와 어느정도 관계가 있다. 역사적으로 미국경제가 발전할 수 있었던 이유 가운데 하나는 농사짓기 좋은 토지가 많았기 때문이다. 쿠웨이트나 사우디아라비아 같은 중동의 일부 나라는 단지 다량의 원유가 매장되어 있는 땅위에 자리집고 있기 때문에 부자가 되었다.

넷째, 기술지식이란 무엇일까? 이는 재화와 서비스를 생산하는 최선의 방법에 대한 사회의 이해를 말한다. 과거에는 농업기술이 부족하여 전체 인구가 먹을 식량을 생산하기 위해 많은 노동력이 필요했지만, 오늘날에는 영농기술이 발달하여 소수의 농업인구만으로도 필요한 식량을 충분히 생산할 수 있게 되었다. 기술진보로 과거에는 노동에 투입되던 인력을 다른 재화나 서비스를 생산하는 데 활용할 수 있게 된 것이다. 최근에는 컴퓨터혁명으로 기술지식이 한층 더 발전하고, 생산성도 더 높아졌다.

생산성 향상과 소득증가에 대한 조상의 깊은 관심은 여러 속담에서 구체적으로 드러난다. '곤지(곤쟁이, 새우새끼) 주고 잉어 낚는다' '버린 밥으로 잉어 낚는다' '바늘 넣고 도끼 낚는다' '박토薄土 팔아 옥토沃土 산다' '한 되 주고 한 섬 받는다' '되로 주고 말로 받는다' '되 글을 가지고 말 글로 써먹는다' 등이 그렇다. 이들 속담에서 알 수 있듯이 조상들은 최소의 비용이라고 할 수 있는 '곤지' '곤쟁이' '새우 미끼' '버린 밥' '바늘' '박토' '한 되' '되 글' 등을 투입하여 단위생산에서 최대의 산출량이라고 할 수 있는 '잉어' '도끼' '옥토' '한 섬' '한 말' '말 글' 등을 산출해내어, 생산성 극대화를 지향했음을 알 수 있다.

생산성과 국민생활수준과의 관계는 정부가 경제정책을 수립하는 데에도 중요한 요소로 작용한다. 정부의 정책이 국민생활수준에 어떠한 영향을 미칠 것인가를 알려면 먼저 그 정책이 재화와 서비스의 생산능력에 어떤 영향을 미칠 것인가 생각해봐야 한다. 생활수준을 향상시키는 가장 확실한 정책은 생산성 향상이고, 수준 높은 교육을 받은 근로자들이 좋은 장비와 최고의 기술로 생산활동에 임하도록 보장해주면 생산성은 더욱 좋아진다.

한푼짜리 푸닥거리에
두부가 오 푼

손해보는 장사

경제생활에서 우리는 적은 노력, 적은 돈, 적은 생산요소의 투입으로 더 큰 성과, 더 많은 돈, 더 많은 산출량을 얻는 경제활동을 기대한다. 이때 생산을 위해 들어가는 투입량보다 생산의 결과에서 얻어지는 산출량이 더 많은 경우 생산성이 높다고 한다. 거꾸로 더 많은 노력, 더 많은 돈, 더 많은 생산요소를 투입했지만 성과가 미미하다거나 산출량이 기대에 못 미칠 경우, '생산성이 낮다' 또는 '비생산성non-productivity의 경제가 전개되었다'고 말한다.

'한푼짜리 푸닥거리에 두부가 오 푼'이라는 속담이 있다. 무당이 푸닥거리를 해서 얻는 기대수익이 '한푼'인 데 비해, 그 푸닥거리를 위해 들어가는 비용이 '오 푼'이나 되니 이익을 기대하며 치른 푸닥거리에서 이익은커녕 오히려 '네 푼'의 손해를 보았다는 뜻이다.

산업정보화 사회에서는 푸닥거리를 찾아보기가 힘들지만 농경사회에서는 흔히 볼 수 있는, 흥미로운 구경거리였다. 전통사회에서는 사업이 안되거나 사람이 아플 때, 혹은 아이를 낳지 못할 때 웬만한 일에 푸닥거리를 했다. 무당에게 푸닥거리는 수익을 전제로 하는 사업이다. 수익이 남아야 할 사업에서 손해를 본다는 것은 무당이 푸닥거리에서 원가계산을 잘못했음을 뜻한다. 이때 무당에게는 사업가로서 자질이 없으니 빨리 푸닥거리를 그만두고 다른 사업으로 전환하는 것이 합리적이다. 위의 속담에서 투입비용에 비해 산출물은 1/5 수준밖에 못 미치니 기대수익의 네 배에 이르는 '네 푼'의 순손실이 발생한 것이다. 무당의 푸닥거리 사업에서 비생산성이 극에 달했다고 볼 수 있다.

비생산성과 관련된 또다른 속담

비생산성과 관련한 속담으로는 '기름 엎지르고 깨 줍는다' '노적가리에 불 붙이고 튀각 주워 먹는다' '헌 분지 깨고 새 요강 물어준다' '콩 볶아 먹다가 가마솥 깨뜨린다' 등이 있다. 이들 속담은 공통적으로 큰 손해를 보고 적은 이익이나마 구하기 위하여 작은 것을 아끼고, 배보다 배꼽이 더 커서 주된 비용보다 부차 비용이 더 드는 경우를 비판한 것이다.

비생산성과 관련한 속담의 면면을 살펴보면 한번 실수는 병가상사 兵家常事라고 하듯이, 실수를 거울삼아 다음에 일어날지도 모르는 일에 대해 시행착오를 최소화한다는 뜻을 담고 있다. 이것은 반어적인 수사법을 사용한 효과적인 생활경제교육이라 할 수 있다. 또 극심한 손실에 대해서도 최소한의 여유와 낭만을 가지고 재기하려는 조상의 예지를 엿볼 수 있다.

한편 생산성의 관점에서 보면 일고의 가치도 없고 오히려 손해만 본 경우에 대해서도 다음과 같은 재치 있는 속담들이 있다. 한가지 손해를 막으려다가 두 가지 손해를 보는 경우에 대하여 '개구멍에 망건 치기', 애써서 한 일이 무용지물이 되었을 때 '게 잡아 물에 놓았다', 작은 이익에 몰두하다가 더 큰 손해를 보게 되었을 때 '계 타고 집 판다', 남에게 잘해주고 자신의 실속은 전혀 챙기지 못할 때 '빚 주고 뺨 맞는다', '내 것 주고 뺨 맞는다', 너무 큰 이익만 쫓다가 오히려 실속이나 소득을 못차리는 상황에 대해 '떼꿩에 매 놓기', 실속이나 소득이 전혀 없는 일에서 손해만 보는 것에 대해 '못 먹는 잔치에 갓만 부순다', '밑 빠진 독에 물 붓기' 등이 있다.

이러한 속담들은 생산성 극대화를 무리하게 강권하지 않고 오히려 누구나 흔히 접할 수 있는 생활경험들을 꾸밈없이 제시하여 반복된 실수나 손해를 방지하도록 하고, 그 결과 생산성 극대화를 달성할 수 있는 생활경제를 강조하고 있다.

장사꾼은 오 리五厘 보고
십 리十里 간다

▶영리추구

사업의 궁극적 목적 | 인간은 모두 이 세상을 살아가면서 무엇인가 성취하는 기쁨에 자신의 정열을 더욱 불태운다. 노력한 결과가 바로 자신에게 돌아올 경우 성취욕구는 더 강해진다. 이와 같은 성취지향적인 인간들의 욕구를 가장 잘 승화, 발전시켜놓은 것이 근대자본주의 경제의 영리추구욕구라고 할 수 있다.

자본주의 경제에서 가계와 기업은 전형적인 개별경제인데, 기업은 이윤추구를 목적으로 운영된다. 가계가 자본주의 이전부터 존재해온 데 비해, 기업은 자본주의에서 발생한 것이다. 자본주의 경제에서 기업을 경영하는 자는 그의 노력에 따라 큰 이윤을 얻을 수 있다. 수많은 기업가들은 이윤을 얻는 데서 자극받아 기업경영에 최선을 다한다.

위험부담을 기꺼이 감수하려는 기업가의 속뜻은?

'장사꾼은 오 리五厘 보고 십 리十里 간다' 는 속담에는 장사꾼의 목적과 심리상태가 분명히 드러나 있다. 오 리五厘는 0.005, 곧 5/1,000에 불과하다. 1,000원짜리 물건을 팔아서 고작 5원밖에 남기지 못하니 이익이 아주 적은 장사라는 말이다. 십 리는 4킬로미터나 되는 거리여서 걸어서 가기에는 대단히 멀다. 십 리를 가는 데는 많은 위험부담이 따를 수도 있다. 오 리의 이윤을 쫓아다니는 주체는 다름아닌 기업이다.

기업의 영리목적은 자본을 운용하여 순환시킴으로써 실현될 수 있지만, 자본의 운용은 신중하고 계획적으로 이루어져야 한다. 기업활동에는 항상 위험이 뒤따르므로 그렇지 못할 경우 기업은 소기의 이윤획득에 실패할 뿐만 아니라 손실을 얻는다. 기업은 이윤의 극대화를 목표로 일정한 계획을 세워 경영방침을 결정하고, 그에 따라 신중하게 자본을 운용해야 한다. 기업은 자본을 운용하면서 사회가 필요로 하는 모든 재화와 용역을 생산하고 공급하기 때문에 목적으로 심는 이윤을 획득할 수 있다.

기업의 사회경제적 역할이란 사회가 필요로 하는 모든 재화와 용역을 생산하여 공급하는 것이라고 할 수 있다. 기업활동이 정체할 때 사회경제의 운영이 크든 작든 저해되는 것은 이 때문이다. 따라서 생산이라는 용어를 폭넓게 해석하면 기업은 영리를 목적으로 하는 생산조직체라고 할 수 있다.

'장사꾼은 오 리 보고 십 리 간다'는 영리추구행위가 실제 경제생활에서는 어떻게 나타나는지 살펴보자. 각 금융기관에서 다양한 금융상품이 쏟아지는 것도, 소비자의 기호에 맞춰 자동차 모델을 계속 개발하는 것도, 수개월 단위로 새로운 전자제품을 생산해내는 것도 모두 오 리의 작은 이윤을 쫓아 십 리라는 먼길까지 기꺼이 발길을 내딛는 기업들의 실천결과라고 할 수 있다. 기업 간에는 이윤획득 때문에 경쟁이 끊임없이 일어나고 있다. 기업은 각기 최대의 이윤이라는 목표를 실현하기 위해 활동에 필요한 자본을 조달하거나 생산품을 판매하는 데서 상호간에 경쟁한다. 기업이 이와 같은 경쟁에서 승리하려면 무엇보다도 상품의 질을 높이고, 생산비를 낮추어 판매가격을 싸게 매기는 것이 필요하다. 요새 흔히 볼 수 있는 '가격파괴전략'은 바로 이를 입증해주는 한 예다. 각 기업이 이윤추구 활동에 적극적일수록, 또 기업상호간의 경쟁이 치열할수록, 판매상품은 좋아지고 저렴해진다.

상품의 질이 더욱 좋아지고 가격이 더욱 싸지며 강력한 시장지배력을 가지기 위해서는 끊임없는 혁신이 이루어져야 한다. 새로운 상품을 생산하고 기술을 개발하며, 새로운 시장을 개척하고, 조직의 결성을 가능케 하는 것은 오 리의 이윤을 쫓아 십 리의 먼 길을 기꺼이 가는 장사꾼의 영리추구 활동이 있기 때문이다.

이윤을 향한 혁신innovation과 경쟁competition은 경영을 합리화하고 진보시키는 원동력이기도 하다. 이윤획득을 위한 혁신과 경쟁은 사회

공공의 이익을 늘리는 결과가 된다. 이 때문에 완전경쟁이 이루어지는 사회에서는 기업가 개인의 욕망실현과 생산경제단위로서의 기업의 임무 달성이 모순됨 없이 이루어진다. 기업은 원래 기업가의 이윤 획득을 위한 수단이며 경영시설이다. 그러나 사회와 국민경제의 견지에서 고찰한다면, 기업은 사회에서 필요로 하는 공공복지의 달성을 모두 만족시킬 수 있다.

그러므로 기업가간의 자유경쟁을 방해하려는 국가의 간섭은 원칙적으로 피해야 한다. 단지 불가피한 경우에만 최소한의 제한이 인정될 것이다. 애덤 스미스가 자유방임을 말하고, 정부의 간섭이 유해무익하다는 것을 주장한 것은 이 때문이다. 애덤 스미스는 개별경제 주체의 영리추구행위와 공공복지는 서로 대립하지 않으며 보이지 않는 손invisible hand에 의해 잘 조화된다고 주장했다. 그 결과 개별경제 주체의 영리추구가 극대화하고 국가도 부강해진다는 것이다.

고유브랜드를 갖어라

오늘날 우리는 '장사꾼은 오 리 보고 십 리 간다' 는 속담에 담긴 영리추구의 세계가 현실세계에서는 어떻게 구체화하는지를 실감하면서 살아간다. 이윤이 남지 않는 기업은 이미 죽은 기업이다. 기업이 실제경제에서 이윤을 남기기 위해서는 상품의 품질을 높이고 생산비를 절감하여 가격을 낮추는 것이 가장 바람직하다. 소비자가 원하는 시기에 맞춰 상품을 제때에 공급해주는 순발력이 필요하고, 소비자의 입맛을 맞출 수 있는 취향분석이 선행되어야

한다. 나아가 지구촌 시대에 필수적이라 할 수 있는 고유브랜드를 갖
는 것이 영리를 추구하는 지름길이다.

21세기에는 많은 기업이 단기이윤을 높이기보다는 장기이윤을 극
대화하는 데 경영의 초점을 맞추는 것이 전체적인 추세이다. 조금 팔
고 많은 이윤을 취하기보다는 적은 이윤을 붙여 많이 팔아 궁극적으
로는 극대이윤을 챙기는 경영전략을 고수하고 있다. '장사꾼은 오 리
보고 십 리 간다'는 영리추구전략은 오늘날의 실제경제 속에서도 활
발하게 확대적용되고 있다.

청기와 장수

청기와 장수만 아는 비법 | 어떤 일을 추진하면서 거기서 얻을 수 있는 기대이익이 너무 크면 남에게 그 비법을 알리기를 꺼릴 수가 있다. 이때 자신이 불리해질 것을 걱정해 자기만 알고 남에게는 숨긴 채 혼자서 그 이익을 챙기게 된다. 이런 경우를 빗대어 '청기와 장수'라고 한다.

이것을 옛날 이야기로 풀어보자. 옛날 한 마을에 청기와 장수가 살고 있었다. 청기와 만드는 방법을 그 혼자만 알고 있었기 때문에 다른 이들은 청기와를 만들 수가 없었다. 일반 서민들은 주로 볏짚으로 지붕을 덮었기 때문에 청기와에 대한 수요는 부자들의 전유물이었다. 그는 마을 사람들이 필요로 하는 청기와의 공급량을 스스로 조절했고, 가격조절자price-setter로서 청기와 가격도 마음대로 조절할 수 있는 지위에 있었다. 그가 공급하는 청기와 양은 시장 전체의 공급량이었고, 청기와를 많이 생산하거나 적게 생산하거나, 또 청기와의 가격을 높게 받거나 낮게 받는 것 등이 그의 의지에 달려 있었다. 청기와 장수는 자기역량을 최대한 이용하여 원하는 만큼의 이익을 챙길 수도 있었다. 청기와 시장에서 그의 영향력은 절대적이었으며, 그가 제조비법을 알려주지 않는 한 새로운 경쟁자가 등장할 수 없었다. 그러다 보니 그는 더욱 거만해졌다. 그는 배짱을 부려가며 돈을 벌 수 있었고, 상당한 부자가 될 수 있었다.

가격과 수량 조절자로서의 청기와 장수

이와 같이 청기와 장수는 청기와 시장에서 유일한 공급자였다. 또 청기와의 판매가격 및 수량에 대한 조절자로서, 마음대로 이윤극대화를 추구할 수 있었다. 청기와 장수는 기술과 공간의 독점을 아울러 지니고 있었다. 이때 청기와 장수를 우리는 독점기업이라 하고, 청기와 시장을 독점시장이라 한다. 아울러 청기와 장수 혼자서 시장에서 유일하게 생산하여 공급하는 재화나 용역을 독점상품이라고 한다. 청기와 장수는 청기와 시장 전체에 영향력을 행사하기 때문에, 그가 청기와의 공급량을 늘릴 때 청기와 가격은 하락하고, 공급량을 줄일 때 청기와 가격은 상승했다. 가격과 수량을 어떻게 배합하는가는 청기와 장수의 이윤극대화와 직결되는 셈이다.

독점의 발생원인

이와 같은 독점은 실제경제에서 어떤 형태로 나타날까? 첫째, 규모의 경제economies of scale가 있다. 상품의 생산량이 증가할수록 단위당 생산비가 계속 감소하므로 상품을 생산하는 기업은 시장의 지배자가 된다. 이러한 예로는 전력, 수돗물, 전화, 통신, 항만, 댐 등을 들 수 있다. 특히 이러한 경우 기업은 자연스럽게 시장을 독점하므로 이를 자연독점natural monopoly이라고도 한다.

둘째, 범위의 경제economies of scope가 있다. 이는 자연적 공간독점의 경우로 자동차엔진, 차체, 기타 부품의 생산 등 생산범위를 넓히면서 발생한다. 생산범위가 넓어지면 전국의 광고, 유통, 금융, 고객확보, 구매 등의 이점에 따라 생산단위당 비용이 감소한다.

셋째, 진입장벽entry barrier이 있다. 공익사업에 대해 정부가 법으로 제한하는 경우와 특정기업의 신상품개발이나 신기술개발 등에 대한 특허권 인정, 특정상품 생산에 대한 필수적인 광고물이나 자원을 통제하는 경우다. 또 기존 기업이 대대적인 광고나 가격인하 등의 방법을 동원해 신규기업의 진입을 방해하는 경우도 이에 해당한다.

청기와 장수처럼 기업이 독점하는 방법으로 가격지배력을 가지게 될 때 그 가격은 당연히 완전경쟁 때보다 높은 수준에서 결정된다. 그러므로 일반 소비자의 경우 독점기업의 이윤만큼 소비자의 후생이 감소하거나 상실된다. 또 청기와 장수처럼 독점상태에 있는 기업의 경우에는 경쟁이 없기 때문에 기술개발이나 원가절감에 대한 필요성을 절감하지 못하며, 소비자에 대한 충분한 서비스 제공도 기대할 수 없게 된다. 따라서 나라마다 독점기업에 대해서는 독점금지법 등의 법률로 규제나 감시를 하는 경우가 많으며, 독점기업도 이를 수용할 수밖에 없다.

그러나 독점기업이라고 해서 반드시 비난의 대상이 되어야만 하는가? 꼭 그렇지만은 않다. 시장규모가 너무 작을 때는 상품의 공급을 독점하는 편이 오히려 생산비가 절감될 수 있어 유리한 면도 있다. 그때는 청기와 장수 같은 독점기업이 오히려 권장될 수도 있다. 그리고 한 산업에 영세한 기업이 여러 개 있는 경우보다는 자본력이 막강한 기업 하나가 존재할 때 기술투자나 경제개발 초기에 신규시장을 개척하기 위해서는 청기와 장수 같은 독점기업이 사회나 국가에 오히려 유효할 수도 있다.

그렇다고 하더라도 일반적인 견지에서 볼 때 독점기업은 완전경쟁기업보다 높은 가격에 상품을 판매하고 생산량도 소비자들이 원하는 만큼 공급하지 않는다. 소비자의 후생이 감소될 것이므로 독점기업에 대한 규제를 두어 법률에서 제한하는 편이 올바르다. 독점기업에게 사회에 기여하기를 요구하는 것도 이런 이유에서다.

누이 좋고 매부 좋다

화자생존의 상생원리 | 요사이 기업과 은행 사이에 짝짓기가 유행이다. 서로가 살기 위한 전략차원에서 생긴 자구책이라 볼 수 있다. 이처럼 생존패러다임이 적자생존의 경쟁원리에서 화자생존和者生存의 상생원리로 바뀜에 따라 행농원리노 모두 바뀌어야 한다. 기업의 존재양식도 상생이 최고의 목표가 되고 있음이 요즘의 추세이다.

미래의 기업성패는 주변의 이해당사자 집단과의 연관성에 달려 있다. 소비자와 근로자, 주주, 협력업체, 정부 등 각 주체들과 윈윈win-win의 우호관계를 유지하지 못하면 생존하기 어렵다. 경쟁기업끼리 메가 머저mega meger로 뭉치는 시대에는 경쟁자도 적敵이 아니라 융합의 상대다. 외형이 거대한 '큰 기업big company' 보다 주주와 고객, 근로자를 감동시키는 '좋은 기업good company' 이 미래의 경제를 주도하는 기업이 될 것이다.

　미래에는 상생개념에 입각한 소비자친화, 사회친화, 환경친화가 기업의 목표여야 한다. 이제 21세기 문화의 시대에는 산업사회를 지탱해온 적자생존의 대립과 투쟁은 화자생존의 융합과 포용으로의 전환을 요구하고 있다. 자신이 살아남기 위해서는 다른 생명체군#도 살려야 하는 것이 생태계의 원리다. 상생은 현상유지의 협조관계인 소극적 의미의 공생共生보다 한 차원 높은 개념이다. 상생을 통해 생태계는 종족유지를 넘어 진화와 발전의 모티브를 얻는다.

빅딜big-deal

　속담에 '누이 좋고 매부 좋다' 는 말이 있다. 나이 든 누이는 매부를 만나 시집을 가니 좋고, 장가를 못 간 매부는 누이를 만나 장가를 드니 양쪽 다 좋다는 것이다. 흔히 쓰는 말로 대규모 거래활동인 빅딜big-deal이 이루어진 셈이다.

　요새 기업이나 금융기관들간에도 '누이 좋고 매부 좋다' 는 빅딜과 관련한 일이 비일비재하게 이루어지고 있다. 기업합병이란 두 개 이상의 기업이 시장 지배력을 강화하기 위해 기업활동을 함께 하거나 대자본과 제휴하는 일 등을 말한다. 이는 '너 죽고 내가 사는' 적자생존이 아니라, '너도 살고 나도 사는' 화자생존의 상생원리라 할 수 있다. 이 시대를 경쟁시대와 구별짓는 가장 큰 특징은 '시너지 효과의 일반화' 이다. 오늘날은 사회의 분화와 기술의 융합화가 가세해 시너지 효과를 가속화하고 있다.

기업의 짝짓기 전략

'누이 좋고 매부 좋다' 는 기업의 짝짓기 전략이 실제경제에서 어떻게 이루어지는지 살펴보자. 기업의 짝짓기 전략은 기업집중이라는 형태로 이루어진다. 기업집중concentration이란 개별기업이 더 큰 경제단위로 결합하여 경영의 경제적 지배범위를 넓히는 것으로, 시장독점 및 경쟁배제를 목적으로 이루어진다. 이때 시장점유율을 확대하고 독점화하기 위해 같은 계열의 기업을 합병하는 경우와, 경영부진에 빠진 기업이 유력기업과 합병하는 경우 등 여러 가지가 있다. 이 가운데 가장 두드러진 것이 트러스트trust다. 트러스트는 같은 분야의 생산에 종사하는 기업가가 자유경쟁의 결과로 인해 생산과잉이나 가격이 낮아지는 것을 피하고, 나아가 시장과 이윤을 독점할 목적으로 합병하는 것을 말한다.

기업합병 가운데 가장 강력한 형태는 기업통합integration이다. 기업통합에는 수평적 통합, 수직적 통합, 다각적 통합이 있다. 먼저 동일한 산업이나 유사업종끼리 짝짓기를 하여 '누이 좋고 매부 좋은' 관계를 유지하는 수평적 통합을 살펴보자. 수평적 통합이란 동일한 생산물을 생산하는 기업통합으로, 특정 업종에서 생산규모를 늘리기 위해 결합하는 형태이다. 예를 들면 자동차회사가 대량생산으로 이익을 얻기 위해 서로 병합, 흡수하는 경우이다. 현대자동차가 기아자동차를 흡수, 통합한 예가 여기에 해당한다.

또다른 예로 우리 금융그룹은 대형화, 겸업화를 지향하고 있는 금융의 세계적인 발전추세에 부응하여 한빛·평화·광주·경남 은행 및 하나로종금을 중심으로 국내 최초 순수금융지주회사를 발족 시켰다.

이와 같은 금융지주회사의 설립은 자금력이 약한 지방은행들의 경우 기업구조가 튼튼해서 좋고, 자금력은 좋지만 지방 연고가 없는 일반 시중은행은 지방 연고를 통한 영업전략에서 그만큼 덕을 볼 수 있기 때문에 이른바 '누이 좋고 매부 좋다' 는 속담이 그대로 적중되는 셈이다.

수직적 통합이란 어떤 특정산업의 전후 단계에 걸친 결합이다. 수직적 통합은 다시 후방통합과 전방통합으로 나뉜다. 후방통합은 원재료의 공급원을 확보하기 위한 통합이다. 예를 들면 자동차 회사가 자동차 생산에 필요한 특수강을 만드는 공장을 자사의 계열에 통합하는 경우다. 전방통합은 생산물 시장을 확보하기 위한 통합이다. 예를 들어 어떤 화학회사가 자사제품인 카바이드를 원료로 하는 염화비닐회사를 통합하는 경우이다.

끝으로 최근에 주목받고 있는 다각적 통합을 살펴보자. 다각적 통합은 경영다각화를 목적으로 업종을 달리하는 인접기업을 통합하는 경우이다. 다각적 통합을 하는 목적은 쇠퇴해가는 시장과 성장하고 있는 시장 사이에서 생산량을 적당히 배분하고, 이익률은 높으나 계절 변동이 큰 시장과 판매는 확실하나 이익이 적은 시장 사이에 생산량을 배분함으로써 경기변동의 영향을 극복하려는 데 있다. 이런 통합 형태는 기술혁신이 심한 때에 두드러지게 일어난다.

이제 우리 사회는 '1+1=2'라는 등식은 무너지고, '1+1〉2'라는 부등식이 보편화하는 사회로 급변하고 있다. 합치면 더 커지는 사회로, 시너지 효과의 극대화가 사회 전체의 활력소로 작용하고 있다. 과거 경쟁시대의 행동준칙이 '제로섬(zero-sum, 합하면 영이 되어 처음 상태로 돌아가는 원리)'이었다면 상생시대의 행동강령은 '윈윈(win-win, 경쟁이나 전투에서 지는 쪽이 없이 서로 이기는 원리)'이다. 이제는 투쟁과 대결이 아닌 융화와 협력을 통한 화합이 중요한 행동원리가 되었다. 누이와 매부가 따로따로 떨어져 살면서 서로가 불행해지기보다, 짝을 지어 행복한 가정을 이루고 자녀를 많이 낳아 훌륭히 기르는 것이 개인이나 사회, 나아가 국가를 위해서도 바람직한 일이다.

놓친 고기가 더 커 보인다

▶매몰비용

어떻게 하면 돈을 많이 벌 수 있을까?

어떻게 하면 시행착오도 없이 본인이 뜻한 바대로 돈을 많이 벌 수 있을까? 이 물음에 대한 답은 많은 사람들의 간절한 소망사항이다. 돈이 삶에서 차지하는 비중을 생각하면 당연한 이치다. 사람들은 저마다 다양한 삶을 추구하지만 그들이 추구하는 바를 실제로 가능케 하는 공통수단은 역시 돈이다. 어떻게 하면 돈을 많이 벌 수 있을까? 샐러리맨들이 월급만으로 부자가 되는 길은 일정한 목돈을 마련하여 불려나가는 방법밖에 없다. 목돈을 만들자면 일상생활에서 불요불급한 소비를 절약하지 않으면 안된다. 일단 목돈을 만들면 예금, 채권투자, 부동산투자, 주식투자, 사업 등으로 돈을 불릴 수 있다.

'놓친 고기'를 빨리 잊어라

속담에 '놓친 고기가 더 커 보인다'는 말이 있다. 흔히 잃어버린 것을 애석하게 여기고, 지금보다 먼젓번의 것이 더 좋았다고 생각하는 데서 비롯된 말이다. 여기에서 특히 명심해야 할 것은 과거는 과거일 뿐이므로 집착하지 말라는 것이다. 경제학에서 한번 지불되면 회수할 수 없는 비용을 매몰비용sunk cost이라고 한다. 한번 지불되고 난 비용은 더이상 기회비용을 반영하지 못하므로 매몰비용이다. 매몰비용이란 '놓친 고기'와 같다. 이미 치러진 비용이라서 앞으로 어찌할 수 없다. 증권투자와 같은 경제의사를 결정할 때 놓친 고기가 커 보이듯 이미 회수할 수 없는 매몰비용에 연연하여 의사결정에 오류를 범할 위험이 있을 때, 이 개념은 합리적 의사결정의 중요한 기준이 된다.

예를 들어 농부가 무언가를 생산하기로 결정할 경우 토지비용 곧, 토지의 기회비용 또는 토지임대료는 농부의 고정비용 가운데 하나이다. 농부가 아무것도 생산하지 않고 토지를 방치한다 하더라도 이 비용은 계속 지출되기 때문이다. 한철 농사일을 중단해야 할지 여부를 결정할 때, 토지에 대한 고정비용은 매몰비용이 된다. 한번 매몰비용이 되면 회수할 수 없기 때문에 여러가지 상황에서 의사를 결정할 때 이미 매몰된 비용을 생각해서는 안된다. 사업전략에서도 마찬가지다. 그러나 만약 농부가 아예 농업을 그만두고자 할 때, 농부는 이 토지를 팔아버릴 수 있다. 따라서 시장에서 퇴출할 것인지 여부를 결정하는 장기적 의사결정에서의 토지비용은 매몰비용이 아니다.

재미없는 영화를 끝까지 보는 게 경제적일까?

영화가 재미없을 때 영화관에서 나오는 것이 경제적일까, 아니면 끝까지 보는 것이 경제적일까? 영화가 재미없어도 끝까지 보고 나오는 사람은 아마 지불한 영화관람료가 아깝다고 생각해서일 것이다. 과연 그러한 행동이 합리적일까? 영화관에 남아서 영화를 계속 보는 행위는 한계편익이 매우 낮으므로 합리적인 행위라고 할 수 없다. 영화를 계속 보는 한계비용은 영화관에 남아 있으면서 포기하는 기회비용이므로, 영화관에서 나와 할 수 있는 일들의 가치인 셈이다. 영화관에서 나온다면 할 수 있는 유용하고 즐거운 일들은 얼마든지 있으므로 영화의 한계비용은 매우 크다고 할 수 있다.

영화가 재미없다고 영화관람료를 환불받을 수는 없다. 물건이 깊은 물 속에 가라앉아버려 다시 건질 수 없듯이 영화관람료로 지불한 돈은 다시 사용할 수 없다. 매몰비용은 다시 수중에 되돌아오지 않으므로 선택의 기회를 반영하지 않는다. 선택의 기회를 반영하는 것이라야 진정한 비용이다. 매몰비용은 신중해야 한다는 교훈은 될 수 있지만 현재 의사를 결정하는 데는 아무 상관이 없다. 이와 관계 있는 것은 선택의 기회를 반영하는 한계비용으로서의 기회비용이다.

주식에서 종목선정이 잘못되었다면, 판단기준은 기회비용에 두자

마찬가지로 주식투자에서 종목선정이 잘못되었을 때 어떻게 해야 할

까? 1997년 말 IMF 관리체제에 들어가면서 주가가 폭락했다. 1997
년 6월 700선이던 종합주가지수가 1년 뒤인 1998년 6월에는 300선
이하로 추락했다. 이 과정에서 일반 개인투자가들은 엄청난 손실을
입었다. 당시 외환위기로 인한 환율 폭등으로 이미 주가가 폭락하고
있었고, IMF가 저성장과 고금리를 비롯하여 주가하락을 가져올 정책
을 요구하고 있다는 내용이 언론매체를 통해 보도되었다. 그러나 주
가하락이 눈에 뻔히 보였지만 많은 개인투자가들이 주식을 처분하지
않았다. 주식을 처분하면 손에 들어올 돈이 투자원금에도 미치지 못
했기 때문이다. 주가는 더욱 하락했고, 그에 따라 더 큰 손실을 입어
야만 했다.

　2003년과 2004년엔 이와는 대조적인 현상이 벌어졌다. 은행예금
금리는 5%대에서 3%대로 하락하고 있었고 서울, 강남 등을 중심으
로 한 대도시의 부동산 수익률은 30%에 육박했다. 그후 정부의 잇따
른 부동산 투기 대책과 함께 부동산 가격은 급격히 하락했지만 많은
투자가들은 계속 부동산 매매에 연연하나가 넝난 꽁개와 함께 세세,
불로소득 환수 등의 불이익을 당하기도 하였다. 바로 매몰비용에 집
착한 탓이다.

매몰비용보다 기회비용이 더 중요하다 │ 　주식을 처분해 손에 쥘 수
있는 금액이 투자원금보다 적을 때 그 차액인 손실부분은 일단 매몰
비용이 된다. 주식을 처분하면 회수되지 않는 금액이기 때문이다. 주

가가 올라 원금을 다시 회복할 수 있다면 매몰비용이 되지 않겠지만, 주가가 오르지 않으면 그 비용은 확실한 매몰비용이 된다. 주식을 매도할 것인가 말 것인가를 결정할 때 판단이 되는 기준은 결코 매몰비용이 아니라 기회비용이다. 지금 얼마를 손해보았는지는 아무런 의미가 없다. 앞으로 주가가 상승할 것인가 아니면 추가 하락할 것인가가 중요하다. 매도하지 않는 행위의 한계비용이 매우 커지므로 주가가 하락할 때는 매몰비용을 잊고 과감히 매도하는 것이 합리적 행동이다.

경제의사결정에서는 과거의 '놓친 고기'인 매몰비용이 아니라 현재와 미래에 '지금 내지 앞으로 잡을 고기'인 한계비용으로서의 기회비용이 중요하다. 돌이킬 수도 없고 존재하지도 않는 과거의 일에 얽매여 현재의 삶을 희생하는 일은 어리석은 짓이다. 과거는 과거일 뿐이다. '놓친 고기'는 과감하게 잊어버리고, 현재와 미래를 위한 삶을 살도록 하자. 경제적 삶이란 '놓친 고기'에 연연하지 않고 현재를 합리적으로 사는 것이다.

꿩 먹고 알 먹는다

여유 돈을 어떻게 굴리지?　　　현대사회를 살아가는 사람에게 약간의 돈으로 더 많은 돈을 벌고자 하는 욕망은 공통심리일 것이다. 은행에 예금을 할지 주식을 살지 부동산을 살지, 이러한 여러 상품 중에서 어떤 상품을 선택하느냐는 대단히 중요한 문제이다. 여기에서 안전성과 수익성은 중요한 선택 기준이 된다. 은행에 예금을 하거나 채권을 사는 경우는 좀처럼 돈을 떼일 염려가 없으므로 안전성은 보장되지만 이자율이 낮기 때문에 수익성이 낮다는 문제점이 있다.

반면에 주식이나 부동산을 살 경우 수익성은 높지만 그만큼 위험부담률이 높기 때문에 안전성이 떨어지는 것이 문제가 된다. 낮은 이자에 모든 것을 맡기자니 아쉽고, 그렇다고 잘 알지도 못하는 주식이나 부동산 투자에 뛰어들자니 불확실성이 너무 커서 선뜻 내키지 않는다. 두 가지 요구를 모두 충족시킬 수 있는 상품이 있다면 서민에게는 정말 반가운 소식일 것이다.

세액공제로 꿩 먹고, 배당수익으로 알 먹는다?

우리 속담에 '꿩 먹고 알 먹는다' 는 말이 있다. 이는 한가지 일에서 두 가지 이상의 이익을 본다는 뜻으로 일의 효과가 크다는 말이다. 먹거리가 적었던 농경시대에 꿩은 몸집이 아주 작은 뱁새나 참새와는 비교가 안될 만큼 크고 먹음직스러운 대표적인 먹거리였다. 꿩을 한 마리 또는 그 이상 잡아오는 날은 그 집안의 잔칫날이 됨은 물론 동네 잔치로 확산되는 경우가 종종 있었다. 살림은 넉넉하지 않았지만 음식 인심은 후했던 것이 그 시대의 풍속도였다.

한적한 시골에서 생활해온 사람들은 물론, 사람들 대부분에게 꿩은 대단히 친숙한 새다. 꿩은 산과 들, 밭에서 떠돌아다니며 사는데, 크기는 닭과 비슷하고 4~7월에 나무 밑이나 풀숲에 집을 짓고 6~12개의 알을 낳아 품는다. 먹거리가 신통치 않던 농경시대에 꿩을 잡는 날이면 갑부가 부럽지 않았다. 여기에 알까지 얻는다면 엄청난 횡재라 여겼다.

사람들은 그 시절의 추억을 실제경제 속에서 찾고 있다. 우리의 일상생활에서 이러한 횡재거리는 없을까? 사람들의 이러한 욕망을 충족시키기 위해 나온 상품이 다름아닌 근로자주식저축이다. 근로자주식저축은 주민세를 포함한 저축액의 5.5% 만큼에 대해서는 세금을 공제받을 수 있다. 상한 금액인 3,000만원에 가입했을 경우 근로소득세 165만원을 내지 않아도 된다는 뜻이다. 최소한 연 5.5%의 확정이자가 보장되는 셈이다. 근로소득이 있는 사람은 누구나 가입할 수 있으며, 1인당 가입한도는 3,000만원, 가입기간은 1~3년이다. 특히 이자소득의 경우 16.75%까지 세금으로 공제하는 저축예금에서 세금을 합법적으로 적게 낼 수 있는 절세 상품이니 '유리알 지갑'을 가진 월급생활자들에게는 대단히 매력적인 상품이 아닐 수 없다. 여기다가 배당수익까지 주는 상품이니 금상첨화錦上添花라 할 수 있다. 이른바 세액공제로 꿩을 먹고, 배당수익으로 알을 먹는 것이다.

그런데 장미에도 가시가 있듯이, 여기서도 주의할 점이 있다. 바로 최소 주식편입비율을 지켜야 한다는 점이다. 직접투자의 경우 1년간 평균주식편입비율이 30%는 넘어야 하고, 간접투자는 50% 이상이어야 한다. 만일 이 비율을 유지하지 못하면 세금을 공제받을 수 없다. 그렇다고 항상 30% 이상을 유지해야 하는 것은 아니다. 평균이기 때문에 증시가 활황일 때는 30% 이상을 편입하고 증시가 불황일 때는 한 주도 보유하지 않아도 된다.

수익률이 높으면 위험부담률도 높다

근로자주식저축은 주식이기 때문에 위험부담이 뒤따른다. 주식을 산다는 것은 주식회사가 사업 밑천을 얻기 위해 발행하는 증권을 산다는 뜻이다. 사업 밑천을 대는 사람을 주주株主라고 하는데, 이들은 각자 돈을 내고 주식을 사서 보유한다. 기업의 주식을 투자목적으로 사들이면 그만큼의 자금이 주식회사 수중으로 들어온다.

이런 방식으로 회사는 필요한 자금을 쉽게 마련할 뿐만 아니라 자본금도 늘릴 수 있다. 회사가 잘 경영되면 주식 단위당 값이 오르고, 그만큼 기존 주주들의 주식보유액은 불어난다. 주가가 오르면 주식을 발행한 회사와 그 회사의 주주들이 이익을 본다. 배당을 받거나 회사 경영에 참여할 뜻이 없는 일반 투자자라도 경영이 잘되는 튼튼한 회사의 주식을 골라 사면 주가가 올라 이익을 볼 수 있다.

그러나 반대의 경우도 충분히 가능할 수 있음을 명심해야 한다. 그러므로 위험부담이 적은 종목에 투자하는 것이 중요하다. 자칫 잘못하다가는 '꿩 잃고 매도 잃을' 수 있다. 세금공제와 배당수익을 받으려다 잘못할 경우 원금조차 날릴 수 있기 때문이다. 부채비율이 낮고 자기자본 수익률이 높은 우량기업을 선택하는 것이 좋다. 높은 배당 또한 대단한 매력이 아닐 수 없다. 배당투자에서 재미를 보려면 배당금을 많이 주는 기업을 골라야 한다. 그러나 배당률만 보고 종목을 골랐다가는 낭패를 볼 수가 있다. 배당률은 액면가를 기준으로 계산되기 때문이다. 따라서 배당률이 높은지 낮은지 따지려면 시가도 함께 고려해야 한다.

수익성과 안전성을 동시에 추구하라

투자를 할 때는 투자가치를 잘 따져야 한다. 투자가치란 증권이 실제로 지니고 있는 가치로서,

수익성을 중심으로 투자가치를 측정할 것인지, 자산내용을 중심으로 투자가치를 측정할 것인지는 상황에 따라 달라진다. 중요한 것은 수익성과 안전성을 동시에 추구할 수 있는, 꿩도 먹고 알도 먹는 합리적인 투자선택이다. 이러한 목표를 달성하기 위해서는 각 개인이 가지고 있는 투자성향이 위험추구형인지 위험회피형인지 무차별형인지 잘 따져보고, 자기의 판단과 객관적인 자료를 바탕으로 합리적인 투자를 결정하는 것이 중요하다.

사람은 죽으면 이름을 남긴다

▶고유브랜드

브랜드란 무엇일까? 사람들은 멋지고 개성 있는 이름을 가지고 싶어한다. 기업의 경우 쉽게 기억되면서 개성이 드러나는 브랜드를 갖기 위해 최대한 노력한다. 현대사회는 브랜드의 홍수시대라고 일컬어진다. 그렇다면 브랜드란 무엇일까? 시장판매의 관점에서 볼 때, 브랜드brand란 판매자 또는 한 판매자 집단의 상품 및 서비스를 다른 경쟁자의 것과 구별해서 표시하기 위해 사용되는 단어, 문자, 기호, 디자인 혹은 이들의 조합이라고 할 수 있다. 각 기업은 자사 상품을 더 많이 팔기 위해 여러가지 방법으로 고유브랜드 전략을 추구하고 있다. 고유브랜드를 소비자들에게 부각시키는 것은 대단히 중요하다.

'호랑이는 죽으면 가죽을 남기고, 사람은 죽으면 이름을 남긴다'고 한다. 호랑이의 중요성은 가죽에 있고, 사람의 중요성은 이름에 있음을 뜻한다. '이름값을 해라' 는 속담도 같은 맥락에서 이해할 수 있다. 그러므로 사람은 이름값을 높이기 위해 온갖 노력을 한다. 기업은 자사의 이름인 고유브랜드를 알리는 데 사활을 걸고, 이를 위해 과감히 투자한다. 브랜드는 한 회사가 판매하는 제품의 얼굴이고, 소비자들이 그 제품의 이름을 들었을 때 떠오르는 이미지이기 때문이다. 브랜드가 제품의 가격을 결정하는 데 결정적인 영향을 주는 것도 중요한 이유이다.

K양이 '여덟 줄의 러브레터'를 사려는 이유?

독특한 이미지를 주는 고유브랜드들은 무수히 많다. 코카콜라, 샤넬, 프라다, 베네통, 그랜저, 벤츠, 로렉스, 소나타, 하이트, 진로, 게보린, 펜잘, 신라면, 이천쌀 등 헤아릴 수 없이 많은 상표가 있다. '기업은 제품을 팔지만 소비자는 브랜드를 산다' '우리는 상점에서 화장품이 아닌 아름다워질 것이라는 희망을 산다' 는 말은 고유브랜드의 가치가 얼마나 중요한가를 말해준다. 그러므로 소비자는 제품이 아닌 브랜드를 사는 것이다. 사례를 통해 고유브랜드가 뜻하는 바를 알아보자.

K양은 지금 A회사에서 나온 휴대전화를 가지고 있다. 그리고 B회사에서 새로 나온 '여덟 줄의 러브레터' 휴대전화를 사려고 한다. K양이 지금 휴대전화를 가지고 있다는 것은 A회사 제품을 가지고 있다는 뜻이고, A회사 제품을 가지고 있다는 것은 K양에게 '모양새 없이 투박하기만 한 휴대전화를 가지고 있다' 는 생각이 들게 한다. 휴대전

화에 대해 이야기할 때 K양은 '어디서 부르든지' 라는 브랜드를 이야 기하고, 결국 '어디서 부르든지' 라는 브랜드가 K양에게 주는 의미는 '튼튼하지만 구식 같다' 는 것이다. 이것이 K양이 생각하는 A회사 제 품이다. 그러나 K양은 B회사 신형 휴대전화를 사면 괜히 멋있을 것 같다고 생각한다. 일단 새로 나왔으니까 기능도 더 좋고 디자인도 산 뜻하고 길거리에서 통화하면 옆에 지나가는 사람의 휴대전화를 힐끗 보면서 조금은 우쭐해할지도 모른다. 이것이 B회사에서 나온 메이커 브랜드가 K양에게 주는 기대수준이다.

소비자는 제품이 아닌 브랜드를 산다?!

또, 평소에 화장품에 관 심이 많은 K양 앞에 샤넬에서 나온 향수와 이름이 잘 알려지지 않은 회사에서 나온 향수가 있다면 아마도 세계적인 브랜드인 샤넬의 제품 에 손이 갈 것이다. 아무래도 좋고 유명한 향수를 쓰면 '모든 사람이 나의 향기에 반할 것' 이라는 기대감이 생기는 것은 당연하다. 게다가 '샤넬 화장품 하나 정도는 가지고 있어야지' 하는 생각에 샤넬 향수를 고를 수도 있다. 물론 이름이 잘 알려져 있지 않더라도 향이 좋을 수 있지만 그 브랜드가 주는 기대수준은 샤넬과 비교할 수 없다. 이렇듯 강력한 힘을 가지는 브랜드는 그 브랜드만으로도 소비자의 기대수준 을 높여주며, 동시에 신뢰를 보증하는 구실까지 한다. 소비자는 브랜 드를 보고 안심하고 그 제품을 사는 것이므로 제품이 아닌 브랜드를 산다는 말이 통한다.

그렇다면 브랜드가 진짜 좋은 이유는 무엇인가? 간단히 말해서 돈이 되기 때문이다. 미국의 경우 브랜드 애호도를 가진 고객 한 명을 잃을 경우 회사가 입는 손실이 무려 1만달러에 이른다고 한다. 우리나라에서 브랜드의 금전가치가 중요하게 여겨진 대표적인 경우로는 1998년 로케트전지가 자사의 로케트 브랜드를 외국기업 질레트에 약 660억원을 받고 국내 영업권을 7년간 임대해준 예를 들 수 있다. 당시 질레트는 로케트전지에 약 815억원을 지불했는데 이 가운데 약 660억원이 로케트라는 브랜드 값으로 나간 것이다.

같은 해 미국계 다국적 기업의 한국지사인 한국존슨에서는 삼성제약의 에프킬라를 387억원에 사들였다. 당시 삼성제약의 자산가치는 90억원에 불과했으므로 297억원은 에프킬라라는 브랜드에 지불한 셈이다. 한국존슨은 에프킬라와 대등한 품질을 가진 세계적 살충제 브랜드인 레이드를 가지고 있었지만 한국시장에서만은 에프킬라를 이길 수 없어서, 기업자산 가치의 세 배가 넘는 돈을 들여 에프킬라를 매입했다고 한다.

지금까지는 생산만 하면 잘 팔리는 시대였기 때문에 브랜드가 별로 중요하지 않았기에 당연히 브랜드에 대한 투자도 부족했다. 하지만 이제 경영환경도 바뀌고 경쟁이 치열해지면서 국내기업들이 브랜드의 중요성에 대해 인식하고 좋은 이름, 좋은 디자인을 개발하기 위해 이 분야의 전문업체에 의뢰하기도 한다.

 기업의 성공은 브

랜드 마케팅에 달려 있다. 하이터치high touch보다 하이테크high technology

가 더 중시되고 고유의 브랜드만이 궁극적으로 국제경쟁력을 가질 수

있다. 브랜드 마케팅 없이는 기업의 성공을 보장할 수 없다. 브랜드

마케팅을 위해서는 브랜드 플랫폼brand platform을 구축해야 한다. 이

는 기업의 가치체계인 비전vision과 이를 실현하기 위한 소명의식인

미션mission, 기업의 품위와 품성인 퍼서낼리티personality, 소비대중의

마음속에 기업이 자리매김하는 것을 말하는 포지셔닝positioning, 기업

의 핵심영역 범위를 뜻하는 이념idea으로 구성되며, 한국 제품에 한국

고유의 브랜드는 필수이다.

  이처럼 브랜드에 대한 관심이 늘어나고 있지만 세계에 내세울 만한

국내 브랜드는 많지 않다. 브랜드의 자산가치를 인식하지 못해 정보

로서나 이미지로서의 브랜드를 제대로 구축하지 못했기 때문이다. 애

써 구축한 브랜드마저 지속적인 투자를 하지 않고 전략적으로 활용하

지 못하고 있다.

브랜드 가치의 중요성

세계적 브랜드 컨설팅 업체인 인터브랜드의 발표에 따르면 1999

년 발표한 기업상표 가치는 838억달러로 무려 100조원이나 된다.

브랜드 가치는 시장점유율, 소비자의 브랜드 인지도, 가격결정능

력, 매출 및 순이익 추이, 광고 규모, 상표법 보호 여부 등을 기준으로 평가하는데, 중요한 것은 브랜드가 고정자산과 유동자산을 더한 금액의 4~7배에 달한다는 점이다. 이러한 현상은 기업의 가치에서 고정자산이나 유동자산이 차지하는 비중은 갈수록 줄어드는 반면 브랜드 가치의 비중은 급격히 커지고 있는 데서 비롯된다. 1960년대에는 기업의 가치에서 고정자산과 브랜드의 가치가 차지하는 비중이 각각 50%와 20% 수준이었으나, 1990년대에 들어와서는 고정자산의 비중이 25%선으로 줄어들었고 반면에 브랜드 가치의 비중은 55%로 급등했다(『길거리 경제』, 김종선, 동아일보사).

고객이 갈증을 느낄 때마다, 코카콜라를!

특히 코카콜라는 전세계에서 일어났던 코카콜라 파동(벨기에서 100여명이 코카콜라를 마시고 두통, 복통 등의 증세를 보임)에도 불구하고 1999년의 매출은 기의 변하지 않았고 주가도 별 변동이 없었다. 이는 코카콜라라는 브랜드의 힘이 얼마나 엄청난지를 보여주는 예다. 코카콜라의 브랜드 가치가 이처럼 높다는 것은 '고객이 갈증을 느낄 때마다 자동적으로 코카콜라를 집어들도록 만들었다'는 말과 같다.

강력한 브랜드는 소비자가 가격에 상관없이 항상 그 상품을 구매하도록 만드는 애호도를 형성한다. 이는 기업이 '우리 제품을 사달라'고 끊임없이 광고하지 않아도 됨을 뜻한다. 반면 자사의 브랜드 개발에 소홀했던 국내기업은 브랜드 이미지가 낮아 '한국 상품은 싸구려' 라는 명예롭지 못한 이미지를 가져왔다. 이것은 제품을 생산하는 기업의 이름보다는 브랜드가 소비자에게 더 잘 인식되며, 브랜드의 성공여부가 기업의 성패를 좌우할 수 있음을 뜻한다.

브랜드 전쟁 | 이처럼 막강한 위력 때문에 브랜드는 이제 부동산이나 주식을 뛰어넘는 최고의 기업자산으로 대접받고 있다. 현대사회는 제품의 실체보다는 이미지를 중시하는 경향이 강해지고 있다. 또 제조기술이 대부분 평준화함으로써 제품의 품질을 차별화하기 힘들어지고 있다. 이러한 상황에서 많은 기업이 브랜드 이미지를 차별화하고 브랜드의 힘을 구축하는 것만이 서로간의 가격경쟁을 피하고 시장점유율을 높이며, 안정된 수익성을 유지할 수 있는 유일한 기반이라고 생각하고 있다. 사람들이 자신의 고유한 이름값 때문에 열심히 뛰고 있는 반면, 기업들은 고유브랜드를 남기기 위해 전쟁을 한다.

지금까지는 생산만 잘하면 잘 팔렸기 때문에 브랜드가 별로 중요하지 않았다. 따라서 브랜드에 대한 투자도 부족했다. 하지만 이제는 기업환경도 바뀌고 무한경쟁의 시대로 전개되면서 국내기업들의 고유브랜드에 대한 관심은 더욱 높아가고 있다. '소비자는 브랜드를 산다'는 말을 깊이 인식하면서 무형재산의 진정한 가치에 눈을 돌려야 한다. 기업의 고유브랜드는 경쟁력의 원천이며 무한한 자산임을 명심하자.

배보다 배꼽이 더 크다

▶끼워 팔기 전략

기껏 중고차를 샀는데 부품교체비가 더 들어간다면? 속담에 '배
보다 배꼽이 더 크다' 는 말이 있다. 주된 일과 부차적인 것이 서로 뒤
바뀌었음을 뜻하는 말이다.

사람들은 경제사정에 맞추어 내구소비재를 중고품으로 구입하는
경우가 많다. 많은 이들이 그러하니 남의 눈치를 볼 필요도 없고 형편
이 되는 대로 살아가면 그만이다. 그러나 문제는 상대적으로 싼 가격
때문에 구입한 중고품이 '애물단지' 가 되는 경우가 자주 있다는 데
있다. 내버려두자니 기껏 중고차를 사는 데 지불한 원금이 아깝고, 계
속 타고 다니자니 걸핏하면 고장이 나 부품교체비가 들어가고, 기름
도 새 차에 비해 훨씬 많이 소모되는 등 이른바 '배보다 배꼽이 더
큰' 상황이 연속되니 속이 상하지 않을 수 없다.

왜 배보다 배꼽을 더 크게 할까?

요새는 '배가 클 경우 사람들이 회피하는 상품구매'에 대해, '배는 작게 하고 배꼽을 더 크게 하여 상품구매를 촉진하도록' 하는 판매전략이 널리 활용되는 경우를 볼 수 있다. 예를 들면 프린터의 경우 어느 제품에나 사용할 수 있는 범용 부품이 아니라 자사만의 특수 부품을 사용하여 제품값은 낮게, 부품 값은 높게 받고 있다. 레이저 프린터는 물론 잉크젯 프린터를 쓰는 사람들도 잉크를 갈 때면 깜짝 놀란다. 프린터에 비해 소모품인 잉크가 너무 비싸기 때문이다. 잉크를 갈지 않고 그냥 내버려두자니 프린터가 너무 아깝고, 그냥 쓰자니 잉크값이 여간 부담스럽지 않다.

어디 이뿐인가. 정수기의 경우도 '배보다 배꼽이 더 큰' 예다. 정수기 회사에서는 과거 400~500만원대였던 정수기값을 110만원대로 내렸다. 보증금 10만원과 설치운영비 3만원, 월사용료 2만6천원을 내면 두 달마다 한번씩 직원이 방문해 정수기를 점검하고 필터도 무료로 교환해주는 조건으로 매상고를 올리고 있다. 일시적인 부담이 적다는 이유로 들여놓은 기계가 갈수록 '애물단지'로 바뀌어가는 경우다.

단 한번이라는 이유로 당하는 '예식장의 횡포'

일생에 한번이라는 이유 때문에 '울며 겨자먹기'로 당하는 예식장의 횡포도 비슷한 경우다. 대부분의 예식장에서 예비부부들에게 받는 예식장 기본이용료는 예식실과 폐백실 사용료를 포함하여 50만원 정도에 불과하지만, 실제 계약조건에 포함되는 부대시설과 서비스 이용요금은 그보다 훨씬 많다. 신부드레스 100만원, 신랑예복 30만원, 비디오촬영 90만원, 야외촬영 100만원, 부케 30만원, 신부화장 30만원, 식당이용료 500만원 등 1,000만원 정도의 예식비용이 들어간다.

가입비만 내면 비싼 단말기를 할인해주는 대신 이용요금을 비싸게 부과하는 이동전화 서비스도, 또 마이크로소프트사가 PC를 최저가로 보급하고 1998년에 우리나라의 전국 초·중·고교에 무상으로 기증을 한 것 등은 미래 고객을 확보하여 단기적인 이윤극대화보다는 장기적인 이윤극대화를 추구하겠다는 뜻이다. 빠른 속도로 PC가 업 그레이드되는 것은 이를 잘 입증하고 있다.

모두 '배보다 배꼽이 큰' 흔한 예다. 배꼽은 배보다 작아야 정상이고, 배의 크기에 맞게 잘 조화될 때 예쁠 뿐만 아니라 본래의 기능도 충실히 수행할 수 있다. 경제의 합리성은 배꼽이 배보다 작은 데서 주어진다.

03 나눔의 경제

콩 심은 데 콩 나고
팥 심은 데 팥 난다

뿌린 대로 거두는 사회　　사람들은 각자 자신의 소득으로 삶을 살아간다. 개개인에 따라 소득이 많은 사람도 있고 적은 사람도 있다. 사람에 따라 소득의 차이가 나타나는 이유는 여러가지가 있겠지만, 가장 큰 이유는 각자가 가지고 있는 생산요소의 양과 질의 차이에 기인한다.

예를 들어, 가진 게 노동력밖에 없는 사람과 공장, 빌딩 등 수십억의 돈을 소유하고 있는 사람이 있다면 후자의 소득이 많은 것은 당연하다. 각자가 가지고 있는 생산요소의 양 차이에 따라 개개인의 소득 격차가 나기 마련이다. 생산요소의 양뿐만 아니라 질에서도 소득은 좌우된다. 단순작업을 하는 공사판 인부와 영어회화가 유창하고 컴퓨터를 능숙하게 다룰 줄 아는 사람이 있다면 당연히 후자의 소득이 많을 수밖에 없다. 이 경우는 생산요소의 질이 소득 차이에 기인한 경우다. 이처럼 생산요소의 양과 질의 차이에 의해 개개인의 소득격차가 발생하고, 삶의 질이나 수준에서도 상당한 차이를 보인다.

'콩 심은 데 콩 나고 팥 심은 데 팥 난다'는 말이 있다. 세상 일이 모두 뿌린 대로 거두어질 때, 사람들은 자기가 가지고 있는 능력을 최대한 발휘하려고 할 것이다. 자신이 생산에 기여한 만큼 보수를 받는다고 생각한다면 좋은 결과든 나쁜 결과든 어디까지나 원인은 자신에게 있으니 주어진 일에 최선을 다하려고 할 것이다.

단지 노동시간이 같다는 이유로?

만약 결과가 기대보다 못하고 열심히 노력하는 데 대한 대가가 없다면, 과연 어느 누가 정열을 불태워 자신의 일에 신명을 다하겠는가. 능력이 다르고 노력까지 다른 사람들이 모두 동일한 소득을 얻을 경우 대다수의 사람들은 그와 같은 불공정한 소득분배에 강하게 반발하며 시정을 요구할 것이다. 왜냐하면 노동시간이 같다는 이유로 일의 효율성이나 성격을 무시한 채 동일한 액수의 급여를 받는다면 불공평하기 때문이다. 어떤 사람은 건성으로 일했을 수도 있고 어떤 사람은 그 시간 동안 정말로 열심히 일했을 수도 있다. 또 어떤 사람들은 그 일에 대한 높은 숙련도와 전문성을 갖추고 있고, 어떤 사람들은 단순노동 정도에 전문성을 갖추지 못했을 경우가 있다. 이들 양자에 대한 동일한 대우는 능력이 우월한 집단에서 강력한 불만을 불러올 수 있다.

이와 같은 관점에서 볼 때 공정한 분배란 생산과 사회에 대한 기여에 따른 비례적 평등분배가 될 수 있다.

불만이 없는 공정분배란?

삶의 과정에서 '콩 심은 데 콩 나고 팥 심은 데 팥 나는' 경우, 사람들은 이에 대해 어떤 불만이나 이의를 달지는 않을 것이다. 그렇다면 불만이 없는 공정분배를 위해서는 어떤 요건들을 갖추어야 할까?

첫째, 모든 사람에게 정당한 권리가 보장되어야 한다. 만약 어떤 사람의 정당한 권리가 무시된 상태에서 각자의 몫이 결정된다면 그것은 결코 정의로운 분배가 되지 못한다. 예를 들어 남의 재산을 빼앗아 부자가 되고, 남에게 자신의 재산을 빼앗겼기 때문에 가난해지는 분배질서는 정당성을 인정받을 수 없다.

둘째, 모든 사람에게 공정한 규칙이 적용되어야 한다. 어떤 사람은 무슨 일을 하더라도 눈감아주는 반면, 나른 사람은 조금만 드집집힐 일을 해도 벌을 내리는 불공정한 사회질서를 정의롭다고 할 사람은 아무도 없다. 모든 경기자에게 공정하게 규칙을 적용시킨 게임의 결과에는 승복할 수 있지만 편파적인 운영을 한 게임의 결과에는 아무도 승복하지 않는다. 분배상태가 정당성을 인정받으려면 공정한 게임의 결과여야만 한다.

셋째, 모든 사람이 자신의 자격에 합당한 몫을 차지하는 분배가 되어야 한다. 어떤 사람이 그럴 만한 자격도 없으면서 남들보다 수천 배나 더 큰 몫을 차지하고 있다면 그것은 공정한 분배라고 하기 어렵다. 자격을 결정하는 요인으로는 우선 능력이나 노력을 생각해볼 수 있고, 또한 필요라는 것도 자격의 결정요인이 될 수 있다.

이러한 발상은 루소J. J. Rousseau의 『사회계약론』과 롤즈J. Rawls의 『정의론』에서 그 근거를 찾을 수 있다. 오늘날 대부분의 선진국에서는 일정한 최저소득수준을 모두에게 보장하면서 그 이상부터는 부존자원기준 중, 특히 경쟁시장 아래에서 능력에 따라 소득을 획득하도록 하는 기준적용을 공정한 분배기준으로 생각하고 있다.

이때 공정한 소득분배란 현재 사회 내에서 차지하는 사회구성원의 위치에 관계없이 사회구성원의 합의consensus로 이루어지는 소득분배로서, 어느정도의 소득불평등을 인정하면서 극빈자들의 소득분배를 개선하도록 하는 분배정책이라고 할 수 있다.

불공정한 분배는 정치불안을 초래한다!

그러나 우리 사회는 도덕적 해이가 만연되어 있다. 1997년 외환위기 직전, 부자와 빈자의 비율이 40 대 60에서 20 대 80의 구조로 전환된 것에 대해 우려의 소리가 높다. 이는 곧 부동산, 주식, 저축 등의 자산격차의 심각성과 기득권층의 도덕불감증 때문에 중산층의 붕괴가 더욱 가속화되었다.

많은 사람들은 자기가 심은 콩보다 남이 심은 콩에 더 관심을 가지고 있다. 이는 사회의 불신풍조가 극에 달했다는 증거다. 각 경제주체들은 성장의 기여와 성장의 과실이 일치할 때 자기의 모든 능력을 발휘하려 할 것이다. 노동자들이 일에 대한 정당한 보상을 받지 못한다면 노동생산성은 하락할 것이다. 공정하지 못한 분배는 정치불안을 초래함은 물론, 경제성장의 원동력마저 흔들리게 된다. 꾸준한 성장을 위한 국민의 자발적 참여는 공정한 분배가 전제조건임을 명심할 필요가 있다.

재주는 곰이 부리고
돈은 되놈이 가져간다
▶불공정분배

소득분배의 불합리성을 한마디로 '닭 길러 족제비 좋은 일 시킨다'

속담에 '재주는 곰이 부리고 돈은 되놈이 가져간다'는 말이 있다. 이 속담은 일을 직접 수행한 경제행위의 주체와 그 일에 대한 대가를 받아가는 주체가 서로 다른 경우 발생하는 잘못된 소득분배를 빗대어 한 말이다. 이와 유사한 속담에는 '개가 쥐 잡고 고양이가 먹는다' '닭 길러 족제비 좋은 일 시킨다' 등이 있다. 이와 같이 경제행위의 주체가 그의 정당한 몫을 가지지 못하는 경우를 불공정분배unfair distribution라고 한다.

영어속담에도 이런 말이 있다. '한 사람이 숲을 헤치면 다른 사람이 새를 잡는다One beats the bush, and another catches the birds' '한 사람은 씨를 뿌리고 다른 사람은 수확한다One man sows and another man reaps' 곧,

‘재주는 곰이 부리고 돈은 되놈이 가져간다’ 는 속담과 같은 뜻이다. 사람의 욕구는 지구상 어디든지 같게 마련이다. 사람들이 불공정하다고 느끼는 데는 그만한 이유가 있다. 분배상태의 정당성을 평가하기 위해서는 누가 어떤 과정을 거쳐 얼마나 큰 부를 축적하였는가를 알 수 있어야 한다.

경제적 격차가 생기는 이유

인간사회에서 사유재산의 개념이 생긴 이래 완전한 경제적 평등을 이룬 사회는 없었다. 그렇다면 그러한 경제적 격차가 생기는 이유는 무엇인가?

첫째, 개인의 자유로운 선택에 의한 것이 될 수 있다. 어떤 사람은 열심히 일하여 많이 벌겠다는 선택을 하고 어떤 사람은 놀기를 좋아해 조금만 일하고 더 적게 벌기로 마음먹기 때문이다.

둘째, 각자의 능력 차이에 따른 소득격차가 원인이 될 수 있다. 어떤 사회에서든 능력이 뛰어난 사람은 그 분야에서 인정을 받게 마련이며 보수도 그에 준하여 지급되는 것이 당연하기 때문이다. 타고난 재능을 생각해보면 정신적, 육체적 능력의 차이가 경제적 성패를 좌우하는 중요한 요인이 될 수 있는데, 마이크로소프트사의 빌 게이츠처럼 머리가 좋은 사람은 바로 그 머리 하나만으로 수십억달러에 이르는 큰돈을 벌 수 있었다. 또 슈퍼스타로 알려진 운동선수들, 예를 들면 박찬호, 박세리, 김미현 등을 보면 육체적 능력을 가지고도 큰돈을 벌 수 있다는 것을 알 수 있다.

셋째, 부모나 남에게서 물려받은 재산의 차이가 있다. 그 사람이 속한 사회의 상속세 제도에 따라 다르겠지만, 많은 유산을 물려받은 사람은 그렇지 못한 사람보다 유리한 곳에서 시작하는 것은 틀림없다.

넷째, 운이 좋고 나쁨에 따라 성패가 갈리는 경우다. 최선의 노력을 다하고서도 운이 나빠서 사업에 실패하는 경우가 있을 수 있고, 준비를 불성실하게 했는데도 주위 여건이 좋아져서 덩달아 사업에 성공하는 경우도 있다.

그외의 요인으로 정부의 정책, 사회의 인식, 차별 등의 '사회요인'이 경제적 지위에 차이를 가져올 수 있다. 지난날 우리나라는 경제의 외형적 성장을 극대화하는 데만 주력한 나머지 몇개 부문에 정부의 지원을 집중하는 정책을 펴, 부의 편중이 심화되는 원인을 제공하였다. 이러한 성장제일주의는 우리 사회에 불평등의 씨앗을 뿌렸고 그 후유증은 아직도 완전히 치유되지 못하고 있다. 물론 이러한 경제적 차이가 무조건 없어져야 하는 것은 아니다. 어떤 불평등은 해소시키는 것이 바람직하지만, 개인의 능력 차이나 선택의 결과로 나타나는 경제적 격차를 없애는 일은 바람직하지도 않을 뿐더러 아예 불가능하기 때문이다.

그렇다면 이러한 요건만 해결된다고 해서 공정한 분배가 이루어질 수 있을까? 우리가 알고 있는 한 완전하게 경제적 평등을 이룩한 사회는 예전에도 없었고 지금도 없다. 특히 자본주의경제에서 시장기구를 통하여 이루어지는 소득분배 상태가 적지 않은 불평등을 일으키는 것은 불가피한 일이다. 곧 시장경제에서 개개인의 소득은 기본적으로 각자가 소유하는 경제자원의 양과 시장의 평가에 의해 결정되지만, 각자가 소유하는 자원의 종류와 양, 질에는 차이가 있어 그에 따라 가격도 다르기 때문에, 개인간의 소득에는 격차가 생길 수밖에 없다.

내가 한 일을 남이 가로챈다면?

'일은 내가 해주고 절은 사돈이 받는다' '돈 버는 사람 있고, 돈 쓰는 사람 따로 있다' '죽 쑤어 개 좋은 일 했다'는 속담처럼, 자신이 애써서 한 일을 남이 가로채가는 것을 좋아하는 사람은 아무도 없다. 자신의 노동의 대가를 지불받지 못하는 것을 좋아할 사람은 없다는 말이다. 문제는 사회에서 자연스럽게 발생하는 경제적 격차가 아니라 사회구성원들이 불공정하다고 생각하는 부의 분배에 있다. 그러므로 불공정분배는 경제구성원들의 정당한 권리가 보장되지 않은 상태에 근본문제가 있다. 이런 사회에서는 힘이 곧 법이다. 힘이 센 자는 수단과 방법을 가리지 않고 다른 사람의 부를 빼앗으려고 할 것이다.

예를 들면 도덕심이 낮은 사람들이 불법적인 방법으로 큰 부를 축적하는 경우가 해당한다. 불필요한 경제관련 법규를 만들어놓고 그 법을 이용해 특권을 주는 대가로 기업인들에게서 '지대rent'를 받는 경제관료들이 그에 속한다. 또한 모든 사람들이 똑같은 경제규칙을 적용받지 못하는 상태라든지, 각자의 몫을 그에 걸맞게 갖지 못하는 경우가 있다. 생활보호대상자에게 지급되어야 할 보조금이 중간에서 빼돌려지고, 정작 필요한 사람은 받지 못하는 것도 마찬가지다. 또 부모의 유산을 물려받아 경제활동을 시작하는 사람에 비해 상대적으로 불리한 위치에서 경쟁을 시작하는 사람들이 불만을 가지는 것은 당연한 일이다.

불공정분배가 만연할 경우 사회구성원들은 이에 대해 불만을 품고 부자들에 대해 적대감까지 품을 수 있다. 사회의 화합을 방해할 뿐 아니라 안정과 발전마저 위협한다.

파이가 작을 때 어떻게 나눌까?

공정분배는 경제발전의 초석이다. 불공정분배가 팽배한 사회에서 못 가진 계층은 극한적 투쟁 없이 구조적 불평등을 바로잡을 수 없다고 생각하고, 가진 계층은 밟을 수 있을 때 철저하게 밟아놓지 않으면 언젠가는 당할 것이라는 불신을 갖고 있기 때문에 나누어 가지려고 하지 않는다. 이러한 사회에서는 아무도 자기가 속한 사회 내에서 아끼고 사랑할 만한 특징을 발견하지 못하며, 따라서 자기를 포함한 전체에 대한 충성심을 갖지 못한다. 이러한 불공정분배를 시정하는 것이 정부의 중요한 역할이다.

주도권을 쥔 기업이나 부자들이 부당하게 얻은 이익을 자신의 도덕적 판단에 의해 사회에 환원하기를 기대하는 것은 무리다. 불필요한 경제규정을 삭제하여 정경유착 같은 부패를 방지하는 것이 필수다.

이러한 불평등 요인 가운데 개인의 능력이나 선택의 차이에서 오는 경제적 불평등은 없애고 싶어도 없앨 수 없을 뿐 아니라 그렇게 하는 것이 반드시 바람직한 것도 아니다. 그렇지만 상속이나 정부의 정책

등 사회적 요인으로 인한 것은 마땅히 해소해나가야 한다.

만약 소득분배의 불평등을 방치하여 공정한 소득분배가 이루어지지 않는다면 계층간의 소득격차는 점차 심화될 것이다. 이것은 저소득층 대다수에게 소외감을 가져오며 사회구성원의 공동체적 연대의식을 와해함으로써 사회적 통합을 저해한다. 나아가 불평등의 정도가 극심한 경우에는 사회적 위기를 가져올 수도 있다. 따라서 공정한 분배를 실현하여 국민의 복지를 향상시키기 위해서는 정부가 소득을 재분배해 바람직한 분배상태를 이룰 수 있는 조치들을 취해야 한다.

소득재분배 방법의 노하우

이러한 소득재분배 방법으로는 누진세율을 적용하거나 과세최저액을 설정하여 고소득층의 조세부담을 늘리고 거꾸로 저소득층의 조세부담을 줄여주는 방법도 있다. 또 상속세와 증여세 등을 높여 경제활동의 출발점을 비슷하게 만들기 위해 노력해야 한다. 사회보장제도와 공공서비스에 대해 정부지출을 통해 공정분배에 기여하는 방법도 있다. 공정분배는 한마디로 규정하기는 어렵지만, 최소한 '재주는 곰이 부리고 돈은 되놈이 가져가는' '개가 쥐 잡고 고양이가 먹는' 분배방식은 지양되어야 할 것이다. 불공정분배가 고쳐질 때 사회구성원들의 경제의욕이 더욱 높아질 수 있음은 말할 필요도 없다.

04 조절의 경제

원님 덕德에 나팔 분다

된장장수 덕에 이익을 본 두부장수

아침마다 '두부 사려' 하고 큰 소리로 외치는 것을 멋쩍어하는 소심한 두부장수가 있었다. 큰 소리로 외치지 못하니 장사가 잘될 리 없었다. 그러다 어느날 묘안을 짜냈다. 된장찌개에는 반드시 두부가 들어간다는 사실에 착안하여, 목소리가 큰 된장장수 뒤를 졸졸 쫓아다니기로 한 것이다. 그래서 앞에서 '된장 사려' 하고 큰 소리로 외치면, 모기 같은 소리로 '두부도'라고 덩달아 외쳤다. 아마도 몇달 뒤에는 서로 역할을 바꾸었을지도 모른다. 분명한 것은 두 사람 모두 혼자 다닐 때보다 매상이 늘었다는 점이다.

우리 속담에 '원님 덕德에 나팔 분다' '사또 덕분에 나팔 분다'는 말 역시 원님의 행차와는 전혀 관계가 없는 어떤 사람이 행차가 지나는 길목에 서 있다가 뜻밖의 나팔을 불 수 있는 분에 넘치는 영광을 입었다는 말이다. 이것 역시 나팔을 부는 영광을 입은 그 사람이 원님에게 어떠한 대가를 지불할 의무는 전혀 없다.

이와 같이 정상적인 거래활동인 시장기구를 통하지 않고 개인 혹은 기업의 어떤 활동이 자기자신뿐만 아니라 다른 기업이나 개인에게 혜택을 주는 것을 외부경제external economy라고 한다. 이러한 혜택은 다른 기업이나 개인이 활용하지 못하도록 배제할 수 없기 때문에 대가를 받을 수 없으며 따라서 가격체계에 대해 외부적인 것이 된다.

외부경제는 이웃에게 혜택을 주지만, 그 혜택에 대한 보상을 받지 못하는 경우가 대부분이다. 따라서 외부경제를 일으키는 당사자에게는 자신의 투자비용을 모두 회수하지 못하는 결과를 가져온다. 곧 100을 투자하여 150의 성과를 거두었지만, 자신에게 돌아온 몫은 90이고 60은 제3자에게 분배된다. 이렇게 되면 누가 큰 소리를 외칠 된장장수가 되겠다고 나서겠는가. 아마 된장장수는 적어지고, 편하게 이익을 보려는 두부장수만 많아질 것이다. 그 경우 외부경제는 사회 전체적으로 바람직한 수량보다 적게 공급될 것이다.

이웃집이 뿌린 소독약으로 우리집의 해충까지 제거된다면?

외부경제로 생산비를 절감하는 전형적인 사례로는 과수원과 벌들의 상호관계를 들 수 있다. 과수원 근처에 양봉을 하는 사람이 있다고 하자. 봄이 되어 과수원에 꽃이 활짝 피었을 때, 주변에 있는 벌들이 꽃으로 모여들면 벌은 꿀을 채취할 수 있어서 좋고, 과일나무는 수정이 잘 이루어져 더 많은 과일을 얻을 수 있어서 좋다. 이것은 전형적인 외부경제의 미담이다.

다른 예로 어떤 사람이 자기집 주위에 화단을 잘 가꾸어 이웃에게 좋은 경관을 제공할 수도 있고, 민들레씨를 미리 뽑아서 씨가 날리지 못하게 함으로써 자신은 물론 이웃의 정원에 잡초가 나는 것을 막아줄 수도 있다. 또 이웃집에서 뿌린 소독약 덕분에 우리 집의 해충까지 없어졌다든지, 전염병 예방접종을 맞음으로써 나뿐만 아니라 다른 사람에게 병이 옮아갈 가능성을 줄였다면 이 또한 외부경제다.

더 나아가 전력생산을 위해 댐을 건설하면 홍수조절과 함께 경관이 좋은 관광지를 얻을 수 있는 것, 어떤 지역의 주변에 도로가 건설되면 땅값이 상승하는 것도 이와 같이 외부경제 효과를 얻는 것이다. 급격한 개방화 사회가 전개되면서 교육을 많이 받은 사람과 자주 교류를 하면서 생활수준도 높이고 높아진 문화생활을 누릴 수 있게 된 것, 또 인터넷이 발달한 요즘에는 무료 인터넷 서비스로 외부효과가 발생하는 것도 마찬가지다.

뜻밖의 이익을 얻은 국내기업들

최근에는 국내기업 가운데 이런 외부경제의 효과를 톡톡히 누리고 있는 업체들이 많다. 정부의 새로운 정책집행이나 환경변화 등에 따라 매출증대 및 큰 수익을 올린 각 경제주체들이 그들의 예다. 즉, 정부의 안전띠 미착용 집중단속과 '교통법규위반자 신고보상금제'가 본격적으로 실시되면서 손해보험사들은 손해율 하락에 따라 큰 이익을 얻은 사례, 검찰의 소프트웨어 불법복제 특별단속이 한글과컴퓨터 · 다우데이터시스템 · 나모인터랙시브 등 정품 소프트웨어 개발, 유통업체의 매출증대 및 주가상승에 큰 몫을 한 사례, 정부가 신용카드 사용확대를 위해 소득공제와 신용카드 영수증 복권제를 도입하자 신용카드 매출액이 늘어남으로써 카드업체의 수익증가와 주가가 상승한 사례, 구제역과 광우병, 조류독감이 전세계적인 문제로 부각되면서 수산업체의 수입이 크게 늘어난 사례 등을 예로 들 수 있다.

이뿐만이 아니다. 수돗물에서 무균성 뇌수막염 · 급성장염 · 간염 등 각종 질환을 일으키는 바이러스가 검출됐다는 보도에 정수기업체, 생수판매업체가 큰 수익을 챙겨 가만히 앉아서 이익을 얻었다.

또한 자동차 사고예방을 위하여 자동차 운행시 차량용 핸즈프리를 사용하지 않고 휴대전화를 사용하다 적발될 경우 범칙금 6만원과 벌점 15점을 부과하는 강력한 법 시행에 들어가면서 관련업계가 큰 수익을 올린 경우 '사스(SARS : 중증급성호흡기증후군) 공포'가 확산되면서 동남아국가들의 의약 · 건강식품 · 마스크 · 소독제 매출이 크게 늘어난 경우 등등. 이들 모두는 각 기업들이 본업에 충실했을 뿐이었는데 외부적 영향 때문에 뜻밖의 큰 이익을 얻은 외부경제의 좋은 사례들이다.

외부경제에 대한 정부의 역할

일반적으로 시장경제에서는 가격을 신호로 삼아 소비자의 효용극대화와 생산자의 이윤극대화의 자발적인 교환과 경쟁을 통해 효율적인 자원배분이 일어난다. 그러나 실제경제에서는 이와 같은 완전경쟁에 가까운 상태가 존재하는 것이 아니며, 위의 예에서 볼 수 있듯이 외부경제 등의 문제가 발생하여 시장이 고유의 기능을 수행하지 못한다.

이러한 상황에서 경제활동을 자유시장경제에 그대로 맡길 경우 효율적인 자원배분 및 공평한 소득분배를 실현하지 못하고, 공공의 이익을 해칠 수도 있다. 따라서 외부경제를 늘리기 위한 대책과 정부의 적절한 조절이 필요하다.

사촌이 땅을 사면
배가 아프다

사촌이 논을 샀는데 왜 내 배가 아플까? 시장경제에서는 가격을 신호로 삼아 소비자와 생산자들 간에 자발적인 교환과 경쟁을 통한 효율적인 자원배분이 일어난다. 그러나 실제경제에서는 경제활동을 자유시장경제에 그대로 맡길 경우 효율적인 자원배분 및 공정한 소득분배를 실현하지 못하며, 공공의 이익을 해칠 수도 있다. 여기서는 그 원인 가운데 하나인 외부불경제에 대해 알아보자.

우리 속담에 '사촌이 땅을 사면 배가 아프다'는 말이 있다. 사촌이 땅을 사는 행위는 사촌과 나 둘 사이에 일어난 일이 아니다. 사촌과 땅 주인 사이에서 일어난 경제활동이다. 그러나 사촌이 땅을 샀다는 말을 들으면 질투심이 일어나고, 거래와는 전혀 관계가 없는 나의 배가 아프게 된다. 이처럼 개인 혹은 기업의 어떠한 활동이 시장기구를

통하지 않고 그 거래와는 전혀 관계가 없는 다른 개인이나 기업에게
손해를 끼치는 것을 외부불경제 external diseconomy 라고 한다.

외부불경제의 예

외부불경제의 예로서 공장에서 흘러나오는 폐
수를 보자. 공장에서 정화되지 않은 폐수를 흘러보내면 그 공장과는
전혀 거래활동이 없는 이웃주민들이 폐수로 인한 피해를 입는 경우가
있는데, 그렇다고 그 공장에서 개인이 피해비용을 전액 보상받기란
거의 불가능하다. 자동차에서 매연을 뿜어내는 경우 그 자동차의 소
유나 승차와는 전혀 관계가 없는 일반 보행자들이 매연을 마시면서
기관지에 피해를 입는 경우도 마찬가지다. 비행장의 소음, 고속도로
의 교통체증, 무료낚시터의 무료공공자원의 과다사용, 나아가 밀폐된
버스 안에서 담배를 피우면서 옆 사람에게 피해를 준다든지, 극장에
서 껌을 씹거나 수업시간에 떠들거나, 또 강의실이나 조용한 차내에
서 휴대폰 수신음을 크게 울리면서 주위 사람들에게 피해를 주는 경
우도 외부불경제의 전형적인 예다.

각각의 경우에서 피해를 일으킨 폐수방류자, 자동차운전자, 낚시꾼
은 자신이 추가적으로 얻는 한계편익과 자신이 추가적으로 잃는 한계
비용을 일치시킬 뿐이고 다른 사람에게 주는 비용은 무시하게 되므로
자원의 효율적인 배분이 이루어지지 못한다.

외부불경제가 발생하는 근본원인은 재산권이 명확하지 않아서다. 이럴 경우 사회적인 관점에서 계산된 비용과 개인적인 관점에서 계산된 비용이 서로 다르기 때문에 시장은 자원을 효율적으로 배분하지 못한다.

생산과정에서 오염물질을 많이 방출하는 종이공장을 예로 들어보자. 종이 1톤당 생산비용이 5,000원이라면 생산업자의 개인적인 관점에서 본 비용은 5,000원이다. 그러나 여기에는 그가 방출한 오염물질이 환경을 더럽히는 행위, 곧 외부불경제와 관련된 비용이 포함되어 있지 않다. 만약 종이 1톤을 생산하기 위해 방출해야만 하는 오염물질을 제거하기 위해 사회 전체가 3,000원의 비용을 써야만 한다면 사회적인 관점에서 본 종이 1톤의 생산비는 8,000원이 된다.

자원의 효율적인 배분이란 사회적 관점에서 본 비용에 입각한 배분이어야 한다. 그런데 사적이윤을 추구하는 종이 생산업자는 훨씬 낮은 수준인 5,000원의 비용만을 고려해 생산량을 늘리며 비효율적인 자원배분을 한다. 이와 같이 시장의 거래활동과 전혀 관계가 없는 제3자, 다시 말하면 땅을 사는 일과 전혀 관계가 없는 내 배가 아프게 되는 일, 곧 손실을 입는 것이다.

'보이는 손'이 필요한 이유

지금까지 살펴본 생산과 소비에서 생기는 외부불경제의 공통된 특징은 어느 누군가가 의사결정과정에서 그들의 행위가 다른 사람에게 미칠 영향을 간과하고 있다는 사실이다. 다시 말하면 피해 배출자인 사촌, 공장주인, 자동차주인, 비행기회사, 종이회사 등은 자신의 한계편익과 한계비용을 일치시킬 뿐이고, 다른 사람에게 주는 비용을 무시한다. 그러므로 자원의 비효율적인 배분이 일어난다. 오늘날 공해문제가 점점 심각성을 더해가는 것만 보아도 시장은 제대로 기능을 발휘할 수 없음을 알 수 있다.

남에게 해를 끼치면서도 이에 대해 대가를 치르도록 요구받지 않을 때 사람들은 으레히 마음놓고 그 일을 계속하기 마련이다. 자기에게 이득이 되는 것은 늘리려 하고, 손해가 되는 것은 줄이려 하는 것이 사람의 속성이다. 그렇기 때문에 외부불경제가 발생하면 시장기능으로는 효율적인 배분을 기대하기가 어렵다.

사람들에게는 도덕심이란 것이 있지만 이는 몇푼 안되는 돈 앞에서 눈 녹듯 사라지는 경우가 허다하다. 따라서 이들에 대한 '보이지 않는 손'의 시장기구는 그 기능을 발휘하지 못하고, '보이는 손visible hand'의 정부통제가 요구되는 것이다.

신작로 닦아놓으니
왕 서방이 먼저 지나간다

▶공공재

시장기구 작동부실하면 실패한다고?

시장경제에서는 가격을 기준으로 소비자와 생산자들 사이에 자발적인 교환이 이루어진다. 이러한 교환은 경쟁을 통해 효율적인 자원배분을 이룬다. 그러나 실제경제에서는 여러가지 원인으로 인해 시장의 자동조절기능이 잘 작동하지 못하는 경우가 생긴다. 이 경우 효율적인 자원배분 및 공정한 소득분배를 실현하지 못하고, 공공의 이익을 해칠 수도 있다. 이와 같이 시장기구의 자동조절기능이 제대로 작동하지 못할 때 시장의 기능은 실패한다.

우리 속담에 '신작로 닦아놓으니 왕 서방이 먼저 지나간다' 는 말이 있다. 신작로는 모든 사람들이 볼일을 보기 위해 지나가던 길이다. 신작로의 필요성은 누구나 인정하지만, 신작로를 닦는 일에 왕 서방이

적극적으로 참여해서 일을 하나 일을 하지 않거나 자신에게 일한 만
큼의 성과가 돌아오지 않는다. 그러므로 왕 서방은 굳이 자기의 노력
과 시간을 들여가며 일할 유인이 발생하지 않기 때문에 일하려 들지
않는다. 이 속담은 사람들의 이와 같은 심리를 잘 꼬집고 있다.

사적재와 공공재, 차별할 수도 배제할 수도 아리송…　대부분 편

익이 그 재화를 보유하는 경제주체에게 돌아가는 사적재private goods
의 경우 각 경제주체들은 그 경제행위에서 적극성을 띠게 된다. 그렇
지만 그 편익이 특정한 경제주체에만 귀속될 수 없고 상당히 광범위
한 경제주체에 영향을 미치는 재화의 경우 각 경제주체들의 경제행위
는 소극적으로 나타난다. 이와 같은 경제주체들의 그 재화에 대한 소
극적 작용에 의해 자원배분의 비효율성이 발생하는 재화를 공공재
public goods라고 한다. 이러한 성격을 가진 재화에는 국방, 치안, 도로,
가로등, 소방, 등대, 공원 등이 있다.

왜 신작로와 같은 공공재의 발생은 시장기능을 실패하게 만들까?
첫째 신작로를 닦는 데 기여한 사람과 전혀 기여하지 않은 왕 서방을
차별화하여 재화를 공급할 수 없기 때문이다. 시장에서 거래되는 사
과나 옷과 같은 사적재는 재화를 구매하는 사람에게 편익이 돌아가도
록 하고, 다른 사람이 그것을 소비할 수 없도록 하는 수익자 부담원칙
이 적용된다. 그러나 신작로는 일단 공급되면 특정 소비자에게만 소
비가 허용되는 것은 아니다. 차별을 두어 재화를 공급할 수 없고, 왕

서방을 재화소비에서 배제할 수도 없다.

무임승차자 문제

둘째, 신작로는 경쟁을 해서 얻는 재화가 아니기 때문이다. 신작로라는 재화는 소비주체가 편리한 시간에 언제든지 소비할 수 있으며, 다른 사람과 경쟁하지 않아도 된다. 별다른 노력이 필요없기 때문에 사람들은 다른 이의 부담에 의해 생산된 공공재에 편승하려고 한다. 왕 서방처럼 비용을 부담하지 않으려 하는 무임승차자 문제free rider problems가 발생한다. 신작로와 같은 공공재는 일단 공급되면 왕 서방을 비롯한 각 개인이 공짜로 이용할 수 있기 때문에 아무도 실제로 비용을 부담하려 들지 않는다.

따라서 신작로와 같은 공공재는 왕 서방 같은 무임승차자를 배제할 수도 없고, 이윤을 추구하는 기업의 경우 생산비용을 충분히 회수할 수 없기 때문에 경쟁적으로 생산할 의욕도 생기지 않는다.

무임승차자가 소수를 넘어서 다수가 되어 사회적 불만이 형성된다면 어느 누구도 비용을 부담하려 들지 않을 것이다. 공급했다 하더라도 정부와 달리 어떠한 강제력을 갖고 있지 않아 사용요금을 강제로 징수할 방법이 없는 기업에게는 그러한 유인이 사라진다. 이에 따라 시장 전체에 나타나는 신작로의 공급량은 사회 전체에서 필요한 것보다 부족해지므로 소득분배와 자원의 효율적 배분이 실패한다. 그러므로 공공재의 생산은 정부에게 맡겨지며, 과세 등을 통한 공공재의 공급은 정당성을 가진다.

염불에는 맘이 없고
젯밥에만 관심이 간다

▶도덕적 해이

정보를 독점한 주체의 기회주의적 행위를 경계하라 │ 우리 속담에 '염불에는 맘이 없고 젯밥에만 관심이 간다' '조상弔喪에는 관심이 없고 팥죽에만 정신이 간다'는 말이 있다. 정부공무원, 금융기관의 간부, 언론 및 기타 직업의 요직에 있는 사람들은 일반인이에 비해 경제 사안에 대해 훨씬 많고 완전한 정보를 가지고 있다.

반면에 국민이나 일반 소비자들은 거의 알지 못하거나 불완전한 정보를 가지므로 불리한 위치에 서 있는 비대칭적 정보asymmetric information 상태가 존재한다. 이럴 경우에는 완전한 정보를 가진 주체가 '염불'과 '조상'에는 마음이 없고 '젯밥'과 '팥죽'에만 관심을 둔다면 문제가 발생하기 마련이다.

다시 말하면 완전한 정보를 가지고 있는 주체가 그 자리에 상응하는 '책임'은 소홀히 하면서 오히려 주어진 자리를 이용해 '이권'을 챙기려는 현상으로서, 이를 도덕적 해이moral hazard라 한다. 이럴 때일수록 시장은 자동조절기능을 제대로 발휘하지 못한다. 도덕적 해이란 원래 보험에서 쓰기 시작한 말인데, 자기가 맡은 일에 최선을 다하지 않으려는 마음가짐이나 행동, 또는 다른 사람들의 이익을 희생하고 그 대가로 자신만의 이익을 추구하는 기회주의적 행위를 말한다.

문제의 핵심은 제도에 있다!

왜 '염불'이나 '조상'에는 맘이 없고, '젯밥'이나 '팥죽'에만 관심을 가질까? 이 문제의 핵심은 제도에 있다. 인간은 자신의 삶 속에서 고도의 도덕성을 요구하지만 경제적 이득이 눈앞에 놓여질 경우 그 도덕성은 큰 힘을 발휘하지 못한다.

예를 들어, 보험에 가입하기 전에는 화재경보기나 소화기를 구입하고 불조심을 하여 화재예방에 단단히 주의를 기울이던 사람도 일단 화재보험에 가입하고 나면 사고가 발생할 때 손실액을 보상받을 수 있다는 생각에 사고를 막으려는 노력을 게을리한다.

이 경우 비도덕적인 생각이지만 개인에게는 더 이익이 될 수 있기 때문이다. 또, 중고차를 파는 사람이 살 사람에게 자기 차의 결함을 감추려는 것도, 남의 아이를 돌보는 사람이 아이가 지나치게 TV를 봐도 내버려두는 것도, 시골마을 할아버지 할머니에게 만병통치약이라 속여 가짜 약을 파는 것도, 전국을 떠들썩하게 했던 중국산 꽃게에 납덩어리를 넣어 파는 것도 도덕적 해이의 예라고 할 수 있다. 의료보험

수가가 너무 낮기 때문에 과잉진료를 받으려는 환자의 행위, 자살할 의도를 갖고 생명보험에 가입하는 보험가입자의 행위, 병원 수입을 위해 과잉진료를 하는 의사의 행위 역시 정보의 비대칭성을 이용한 '잿밥'이나 '팥죽'에만 관심을 두는 도덕적 해이의 예다.

공공성을 그르친다면 사회의 제재를 받아야 할까? Yes

시장경제에서 생산자나 소비자가 각각의 효용극대화와 이윤극대화를 좇아 물질적 인센티브를 극대화할 수 있는 쪽으로 행동을 결정하는 것은 당연하다. 그러나 시장의 주고받기가 효율적 자원배분을 그르치게 하거나 공익에 위반하거나 공공성을 그르치는 경우라면 당연히 사회의 제재를 받아야 한다.

그 대표적인 경우가 앞에서 살펴본 예들과 함께 증시의 내부자 거래를 들 수 있다. 공개되지 않은 정보를 이용하여 주식을 거래하고 부당이득을 얻는 사례는 어느 나라에서나 엄격한 규제대상이다. 관련회사 임직원이든 증권회사 거래소 관계자든, 해당회사나 증권업무에 관련 있는 금융인이든 공무원이든, 심지어는 취재언론인이든 공개되지 않은 정보를 이용하는 모든 주식거래가 불법이 되는 것은 당연하다. 내부자 거래금지의 연장선에서 보면 고위공직자나 정치인들의 주식투자에도 기준선이 필요하다. 미국에서는 고위공직자가 되면 공직에 있는 기간에는 모든 주식거래는 동결되며, 그 결과는 해마다 공개하도록 되어 있다.

　우리나라의 경제위기에는 넓은 의미의 도덕적 해이라 할 수 있는 현상이 경제시스템 곳곳에서 동시다발적으로 나타났다. 정부의 지급보증과 공적자금에 대한 남용, 각종 세금의 신설과 채권발행 만능주의, 대형 정부사업의 부실과 낭비, 연금기금의 투자 실패와 대규모 적자 등이 우리나라 경제시스템에 구조화한 도덕적 해이의 단면들이다.

좀더 구체적인 예로, IMF 직후 제일은행에 대해 정부는 공적자금 8조7,000억원을 투입했는데, 제일은행은 이 돈을 가지고 직원들에 대한 명예퇴직금으로 최대 30개월치를 지급하여 '살아남은 자의 축제'라는 비판을 받았다. '한보사태' 역시 5조원에 달하는 부실대출, 1조5,000억원의 비자금 조성으로 국민들의 억장을 무너뜨렸다. 외국은행의 경우 기업에 대출해줄 때, 자기자본 대 차입자본의 비가 1 대 2를 넘지 않는 것을 기본으로 한다. 그런데 우리나라 은행은 자기자본의 스무 배에 달하는 돈을 한보에 대출해주었다. 이외에도 각종 종금사사건, 부실파이낸스사건, 금융기관 고급 간부들이 고객 돈을 횡령한 경우까지 도덕적 해이는 극에 달한다.

도덕적 해이의 부작용은 사회의 비효율성을 극대화한다　도덕적 해이는 사회의 비효율로 직결된다는 데 커다란 문제가 있다. 병원의 의료행위를 보면, 중증환자를 수술하지 않고 진통제만을 주사하는 의료진의 책임회피로 수술시기를 놓친 환자가 얼마 후 사망하는 일이 종종 있다. 또, 의료행위에 관한 정보가 없는 환자를 상대로 과잉진료하여 치료비를 비싸게 받으려는 행위, 그리고 약간의 부상으로 고급진료를 받으려는 보험가입자의 행위 등은 결국 사회적 자원낭비와 비효율을 가져온다.

그러므로 사회적 자원낭비와 비효율을 방지하고, 사회의 건강과 발전을 위해서는 사회의 투명성 확보가 필수다. 염불을 외는 사람은 염불 자체에 최선을 다하고, 잿밥에 관심을 가지지 않도록 해야 한다. 본업에 최선을 다하는 사람에게는 충분한 인센티브가 주어지고, 본업을 이용하여 이권을 챙기려는 사람은 지위고하를 불문하고 문책하는 것이 제도화돼야 한다. 분명한 경쟁과 책임논리는 시장경제를 더욱 튼튼히 한다. 실적이나 기여도에 따른 공정한 보상과 과오나 실책에 상응하는 책임부과는 자원배분을 극대화하고, 더욱 효율적인 시장기구를 만들어줄 것이다.

선무당이 사람잡는다

▶불완전한 지식과 정보

내가 사는 사회는 과연 정상적인가. NO! 오늘날 우리가 살고 있는 사회는 수요와 공급의 합의점에서 가격이 형성되는 시장경제 사회이다. 곧, 생산자는 이윤극대화를 위해 남보다 싸게 더 잘 만들 수 있는 상품을 골라 최선을 다해 생산하고, 소비자는 주어진 가격과 개인의 소득범위 내에서 필요한 상품을 골라 만족을 극대화하는 등 자원이 효율적으로 배분되는 사회이다.

그러나 우리가 살고 있는 사회가 과연 순리대로만 돌아가는 것일까? 그렇지는 않다. 독과점, 공공재, 외부경제, 외부불경제, 도덕적 해이 등과 같이 시장이 불완전하여 자원이 효율적으로 배분되지 않는 경우가 생기기 마련이다. 그러므로 정부는 이를 극복하기 위해 시장을 규제하기 시작한다. 정부가 규제를 실시할 때는 독과점 등의 폐해를 막고 시장을 좀더 활성화하려는 데 목적이 있다. 그러나 모든 일이 원하는 대로 이루어지지만은 않듯 정부의 정책이 원래의 좋은 뜻과는 다르게 어긋나는 경우도 발생한다.

불완전한 '지식'과 '정보'로 인한 정부의 실패

우리 속담에 '선무당이 사람 잡는다'는 말이 있다. 이는 미숙한 사람이 잘하는 체하다가 일을 그르쳐 놓는다는 뜻이다. 실제 경제생활에서는 이와 같은 일이 비일비재하게 일어난다. 특히 자본주의 초기단계에서 정부는 경제주체 중 가장 많은 정보를 가지고 국민경제에 대한 조정자 구실을 충실히 수행해왔다. 그렇지만 오늘날은 자본주의가 고도로 발달하고 사회가 복잡다양화하여 개인이나 기업보다 정부에서 더 제한된 정보를 가지고 있는 경우가 많다. 정부에서 업무를 수행하는 사람들도 법이나 제도의 테두리 안에서 일을 비효율적으로 처리하기가 일쑤다. 형편이 이러다보니 일을 도와주는 것이 아니라 오히려 그르치게 되는 경우가 다반사다. 경제학에서는 이러한 경우 불완전한 지식과 정보로 인한 정부의 실패가 발생했다고 한다.

정부의 국민경제에 대한 개입은 국민경제를 활성화하기 위한 전제하에서 가능하다. 어차피 시장이란 대단히 복잡하고 여러 이해관계가 서로 얽혀 있으므로 어떤 한 개인이나 개별기업 차원에서 시장에 대해 정확하게 파악하기란 거의 불가능하다. 그러므로 상대적으로 정보나 지식을 많이 가지고 있는 정부가 국민경제에 개입하여 조정자 구실을 잘 수행함으로써 시장의 자원배분기능을 가장 이상적인 상태로 만들어놓는 것이다. 그 결과 소비자인 국민들은 큰 수혜를 입게 된다. 그렇지만 복잡다양화한 오늘날의 시장경제에서 정부는 더이상 국민경제에 대한 조정자 구실을 수행하지 못하는 단계에 이르렀다.

공적자금이 공짜자금으로 둔갑한다고?

불완전한 지식과 정보로 '선무당이 사람잡는' 경우에는 어떤 것들이 있을까? 먼저, 급변하는 고도의 지식정보화 사회에서 과거 공무원이 제공한 지식은 더이상 살아 있는 정보가 되지 못한다. 예를 들어 과거의 낡은 지식과 법령으로는 변화한 사회에서 민간분양의 아파트 가격을 규제한다는 것은 대단히 무리다. 오히려 국민경제에 대한 자원배분을 왜곡하거나 곤란하게 만들 수 있기 때문이다. IMF 경제위기도 정부의 금융흐름에 대한 불완전한 지식에서 생긴 실패의 예라 할 수 있다. 이전까지 신뢰의 대상이었던 정부가 일반 민간경제 주체인 개인이나 기업보다 더 부족한 정보나 불완전한 지식을 가지고 있으면서 국민경제에 개입하여 오히려 자원배분을 왜곡하거나 더 곤란하게 만드는 경우가 종종 있기 때문이다.

둘째, 잘못된 규제도 '선무당이 사람 잡는' 경우다. 정부의 지시에 의해 규제를 하거나 감시를 하는 기관들은 활동이 비경쟁적이기 때문에 비용을 절감하려는 노력을 게을리한다. 이는 공공목적을 상실하게 하며 결국 결과와 목표의 괴리를 가져온다. 예를 들어 시장실패에서 생긴 손해가 2억원인데 그 실패를 규제하고 막으려는 데 4억원이 든다면 어떠한가? 규제로 인한 손실이 이익을 훨씬 초과했으므로, 결국 빈대 잡으려다 초가삼간을 태워버리는 결과를 초래하는 것이다. 이럴 경우 오히려 그냥 내버려두는 편이 더 이익이다. 한때 정부가 대우그룹, 동아건설, 삼성자동차 등에 물 쓰듯 돈을 지원하여 6조8,000억원의 '공적자금'이 '공짜자금'이 될 처지에 놓인 사례를 봐서도 알 수 있다.

셋째, 정책이 국민의 이익이 아닌 정책자 자신을 위한 판단에서 이루어지는 경우도 있다. 주인을 위해 일해야 할 대리인들이 오히려 자신의 승진이나 소속부서의 이해관계에 따라 행동하는 경우다.

최근 들어서 각 금융기관에서 일어나고 있는 각종 사고를 통해 볼 수 있듯이 고객들의 비밀정보를 이용하거나, 또 고객들에게 어설프고 명확하지 않은 지식과 정보를 흘려 고객의 이익과는 무관한 자신의 이익을 쫓는 데 열을 올리는 일이 있다. 곧, 고객들에게 이로움을 주기 위해 대신 일을 봐준다는 명목으로 그 과정에서 개개인의 정보를 유출하여 고객의 원래 뜻과는 다르게 이용한다면 아무 의미가 없는 것이다.

넷째, 불공평한 정부의 규제다. 규제에 의한 권력의 재분배 과정에서는 부패가 개입할 가능성이 많다. 각종 제도는 경제적으로 진입장벽을 형성하여 경제지대를 발생시키기 때문에 제도를 둘러싼 로비활동이 일어난다. 누구든지 자신에게 이익이 되는 것을 좋아하기 때문에 로비를 잘한 쪽은 정부규제를 통해 오히려 혜택을 받을 것이고, 이는 혜택자와 비혜택자를 발생시켜 불공평을 초래한다. 누구에게나 똑같이 혜택을 주어야 하는 상황에서 떡 하나 줬다고 한 사람은 유리하게 해주고, 떡을 안 줬다고 해서 무시해버린다면 원성을 사게 됨은 물론, 정부에 대한 불신이 깊어질 것이다.

다섯째, 잠재적인 부수효과에 대한 고려 없이 규제를 시행하여 예상치 못한 부수효과를 일으키는 경우다. 예를 들어 지금은 완화되었지만 얼마 전까지 청소년들의 노래방 출입이 허용되지 않았다. 마땅한 청소년 놀이문화가 정착되지 않은 상황에서 노래방은 어른들의 눈에 개방이 되지 않은 공간이라는 이유로 출입이 금지되었다. 그러나 이것은 정부의 뜻대로 건전한 청소년 문화를 육성하는 데 도움을 주기보다 오히려 어른들의 눈이 미치지 않는 더 깊숙한 곳으로 청소년을 몰아넣는 상황을 초래했다.

작은 정부론

이상에서 본 바와 같이 정부가 국민경제에 개입한 까닭은 시장의 자동조절기구를 복구하여 국민경제를 활성화하기 위한 것이었는데, 오히려 '선무당이 사람잡는다'가 현실화한 경우가 많았다. 이를 해결하기 위해 다시 작은 정부론이 대두되기도 했다. 정부의 실패가 큰 국가에서는 정부의 규모나 기능을 가능한 줄이는 것이 효율적이다. 정부의 기능이 지나치게 줄어들 경우에는 또다시 사회불안정을 일으킬 수도 있으므로, 정부는 경제활동을 지나치게 간섭하지 않으면서 독과점이나 외부효과의 규제, 국방, 환경, 사회질서 유지 등 반드시 필요한 기능에 규제를 국한하는 것이 효율적일 것이다.

현대사회는 정부와 시장의 실패를 동시에 해결해야 하는 과제를 안고 있다. 곧, 정부는 시장이 활성화할 수 있도록 노력하는 한편, 환경과 보건, 산재예방, 공중의 안전과 공익에 관련된 사회적 규제같이 시장기능에 맡길 수 없는 부분에 대해서는 오히려 규제를 강화해야 할 것이다. 가능한 개방적이고 경쟁적인 여건을 강화하여 특정 이익집단에게 특혜가 돌아가지 않도록 노력하는 것이 필요하다. 경제를 운용하며 객관성이나 공정성을 띠는 규제를 확립하는 것 못지않게 이를 엄격히 집행하는 관료의 자세도 중요하다. '선무당'에서 벗어나려면 완전한 지식과 정보가 필수적이다. 이러한 이유 때문에 오늘날 대다수의 국가에서는 작고 효율적인 정부를 추구하고 있다.

행랑이 몸채 노릇한다

▶주인과 대리인의 문제

요즘 공무원들 적반하장이라고?　공무원의 복무지침 속에는 스스로를 '공복公僕', 곧 '국민의 하인'으로 생각하고 행동하라는 말이 있다. 과연 공무원이 국민을 옛날의 하인이 주인 대하듯이 하고 있는가? 국민을 주인처럼 떠받들기는커녕 오히려 국민 위에서 군림하고 있지는 않은지? 동사무소, 면사무소, 구청, 군청, 도청, 시청, 경찰서, 검찰청, 법원, 교육청, 중앙부서 등에 근무하는 공무원의 자세가 과연 하인이 주인 대하는 자세인가? 이 질문에 대해 얼마나 많은 사람이 동의하겠는가?

현대의 복지국가는 국민경제를 위한 조정자 구실을 하기 위해 큰 정부를 지향하고 있다. 그러다보니 정부가 국민경제에 개입하는 일이 더욱 많아졌다. 본래는 주인인 국민의 생활을 잘 보살펴주기 위해 심부름하는 구실을 좀더 많이 부여했을 따름인데, 그것을 기회로 국민을 불편하게 만들어 불편비용을 챙기고, 끝내 이권까지 개입하여 주인인 국민에게 엄청난 부담을 주고 있으니 말이나 될 법한 이야기인가. 그야말로 도둑이 오히려 매를 들고 있고, 잘못한 사람이 도리어 잘한 사람을 나무라고 있으니, 이를 두고 적반하장賊反荷杖이라고 하지 않는가.

주인 · 대리인principal-agent의 문제

우리 속담에 '행랑이 몸채 노릇 한다'는 말이 있다. 신분이 천한 아랫사람이 일에 간섭하고 주인 행세를 한다는 뜻이다. 옛날 전통식 한옥에서는 대문 양쪽이나 문간 옆에 딸린 작은 방을 행랑이라 했다. 행랑에서는 대부분 노비들이 거주했다. 노비들이나 거주하는 행랑이 큰집의 몸채 노릇을 한다는 말은 자신의 밑에 있는 사람이 지위가 높아져 행동이 좋지 않다는 뜻이다. 오늘날 경제상황에 비춰보면, 국민을 위해 봉사해야 할 공무원이 오히려 자신의 승진이나 소속부서의 이해관계에 따라 행동하는 경우를 말한다.

이는 정부실패의 한 요인으로서, 주인 · 대리인principal-agent의 문제라고 한다. 인구가 늘어나면서 국민 모두가 직접 나라 살림살이와 운영에 참여할 수 없어서 대리인으로 공무원을 선출해 일을 맡겼다. 직접 나라 일을 맡은 공무원은 국민에 비해 많은 정보를 갖게 되었다. 일반 국민보다 더 많은 정보를 갖게 된 공무원은 자신의 본 임무에 충

실하기보다는 각자 또는 자신이 포함된 집단의 이익을 챙기기에 바빠
졌다.

내 욕심만 채운다면 '고양이에게 생선가게를 맡긴 격'

이처럼
'행랑이 몸채 노릇' 하는 예로는 어떤 것들이 있을까? 첫째, 정부 서
비스가 독점적으로 공급되는 경우다. 정부기구를 국민에게 서비스하
는 기업이라 생각한다면 정부기구와 경쟁을 하는 다른 기업이 없는
셈이다. 서비스라는 상품을 국민에게 독점적으로 제공하기 때문에
여느 독점기업과 마찬가지의 행패를 부리게 되는 것이다.

흔히들 '딸의 굿에 가도 전대가 셋이다' 는 속담을 인용한다. 자기
딸을 위해 벌리는 굿판에 가서도 자기 주머니를 채운다는 말로서 아
무리 남을 위해 하는 일이라도 결국에는 자기욕심을 챙긴다는 뜻이
다. 정부기구라면 마땅히 자기주머니를 불리는 일보다는 국민에게 더
많은 서비스를 제공하는 데 중점을 두어야 한다. 그러나 국민을 위해
베풀어져야 할 서비스가 독점적이다 보니 각종 규제들을 까다롭게 하
여 국민에게 돌아가야 할 서비스를 줄이고 자신의 밥그릇을 챙기는
꼴이 되었다. 또한 경쟁자가 없기 때문에 서비스에 대한 공급 비용을
줄이려고 하지 않는다. 왜냐하면 아무리 많은 비용을 사용하고 또 낭
비하더라도 정부가 망하지 않는 이상 정부기구도 망하지 않기 때문이
다. 그냥 필요한 대로 정부에서 타 쓰면 그만이다.

둘째, 공급이 제한된 생산요소에 돌아가는 수익인 렌트 추구rentseeking를 들 수 있다. '제 논에 물대기'란 말처럼 공급이 제한된 물이라는 생산요소를 끌어들이면서 자신이 얻는 이익을 위해 행동을 한다는 뜻이다. 대도시의 대형 유흥업소들이 로비를 펼쳐 정부로 하여금 신규업소 설립을 금지하여 프리미엄을 붙게 하는 경우라든지, 택시업자들이 로비를 하여 증차를 막고 권리금을 높이는 경우가 있다. 이러한 점을 이용해 주인인 국민의 편의를 돌봐주고 도움이 되도록 해야 할 의무가 있는 공무원이 오히려 국민을 불편하게 하고, 그로 인해 이권을 챙기고 있으니 주인과 대리인이 뒤바뀐 것이다.

셋째, 정책이 국민의 이익이 아닌 정책자 자신의 이익을 위한 판단에서 이루어지는 경우다. '몸채를 위해 일을 해야 할 행랑'들이 오히려 자신의 승진이나 소속부서의 이해관계에 따라 행동하는 경우다. 최근 들어서 각 금융기관에서 일어나고 있는 각종 사고에서 알 수 있듯이 고객의 비밀자료를 이용하거나, 또는 고객에게 명확하지 않은 지식과 정보를 흘려 고객의 이익과는 무관한 자신의 이익추구에 열을 올리는 현상이 발생하고 있다. 고객에게 이익은커녕 오히려 손해를 끼치면서 자신의 이익을 챙기기에만 혈안이 되어 있으니 '고양이에게 생선가게를 맡긴 격'인 셈이다.

비용을 극소화, 이익을 극대화

대통령을 비롯한 공직자는 국민이 심부름을 잘할 수 있도록 뽑은 심부름꾼이다. 공직자는 국민이라는 몸채를 대신한 행랑이다. 그러나 행랑이 자신의 처지를 알고 분수를 지켜야 하는데도 몸채에 대한 고려는 하지 않고 자신들 소수만의 이익 챙기기에 바쁘니, 이와 같은 행랑들이 많은 것은 서글픈 현실이 아닐 수 없다. 이른바 '주객전도主客顚倒'란 이런 경우를 두고 하는 말이다. 언젠가 청와대 청소부가 고위직을 사칭하여 4억원이라는 엄청난 돈을 챙긴 사실은 소가 들어도 웃을 일이다. 행랑이 자신이 맡은 일은 소홀히 하면서 이익 챙기기에 바쁘다면 온갖 비리와 부정부패가 만연하게 될 것이고, 결국 이 사회는 엄청난 혼란에 빠질 것이다.

몸채와 행랑의 문제는 경제의 효율적 운영에 핵심이 있다. 경제는 비용을 극소화하고 이익을 극대화하는 방향으로 운영되어야 한다. 나그네가 주인을 위해 일해준다는 명분으로 경제운영의 틈새를 이용해 이권을 챙기는 것은 철저하게 차단되어야 한다. 빈부격차의 조정, 독과점규제, 환경오염방지, 공공재의 공급 등의 정책에서는 작지만 강력한 정부의 역할수행이 필요하다. 그렇지만 효율성을 높이기 위해서는 민간주도의 경제운용이 필수적이다. 행랑은 자신의 위치를 철저하게 인식하고 분수를 지켜야 하며, 몸채 또한 자신의 위치에서 최선을 다할 때, 경제의 효율성을 극대화할 수 있다.

빈대 잡으려다
초가삼간 다 태운다

▶정부의 규제

지나친 집착은 큰 손해를 본다 | 우리 속담에 '빈대 잡으려다 초가삼간草家三間 다 태운다' 는 말이 있다. 이는 큰 손해를 볼 것을 생각하지 않고, 자기에게 마땅하지 않은 것을 없애기 위해 널리 생각하지 않고 한곳으로만 집착하여 일을 처리하다가 큰 손해를 입게 된다는 뜻이다.

빈대는 사람이나 짐승들의 피를 빨아먹고 사는 곤충이다. 이 하잘 것없는 빈대를 없애기 위하여 빈대가 있는 곳만 불을 붙이려고 하다가 잘못하여 자신의 삶의 터전인 집 전체를 몽땅 태워버리는 실수를 저지른다면 얼마나 어리석은 일이겠는가. 조상들의 이러한 예지에도 불구하고 오늘날의 실제생활 속에서도 빈대 잡으려다 자신의 삶의 터전인 초가삼간을 다 태우는 경우가 있으니 정말 안타깝다.

하나의 예로 중소기업의 규제를 들 수 있다. 중소기업을 하는 사람들은 정부의 규제가 여전하다고 말한다. 최근 3년 전만 해도 중소기업의 등록 규제가 7,246개나 되는 것으로 나타났다. 이들 규제가 워낙 까다롭고 복잡하기 때문에 규정대로 지켜 모두 처리하다가 보면 제품생산은 물론, 기업경영 자체가 어렵다는 게 중소기업자들의 공통된 목소리다. 중소기업은 필요한 산업이나 물자공급에 대한 민첩한 대응, 의사결정의 간소화, 시의적절성, 소자본경영 등이 중요하다. 이를 통해 기업의 제품개발 성공, 시장개척, 이윤극대화 등으로 이어질 수 있는데, 까다롭고 지나친 기업규제는 이들에 대한 장애요소가 될 수 있다.

경제개발 초기단계에서 국민경제에 대한 정부의 적절한 개입은 경제를 더욱 유리하게 이끌 수 있었다. 그러나 경제규모가 더욱 커지고 복잡·다양해짐에 따라 정부의 국민경제에 대한 간섭은 발전을 유도하기는커녕 경우에 따라서는 오히려 불편한 존재로 작용하게 되었다. 정확하지 못한 정보, 시대에 맞지 않는 지식 등에 의한 정부정책들은 사태를 오히려 악화시키는 경우도 있기 때문이다. 효율성의 극대화가 가장 존중되는 21세기의 지구촌 경제에서 적절한 규제야 당연히 있어야겠지만, 그 정도를 넘는 지나친 규제는 '빈대 잡으려다 초가삼간 다 태워버리는' 불행을 초래할 수도 있으므로 주의할 필요가 있다.

숲의 경제

재산을 잘 운영하면 빈천에 대한 근심이 없다 ▸**재정** 구멍 봐가며 쐐기 깎는다 ▸**조세** 밑 빠진 독에 물 붓기 ▸**공적자금** 쌀독에서 인심난다 ▸**사회보장** 돌고 도는 게 돈이다 ▸**화폐의 기능** 돈이 돈을 번다 ▸**자본** 돈만 있으면 귀신도 부릴 수 있다 ▸**황금만능주의** 흉년의 떡도 많이 나면 싸다 ▸**인플레이션** 이마에 땀을 내고 먹어라 ▸**실업** 신용이 자본이다 ▸**신뢰성** 한 우물을 파라 ▸**전문화** 아는 것이 힘이다 ▸**지식자본** 석 새 베에 열 새 바느질 ▸**기술진보** 돈 물려줄 생각 말고 자식에게 글 가르쳐라 ▸**인적자본투자**

01 국가의 경제

재산을 잘 운영하면 빈천에 대한 근심이 없다

▶재정

재정의 의미

　　IMF 경제위기는 국민 모두에게 경제에 대한 관심을 불러일으켰다. 국가경제가 어려워지면서 생활에 부정적인 영향을 미쳤기 때문이다. 많은 사람이 소득이 줄거나 일자리를 잃었고, 그로 인해 이혼하거나 가정이 파탄나기도 했으며, 부도난 기업도 많았다.

　우리 속담에 '재산을 잘 운영하면 빈천에 대한 걱정이 없다'는 말이 있다. 여기서 재산이란 간단히 말해 가정에서는 임금, 기업에서는 이윤, 정부에서는 세금으로 생각할 수 있다.

　한 가정에서 남편이 벌어오는 돈을 아내가 효율적으로 소비, 저축, 투자를 하면 그 가정은 가난에 대해 별걱정 없이 잘살게 되지만, 아내가 가계를 잘못 운영하면 먹고살기가 힘들어진다. 국민에게 거둔 세금으로 국가재정을 잘 운영하면 국민은 먹고사는 걱정 없이 잘살 수 있다. 재정이란 정부의 수입인 세입과 지출인 세출에 관련된 모든 경제활동으로서 나라의 살림살이다. 정부는 해마다 국민에게 거둔 세금으로 재원을 마련하여 치안, 국방, 외교, 교육, 보건 등의 공공서비스를 국민에게 제공하며, 교통, 통신, 상하수도 등의 각종 공공사업을 벌인다. 또한 정부는 완전고용, 물가안정, 경제성장, 국제수지균형 등을 이루기 위해 노력하는데, 이들 지표를 직접적으로 조절할 수 없기 때문에 이것에 영향을 미치는 중간목표를 여러가지 설정하여, 이를 통해 의도하는 수준의 지표를 달성하려 한다.

위 속담에서 '재산을 잘 운영하면'이란 말을 정부에 적용하면 나라의 살림살이를 올바르게 운영하여, 곧 세출과 세입을 같게 하여 균형재정을 이룬다는 말이다. 결산결과 세출이 더 크면 적자재정이라 하고, 세입이 더 크면 흑자재정이라 한다. 적자재정이 되면 정부는 부족한 돈을 한국은행이나 시중은행 또는 외국은행에서 빌려와 적자를 메우곤 한다. 한국은행이 정부에 돈을 빌려준다는 것은 결국 한국은행이 화폐를 더 발행한다는 얘기다.

정부가 한국은행에서 돈을 빌리면 결국 정부를 통해 시중에 풀려나가는 돈이 많아져, 화폐가치가 떨어지고 물가가 올라가는 인플레이션이 일어나게 된다. 또 적자를 메우려고 외국에서 돈을 빌려오면 외채가 늘어나므로 원금과 이자부담 때문에 나라살림이 어려워진다.

우리나라 재정의 실태 | 재정경제부가 2004년 4월에 발표한 〈국

가채무현황〉에 따르면 국제통화기금IMF 기준으로 산출한 한국의 국가채무는 2003년 말 1백65조7천억원으로 1년 전 1백33조6천억원에 비해 사상 최대폭인 24%로 32조1천억원이 증가했다. 국민 1인당 나라빚은 3백45만7천원으로 2003년도 2백80만4천원에 비해 23.3% 증가했다. 국내총생산GDP에서 국가부채가 차지하는 비중도 2002년 말 19.5%에서 2003년 말에는 23.0%로 3.5%포인트 높아졌다. 국가채무 가운데 중앙정부채무는 1백58조8천억원으로 2003년도 말 1백26조6천억원에 비해 32조2천억원 더 늘어났다. 중앙정부 빚이 이처럼 급증하게 된 가장 큰 원인은 공적자금 손실분을 대거 국채로 전환했기 때문이다. 또 지나친 환율하락을 막기 위해 정부가 투입한 '시장개입 자금'도 국가부채를 크게 늘린 것으로 나타났다. 정부는 외국환평형기금채권 발행 등을 통해 마련한 12조8천억원의 돈을 2003년 한 해 동안 국내 외환시장에서 달러화를 사들이는 데 쏟아부었다(한국경제신문, 2004. 4. 24). 이는 정부가 재정을 잘 운영하지 못해 국민에게 부담을 전가시킨 경우라고 할 수 있다.

얼마가 아니라 어떻게 관리하느냐가 더 중요하다

'재산을 잘 운영하면 빈천에 대한 근심이 없다'는 조상의 예지는 오늘날에도 교훈이 된다. 재산을 얼마나 가지고 있느냐보다는 어떻게 관리하느냐가 더 중요한 문제다. 아무리 많이 가지고 있어도 허술하게 관리하면 손가락 사이로 모래 빠져나가듯이 없어져버릴 것이고, 적게 가지고 있다 하더라도 잘 꾸려나간다면 별걱정 없이 살아갈 수 있다. 어려운 경제현실에서 정부는 무조건 국민에게 세금을 많이 거둬서 예산을 늘리려고만 할 것이 아니라, 짜임새 있는 재정운영으로 모든 국민이 빈천에 대한 근심 없이 살아갈 수 있도록 해야 한다.

구멍 봐가며 쐐기 깎는다

▶조세

구멍에 알맞게 쐐기를 깎아야……

우리 속담에 '구멍 봐가며 쐐기 깎는다' 는 말이 있다. 쐐기란 각도가 작고 단면이 'V' 자가 되게 나무나 쇠붙이를 깎아 만든 물건이다. 쐐기는 집을 짓거나 각종 가구를 만들 때 물건 사이나 틈새에 바아 상자 등의 네 모퉁이를 요철형으로 만들어 끼워 맞춘 부분이 물러나지 못하게 할 때 사용한다. '쐐기를 박다' '쐐기를 치다' 란 말은 '쐐기를 두들겨 박아 넣다' 는 뜻으로, 여기에서 비롯된 말이다.

따라서 '구멍 봐가며 쐐기 깎는다' 는 속담에서 구멍은 작은데 쐐기가 크면 들어가지 못하고, 거꾸로 쐐기는 작은데 구멍이 너무 크면 구멍 속에 쑥 빠져버리므로, 어느쪽도 쐐기가 제구실을 하지 못하게 되어 쓸모가 없어진다. 그러므로 구멍의 크기에 꼭 맞게 쐐기를 깎아야 하고, 또 쐐기의 크기에 알맞게 구멍을 깎아야 한다. 쐐기의 크기와 구멍의 크기가 꼭 맞을 때 쐐기와 구멍 모두 본래의 기능을 다하는 것이다.

국민경제에서도 마찬가지다. 국가는 국민의 경제력에 알맞게 세금을 부과해야 한다. 조세란 국가 또는 공공단체가 일반경비를 지출할 목적으로 국민에게 강제적으로 징수하는 금전 또는 재화이다. 국가가 국민의 형편은 고려하지 않고 세금을 지나치게 거둬들이면 가정살림은 어려워지고, 기업은 붕괴되며 국가재정도 파탄에 이르게 된다.

직접세와 간접세

일반적으로 조세는 조세부담자가 누구냐에 따라 직접세와 간접세로 나뉜다. 직접세는 세금을 최종적으로 부담하는 담세자가 세금을 납부하는 납세의무자와 같은 경우를 말한다. 이것은 수입과 담세 능력에 따라 공평하게 과세할 수 있으며, 누진과세에 의한 소득재분배를 통해 빈부격차를 해소할 수 있다는 장점이 있다.

우리나라의 소득세율은 2003년도의 10%, 20%, 30%, 40%에서 2004년도엔 9%, 18%, 27%, 36%로 인하조정되었다가 2005년 1월부터는 8%에서 35%까지로 다시 인하조정되었다. 4단계 누진세율 구조는 그대로 유지하고 있기 때문에 소득이 많을수록 더 높은 세율을 적용하는 원칙은 그대로이다. 구체적인 적용금액과 세율을 살펴보면 1,000만원 이하 소득자는 세율이 8%이고, 1,000만원 초과 소득자는 세율이 17%, 4,000만원 초과 소득자는 세율이 26%이며, 8,000만원 초과 소득자는 세율이 35%이다.

직접세에는 국세와 지방세가 있다. 국세에는 소득세, 법인세, 상속세, 등록세, 자산재평가세, 부당이득세 등이 있고, 지방세에는 주민세, 취득세, 자동차세, 도시계획세, 공동시설세, 재산세, 농지세 등이 있다. 우리나라는 소득세를 징수할 때 종합과세법을 채택하고 있다. 그리고 이자소득, 배당소득, 부동산임대소득, 사업소득, 근로소득, 일시재산소득, 연금소득 등은 개인별로 종합하여 과세하고 있다. 다만 수년에 걸쳐 형성되는 퇴직소득 및 불로소득인 양도소득세에 내해시는 소득별로 과세하고 있다.

간접세는 납세의무자와 담세자가 다른 조세이다. 재화나 서비스를 생산, 구입 또는 사용할 때 생산자에게 부과되는 조세인데, 실제로는 생산자가 이를 생산비에 포함하여 그 부담을 최종구입자에게 전가한다.

저소득자에게는 소득분배의 악화를 가져온다고?

이러한 간접세는 세금을 부담한다는 의식이 비교적 미약하기 때문에 조세에 대한 저항이 약하고 납세하기 편리하며, 개인적인 간섭을 피할 수 있을 뿐만 아니라 국고수입을 조달하는 데도 유리하다는 장점을 지닌다. 그러나 소득의 많고 적음을 구분하지 않고 똑같은 비율의 세금을 부과하기 때문에 세부담의 공평성을 해칠 수 있어 조세구조가 역진적 한계를 지닌다.

역진逆進적인 조세란 누진적인 조세에 대한 상대개념으로서, 같은 물건을 고소득자와 저소득자가 동시에 소비하는 경우 거기에 포함되어 있는 세금이 고소득자보다는 저소득자에게 더 부담이 되는 결과를 초래하므로 소득분배의 악화를 가져올 수 있다. 부가가치세, 특별소비세, 주세, 전화세, 인지세, 증권거래세 등의 간접세가 여기에 속한다.

우리나라는 1977년부터 부가가치세Value Added Tax를 시행하고 있는데, 이는 사업자가 영업활동을 하는 과정에서 부가된 가치에 대해 지불하는 세금이다. 부가가치세는 물건을 구입하는 사람, 곧 소비자가 부담하는 세금이므로, 물건을 구입할 때 지불하는 물건값에는 이미 포함되어 있다. 따라서 사실상 소비자가 세금을 부담하는 것이며, 사업자는 소비자가 부담한 세금을 잠시 보관하였다가 국가에 내는 것에 지나지 않다.

예산규모와 조세부담률

예산규모와 조세부담률은 정부가 어떻게 재정을 운영할지 판단하는 데 가장 중요한 자료가 된다. 조세부담률은 국내총생산GDP 중에서 국세 및 지방세 총액이 차지하는 비율이다. 또 국민부담률은 조세 외에 준조세와 사회보장성 기여금을 합한 금액을 GDP로 나눈 비율을 말한다. 국세청에서 발표한 우리나라의 예산안을 보면 2000년도의 일반회계가 86조7,000억원이고 재특회계는 6조2,000억원으로 이 둘을 합한 총 재정규모는 92조9,000억원이었다. 2001년도에는 예산규모가 사상 최초로 100조원을 초과하여

101조원에 이르렀다. 이는 전년도 예산에 비해 9.0% 증가한 금액으로, 생산자물가 및 소비자물가가 2~3% 상승한 점을 감안하면 팽창 예산임을 알 수 있다. 또 예산규모가 GDP(국내총생산)에서 차지하는 비율을 나타내는 조세부담률은 2000년 19.6%, 2001년 19.7%, 2002년 19.8%, 2003년 20.5%, 2004년 19.7%이며, 2005년엔 19.7%로 전망된다. 정부가 2005년 거둬들일 국세수입전망액은 130조6132억원으로 2004년 122조1천억원보다 7%가 늘어난 수준이다. 국민의 경제사정은 전혀 나아지지 않았는데 조세부담은 자꾸 늘어나고 있다.

이와 같이 IMF 경제위기로 국민의 경제사정은 최악인데 조세부담은 더욱 늘어나고 있으니, 어차피 국민이야 '울며 겨자 먹기'로 세금을 낼 수밖에 없지만 '구멍 봐가며 쐐기를 깎는' 예지가 어느때보다 절실히 요구된다. 더욱이 엄청나게 쏟아부은 공적자금 또한 결국에는 국민의 부담으로 돌아오므로 '호랑이보다 더 무서운 세금'이라는 말을 실감하게 된다.

쐐기는 구멍을 뵈기며 깎아야 한다. 재정권을 가지고 있는 국가나 지방자치단체는 국민이 안정적으로 생활할 때 그들의 존재 의미가 있다. 따라서 국민의 경제사정을 고려해 세금을 거둬야지 지나칠 경우, 국민은 국가의 경제활동에 대해 의욕을 잃고 비협조적으로 행동하거나 '될 대로 되라' 식으로 생활할 테고, 이로 인해 국가나 지방자치단체는 더 이상 제기능을 수행할 수 없게 된다. '마른 수건도 다시 짜듯이' 경제 사정이 어려울 때는 국가가 솔선하여 나라 살림을 알뜰하게 꾸려가고 국민들의 조세부담을 완화해주는 경제운영 기조가 필요하다.

밑 빠진 독에 물 붓기

아무리 노력해도 일한 보람이 없다?!

우리 속담에 '밑 빠진 독에 물 붓기' 라는 말이 있다. 이 속담은 아무리 노력해도 일의 보람이 나타나지 않는 것을 뜻한다. '밑 빠진 독에 물 붓기' 식의 경제운용에는 어떤 것들이 있을까? 정부의 공적자금 사용을 예로 들 수 있다. 책임 있는 자리에 있는 사람들이 충분한 계산이나 합리성에 입각하여 지출해야 할 정부의 예산을 큰 효과도 없는 곳에 집중적으로 지원했다고 많은 사람들이 지적한다. 그들은 어렵게 마련한 공적자금을 경제원리에 충분히 부합하도록 사용하지 않은 것에 대해 '밑 빠진 독에 물 붓기' 라는 속담을 자주 인용한다.

사실 공적자금이란 국민의 피와 같은 돈이다. 콩나물값을 아끼고 멸치값을 아껴서 낸 세금이 공적자금으로 충당되어 별효과도 없는 곳에 사용된다면 얼마나 억울하겠는가. 공적자금이 '밑 빠진 독에 물 붓기' 식으로 낭비된 사례를 보자.

국민의 피와 같은 돈 어떻게 쓰였나?

2004년 5월말까지 공적자금 운용현황을 살펴보면, 당시 지원된 공적자금은 164.5조원에 이른다. 또한 같은해 5월중에 91억원을 지원했다. 정부가 집중적으로 지원한 내용을 살펴보면, 저축은행 두 곳에 출연금 29억원, SK생명(소송관련 사후손실보전)에 대한 출연금 57억원, 신협에 대한 예금대지급 4억원 등이다. 2004년 5월말까지 회수한 금액은 66.5조원이다(04. 1~5월중 3.6조원). 2004년 5월 한달 동안 970억원을 회수했다. 당시에 회수한 내역은 이렇다. 파산배당 519억원, 제일은행 인수자산 매각 180억원, 한국자산관리공사의 부실채권 회수 269억원 등이고, 2004년 5월말까지 회수율은 40.4%에 이른다(2004. 7. 공적자금관리위원회). 그런데 징부기 외환위기 이후 투입한 1백60조원의 공적자금 중에서 실질적으로 회수가 어려울 것으로 보고 있는 금액이 총 49조원에 이른다는 사실이다. 정부는 이중 14조4천억원(원금 13조원＋이자 1조4천억원)을 2003년 동안 국채로 전환, 국가부채에 포함시켰다(한국경제신문, 2004. 4. 24).

이와 같이 공적자금 회수율이 40.4%에 지나지 않고, 회수불가능한 금액으로 간주되는 금액이 49조원에 이른다는 것은 심각한 문제다. 공적자금이란 정부의 돈이다. 공적자금이 투입된다는 것은 곧 정부의 돈이 들어간다는 말이며, 이 자금은 금융구조조정을 위해 조성된다. 금융구조조정이란 기업부도 등으로 회수불가능한 부실채권을 많이 갖고 있는 은행의 부실채권을 싼값에 사주고, 또 정부가 은행에 출자해 자본금을 늘려줌으로써 건실한 은행으로 새롭게 탄생할 수 있도록 도와주는 것이다.

그러나 이 돈은 정부예산에서 직접 지원하는 것이 아니라 정부산하 무자본특수법인인 자산관리공사와 예금보험공사가 자금을 조성하고 필요한 지원을 조치하도록 제도화한 것이다. 공적자금을 투입하는 방법에는 세 가지가 있다. 자산관리공사가 부실채권을 매입하는 방법, 정부가 직접 증자해 지원하는 방법, 예금보험공사를 통해 예금을 대신 지급해주는 예금대지급 등이다. 이러한 공적자금의 조성은 대부분 채권 형태로 조달된다.

따라서 공적자금을 남발하면 국가재정의 악화를 초래하게 되며, 재정적자는 곧바로 국민의 세금으로 이어진다. 세금은 지금의 세대가 부담하지 않으면 다음 세대가 부담해야 한다. 만일 공적자금을 투입한 효과가 제대로 나타나지 않으면 추가로 공적자금을 쏟아부어야 하므로 국민부담은 더 커지게 된다.

시장원리에 따라 운용하는 게 바람직하다

공적자금에 대한 시비가 끊이지 않는 것은 정부가 합리적이고 치밀한 계산 없이 '밑 빠진 독에 물 붓기' 식으로 돈을 쏟아부었기 때문이다. 공적자금은 공공기준과 시장원리에 따라 운용하는 것이 바람직하다. 공적자금을 알맞은 때 투입하여 엄정하게 집행, 관리하는 것이 무엇보다 중요하다. 집행과 관리가 불투명하고 무책임할 경우 공적자금 수혜자들도 국민의 귀중한 세금을 공돈처럼 낭비해, 부실문제를 해결하지 못하고도 자구책은커녕 도덕적 책임감조차 못 느끼게 된다.

부실의 책임이 있는 기업주와 금융기관에 대해서는 재산을 철저히 환수하는 한편 보유중인 금융기관 지분매각을 최대한 앞당겨 이미 투입된 공적자금을 한푼이라도 더 빨리 회수해야 한다. 공적자금은 공공성, 투명성, 책임성, 시장성의 기본원칙 아래서 효율적으로 사용될 때 시비가 수그러들 것이다.

쌀독에서 인심난다

내가 넉넉해야 남을 도울 수 있다

'쌀독에서 인심난다' 는 속담이 있다. 제살림이 넉넉해야 남을 도울 수 있으며, 쌀독이나 광이 텅 비면 인심이 흉흉해지고 국민의 생활이 어려워진다는 것을 뜻한다.

근대사회 이전에는 개인이 생활하면서 어려움을 겪게 되면 가족이나 이웃의 상호부조로 문제를 해결했다. 그러나 자본주의사회에 들어와 빈부격차, 대량실업, 산업재해사고 등 자본주의사회에 내재하는 모순이 터져나오면서 국민이 기본적인 생활을 영위할 수 있도록 국가가 책임지고 보장해주어야 한다는 사회적 요구가 높아졌다. 그리하여 국가에 의한 생활보장제도로서 사회보장이 성립되었다.

사회보장이란 국민이 빈곤이나 빈곤의 원인인 실업, 질병, 재해, 노쇠, 사망 등을 겪을 때, 인간다운 생활을 할 수 있도록 국가가 책임지고 구제해주는 것이다. 사회보장은 국가의 빈민구제제도라 할 수 있는 공적부조로, 국민의 최저생활을 보호하고, 빈곤에 이를 수 있는 생활상의 사고에 미리 대비하는 사회보험에서 시작되었다.

'공적부조'는 대상자 확인절차가 필수다

공적부조는 소득이 일정한 수준에 미치지 못하는 사람을 대상으로 그들의 부족분을 정부가 보조하여 최저생활을 할 수 있도록 보장해주는 제도이다. 이 제도는 세금을 재원으로 하기 때문에 소득재분배 효과가 있다. 이 제도를 시행하기 위해서는 어느정도를 최저 생활수준으로 정할 것인지, 대상자의 소득이 얼마나 부족한지 정확히 조사해야 한다. 이처럼 공적부조에서는 대상자를 확인하는 절차가 반드시 필요한데, 이점에서 사회보험과 다르다.

우리나라의 공적부조는 생활보호법과 시행령을 근거로 실시되어왔다. 그런데 이 법은 1999년에 국민기초생활 보장법이 제정됨에 따라 흡수되었다. 우리나라의 공적부조는 현금 지원, 사회적 지원, 노동시장 복귀 등 세 가지 형태로 존재한다. 정부는 근로능력에 따라 그 대상을 거택보호자와 자활보호자로 나누고, 근로능력이 있는 자활보호대상자에게는 현금을 지원하지 않고 교육비, 의료비 등을 지원한다.

외국의 공적부조를 보면 미국은 아동부양부조, 무료식품권 지급, 의료보호 등을 보조하며, 일본은 생계비, 교육비, 주택비를 보조한다.

유럽국가들도 생계보호, 의료보호, 출산급여, 주택급여, 경로급여 등을 지급하는 경우가 많다.

세계 최초 사회보험은 오스트리아의 강제노령보험이라고?

사회보험은 공적부조와 함께 사회보장에서 중요한 부분을 차지한다. 사회보험은 사회구성원이 노쇠, 질병, 실업, 퇴직, 사망, 재해 등에 처해졌을 때, 보험급여를 지급해 구제하는 제도이다. 사회보험은 생명보험이나 화재보험 등의 사적보험과는 달리 일정한 요건을 갖춘 대상에게 보험가입을 의무화하고, 보험급여가 법으로 정해져 있으며, 보통 정부가 보험사업을 한다.

사회보험의 재원도 사적보험의 경우와 달리 정부, 피보험자인 노동자 또는 국민, 사용자가 각각 부담하여 마련한다. 세계 최초의 사회보험은 1854년 오스트리아에서 실시된 강제노령보험이다. 사회보장 선진국들은 대부분 노쇠, 질병, 산업재해 등 사회적 위험을 사회보험 방식으로 보장하고 있다. 우리나라에서는 산재보험, 의료보험, 고용보험, 국민연금 등이 이에 속한다.

'쌀독과 광에서 인심이 나려면' '쌀독' 과 '광' 이 풍요로워야 한다. '쌀독' 과 '광' 이 어느정도 채워져 있느냐는 정부의 재정에서 사회보장비가 얼마나 책정되었느냐로 판단한다. 사회보장비의 비율이 어느 정도냐에 따라 사회보장에 대한 각 나라의 관심과 사회보장 정도를 가늠할 수 있다.

우리나라 쌀독과 광의 사정은 어떠할까? 우리나라의 사회보장
은 선진국과 비교할 때 아직 기대에 미치지 못하며, 후진국 수준에
머물러 있는 실정이다. 외형적으로는 사회보장의 틀을 어느정도 갖
췄다고 하지만, 우리나라의 사회보장 예산은 2003년 재정경제부 발
표에 따르면 1999년 7.3%, 2000년 9.1%, 2001년 10.8%, 2002년
9.7%, 2003년 10.1%로서 OECD 회원국 가운데서도 최하위권에 속
한다. OECD 회원국 가운데 사회보장에 가장 많이 투자하는 나라는
사회보장 재정비율이 52.33%인 룩셈부르크이며, 다음이 스웨덴으
로 51.07%, 독일 45.3%, 프랑스 45%, 일본 36.80%, 미국 28.8%
등이다.

  결국 우리나라는 '쌀독' 과 '광' 이 풍요롭지 못하기 때문에, 인심을
낼 수 있는 사회보장비 또한 적을 수밖에 없다. 사회보장제도를 공고
히 하기 위해서는 이를 위한 재정투자가 필요하며, '쌀독' 과 '광' 을
지속적으로 풍요롭게 하기 위해 정부와 국민이 적극적으로 노력해야
한다.

02 화폐의 경제

돌고 도는 게 돈이다

편리성을 추구하는 인간들의 보물 1호! | 많은 사람들이 돈을 벌기 위해 아침부터 저녁까지 정신없이 뛰어다닌다. 무엇을 하든지 돈이 필요하기 때문이다. 돈을 많이 갖고 싶은 욕심에 부정한 방법으로 돈을 벌려고 하다가 감옥에 갇히는 사람도 있고, 돈 때문에 친구를 배반하거나 형제간의 우애를 깨뜨리는 사람도 있다. 그렇다면 돈, 곧 화폐는 우리 생활에서 어떤 기능을 할까?

우리나라에는 '돌고 도는 게 돈이다'라는 말이 있고, 중국과 일본에도 '돈은 날개가 없어도 날고, 발이 없어도 달린다'는 말이 있다. 이것은 모두 돈이 멈춰 있지 않고 떠돌아다닌다는 뜻인데, 교환경제에서 화폐의 중요성을 짐작하게 해주는 말이다. '돈'이라는 단어는 많은 사람의 손을 거쳐 돌고 돈다는 데서 유래했으며, 그래서 '돌고

도는 게 돈이다'라는 속담도 생긴 것이다. 편리성을 추구하는 인간들에게 '돈은 돌고 돌면서' 다음과 같은 기능을 한다.

돈의 기능

첫째, 가치척도measure of value 기능을 한다. 돈이 돌고 도는 데는 '화폐단위'로서의 구실이 가장 중요하다. 길이단위로 길이를 잴 수 있듯이, 돈은 화폐단위로 경제재의 여러 단위를 측정할 수 있다. 화폐경제에서 화폐단위로 여러 재화의 시장가격을 비교하면 재화의 상대적 교환가치를 쉽게 결정할 수 있다.

우리는 물건을 사고 팔면서 반드시 그에 상응하는 돈을 지불한다. 어떤 한 재화를 다른 재화와 교환하려면 그 두 재화가 등가관계에 있어야 한다. 이때 등가관계를 추상적으로 표시해주는 것이 바로 화폐다. 곧 화폐는 가치척도수단인 가격을 통해 그 물건의 가치가 어느정도인지 알 수 있게 하는 계산단위로서의 구실을 한다.

예를 들어 500원짜리 과자와 1,000원짜리 과자가 있을 때, 우리는 1,000원짜리 과자가 500원짜리 과자에 비해 더욱 가치 있는 것이라고 생각하는데, 그것은 가치척도 기능에서 기인한다.

둘째, 교환매개체medium of exchange 기능을 한다. 내가 펜을 사는 데 지불한 1,000원을 문구점 주인은 시장에 가서 콩나물 사는 데 쓰고, 콩나물가게 주인은 사과를 사는 데 쓰고, 과일가게 주인은 빵을 사는 데 쓴다. 이런 식으로 돈은 계속해서 필요한 물건을 사는 데 쓰이고, 여러 사람의 손을 거치면서 돌고 돈다.

옛날에는 물건과 물건을 주고받았다

오늘날과 같은 화폐가 처음부터 사용된 것은 아니다. 고대문명의 발상지인 이집트 유적 속의 부적이나 벽화를 보면 당시에는 화폐와 물건을 교환하는 것이 아니라 물건과 물건을 교환하는 물물교환 방식으로 살아갔다는 것을 알 수 있다. 그러나 이러한 물물교환은 불편한 점이 많다. 물물교환을 하기 위해서는 우선 거래할 상대방을 만나야 하는데 마땅한 사람을 만나기가 힘들고, 설사 만난다 할지라도 적절한 교환비율을 결성하기 위해 수차례 협상해야 한다. 교환비율은 물물교환을 할 때 하나의 상품이 다른 상품 몇개의 가치와 맞먹는지를 뜻한다.

이러한 불편을 해소하기 위해 고안한 것이 바로 화폐다. 화폐경제에서는 상품이 화폐와 교환된다. 사람들은 재화를 팔거나 서비스를 제공해주는 대가로 화폐를 받고 다시 이 화폐를 사용해 다른 재화와 서비스를 구입한다. 재화와 서비스를 직접 맞바꾸는 것보다 훨씬 편리하게 사용할 수 있는 것이 바로 화폐다.

인간생활에서 어떤 물건이 화폐로 기능하기 위해서는 모든 사람들이 그것을 받아들여야 한다. 화폐의 필요성을 인식하게 된 사람들은 처음에는 금, 은, 동을 화폐로 사용했다. 그러나 이런 귀금속은 매우 무겁고 수송하기 불편했다. 이러한 불편을 없애기 위해서 만든 것이 지폐다. 지폐는 도난당할 위험이 크고 운송하는 데 어려움이 있다. 이 단점을 해결한 것이 수표다. 그러나 수표 역시 다른 지방에서 발행한 것일 경우 확인하는 데 시간이 걸리고 발행할 때 비용이 든다는 단점이 있다. 이를 해결하기 위해 고안한 것이 바로 전자화폐다. 오늘날 우리가 일상생활에서 자주 사용하는 각종 카드들이 그것이다. 우리가 동전, 지폐, 수표, 전자화폐 등을 사용하여 필요한 재화와 서비스를 얻을 수 있는 이유는 바로 화폐가 교환매개체 기능을 갖고 있기 때문이다. 교환매개체는 교환이 이루어지는 대상이기는 하지만 그 자체가 목적은 아니다. 그것을 받은 사람이 소비하거나 생산에 투입하는 것이 아니라 장기간 혹은 단기간 후에 무엇인가 다른 것과 다시 교환되는 대상물이다.

셋째, 가치저장storage of value 기능을 한다. 수입과 지출의 시간이 일치하지 않을 때 가치를 저장해두는 이유는 교환매개체로 쉽고 빠르게 전환될 수 있기 때문이다. 화폐는 일정한 기간 내에 어떤 자산의 가치를 손상하지 않고 그 자산을 화폐의 형태로 전환할 수 있는 능력인 유동성liquidity 기능을 가지고 있다. 화폐는 유동성이 100%지만, 부동산은 유동성이 매우 약하다. 단기간 내에 부동산을 현금화하려면 손해를 보더라도 감수해야 한다. 그래서 돈이 급한 사람은 손해를 보면서도 부동산을 파는 것이다. 그런데 화폐는 그 자체가 100%의 유동성을 가지고 있다. 따라서 화폐는 유동성의 측면에서 돈이란 돌고 돈다는 말을 입증해준다.

넷째, 지불수단means of payment 기능을 한다. 돈은 '천하의 떠돌이'라고 표현할 수 있다. 문자 그대로 돈은 일단 유통되기 시작하면 세상 곳곳을 끝없이 떠돌아다닌다.

예를 들어 어느 기업이 돈을 가지고 있다고 하자. 이 기업은 생산활동을 위해 원자재를 구입하거나 종업원을 고용하고, 그 대금 또는 임금으로 돈을 지불한다. 그렇게 지불된 대금은 다른 기업의 수입이 되고, 임금은 개인 소득이 된다. 그리고 개인은 소득의 대부분을 생활비로 소비한다. 또한 개인이 소매업자에게 상품을 사는 경우에 소매업자에게 들어간 돈의 일부는 상품구입비로 도매업자에게 넘어가고, 이것이 다시 생산자의 손에 들어간다.

그런데 이처럼 돈이 유통되는 과정에서 중요한 구실을 하고 있는 것이 은행이다. 은행은 자금을 중개하는 구실을 하고 있다. 개인이나 기업이 은행에 예금한 돈은 돈이 필요한 기업이나 개인에게 대출된다. 이러한 과정이 반복되면서 세상의 돈은 돌고 도는 것이다.

돈의 혁명은 전자화폐다

일상생활에서 우리는 여러가지 상품을 사고 판다. 상품을 사고 파는 과정에서 일반적인 지불수단으로 통용되는 것이 비로 화폐다. 만약 인간이 화폐라는 편리한 교환매개체를 창조해내지 못했더라면 지금까지도 우리는 물건과 물건을 맞바꾸는 물물교환 시대의 번거로움과 비효율성을 짊어지고 살아가고 있을 것이다. 화폐는 일상생활에서 여러가지 재화를 거래하고 채무를 청산하는 일반적인 지불수단이다. 우리는 물품구입비나 집세, 자동차 수리비 또는 월급과 같은 서비스의 대가를 지불하기 위해 화폐를 사용한다. 새로운 돈의 혁명이라고 불리는 전자화폐가 등장하여 지급결제수단으로 널리 활용되고 있다.

화폐란 이처럼 재화를 거래하는 과정에서 일반적인 지불수단 또는 교환매개체로 사용된다. 화폐가 지불수단, 혹은 교환매개체의 기능을 한다는 것은 짧은 시간 동안 가치가 저장된다는 것을 뜻한다. 곧, 판매시점과 그 화폐를 받아서 다시 구매에 이용할 때까지의 시간 동안에 가치저장이 이루어지는 것이다.

이러한 기능 가운데 가치척도기능과 교환매개체기능을 화폐의 본질적 기능이라 한다. 또 가치저장기능과 지불수단기능을 화폐의 파생적 기능이라 한다. 화폐가 이러한 제기능을 다할 때 경제는 더욱 원활하게 돌아가고 인류의 경제생활은 더욱 윤택해질 것이다.

돈이 돈을 번다

종자돈 seed-money

언젠가 모 방송사에서 제작한 〈줄리엣의 남자〉라는 드라마가 인기리에 방영되었다. 이 드라마에서 장기풍의 할아버지 장삼부와 서찬비의 할머니 백부자가 명동 사채업계의 대부로 나오는데, 이들은 돈이 급히 필요한 사람에게 고금리로 돈을 빌려주고 그 이자로 돈을 번다. 이런 사채업자들은 '돈이 돈을 번다'는 속담을 실제 경제생활에서 여실히 보여준다.

우리 속담에 '돈이 돈을 번다'는 말이 있다. 이 속담은 돈이 많아야 이익을 많이 남길 수 있다는 말이다. 이 경우 돈은, 돈으로 돈을 벌 수 있는 밑천인 종자돈seed-money으로서, 이자 또는 이익을 얻기 위해 쓰이는 자본이라는 말로 통용될 수 있다. 자본capital은 사업을 하기 위해 투자한 자금으로 영업의 기본이 된다. 일반적인 의미에서 자본은 인구, 숙련, 능력, 교육 등 비물질적 요소와 토지, 건물, 기계, 장비 등 물질적 요소를 포함한다. 기업과 개인이 보유하는 중간재, 완제품도 포괄적인 의미에서 자본에 속한다. 기업에서 자본은 기업활동을 통해 생산되지 않은 기업 순가치의 일부분을 의미한다.

우리는 자본주의사회에서 살고 있는데, 일반적으로 자본주의사회에서 개인은 자본을 사적으로 소유하며 일체의 소득은 개인에게 분배된다. 은행은 이런 소득, 곧 사적 자본을 저축으로 흡수하고 이 저축을 기업이나 증권 등에 투자해 경제가 원활히 돌아가도록 만든다. 개인의 소득이나 기업의 이윤을 벽장 속에 쌓아놓는 것이 아니라, 그것을 통해 한층 더 많은 이익을 얻기 위해 투자하는 것이다.

최근에는 돈 많은 사람들뿐만 아니라 주부와 샐러리맨 사이에서도 재테크 붐이 일고 있고, 신문과 잡지에도 재테크에 관한 기사가 자주 실리고 있다. 재테크 붐이 일어나게 된 이유는 첫째, 개인의 소득이 늘어나 여유 돈이 많아졌고, 둘째 주식이나 부동산 가격이 상승해 기업활동을 통한 이윤보다 재테크 수익이 많아졌기 때문이다.

우리나라의 경우 주식시장이 펀드 중심으로 이루어지는 외국과는 달리 개인 투자가들이 많다. 외국에서는 주로 투자전문기관이 일반인들에게서 돈을 모아 펀드를 형성한 후 주식에 투자하고 여기서 얻은 수익을 투자자에게 나누어주는 것인데, 우리나라는 펀드 형태보다는 개인이 주식을 사고 파는 형태로 이루어진다.

돈으로 돈을 버는 방법

우리나라의 주식시장은 대학생, 아줌마 부대, 농자금을 대출받아 돈을 벌려는 농부들, 샐러리맨들로 붐빈다. 이들은 모두 재테크를 통해 돈을 벌려는 사람들이다. IMF 경제위기 직후 예금금리가 25~30%에 이르자 많은 돈은 은행 등의 예금금융기관으로 몰렸다. 그러나 2003년에서 2004년, 2005년으로 접어들면서 금리가 3~4%로 하락하고 물가상승률 대비 실질금리가 마이너스 상태로 접어들자 돈을 벌기 위한 돈들은 다시 주식시장, 부동산시장 등으로 몰리기 시작했다. 또 달러화의 가치가 상승하자 달러를 구매하는 데 많은 돈이 몰리기 시작했다. 돈은 돈이 되는 곳이면 예금이든, 주식이든, 채권이든, 부동산이든, 달러 구매든, 또 국내든, 외국이든, 어떤 인종이든 가리지 않고 찾아다니고 기꺼이 그 목적을 달성하려고 한다.

'돈을 가지고 돈을 버는' 방법은 대단히 많다. 자본을 통해 투자함으로써 더 큰 이익을 얻을 수 있는 경우가 대표적이다. 농업사회에서는 토지가 주요한 자본이었고 그것은 인간이 생산한 것이 아니라 자연에서 주어지는 것이었다. 그러나 산업사회에서는 자본재를 생산해 축적해야만 한다. 자본재를 생산하고 축적하는 것은 화폐적 차원에서는 저축하고 투자하는 과정이다. 여기서 투자하기 전에 고려해야 할 점이 있다. 단순히 눈앞의 이익을 위해 투자해서는 안된다. 여러가지 조건과 앞으로의 상황, 또 이 투자가 장기적인 이익이 될 수 있는지를 꼼꼼하게 따져봐야 한다. 또 어느정도는 모험을 감행할 수 있는 두둑

한 배짱이 있어야 한다. 이런 세심함과 대담성을 가지고 자신이 현재 가지고 있는 자본을 적절한 곳에 적절한 방법으로 투자한다면 자본주의사회에서 경제적으로 성공한 삶을 살 수 있을 것이다.

그런데 돈을 버는 방법은 시간과 장소에 따라 약간씩 차이가 있다. 돈을 더욱 많이 벌려면 돈의 흐름을 파악해 수익성이 높은 곳에 투자해야 하고, 선진국의 투자기법을 잘 익혀두는 것도 중요하다.

돈만 있으면
귀신도 부릴 수 있다
▶황금만능주의

돈만 있으면 지옥문도 연다 많은 사람이 돈 때문에 울기도 하고, 웃기도 한다. 돈이 많으면 먹고 싶은 음식을 마음대로 먹을 수 있고, 입고 싶은 옷을 마음대로 입을 수 있으며, 그림 같은 멋진 집에서 살수도 있다. 그리고 돈이 있으면 죽어가는 목숨도 살릴 수 있다. 반면에 돈이 없으면 자신의 욕망을 충분히 채울 수 없음은 물론, 목숨을 잃기도 한다. 빅토르 위고의 소설 『레미제라블』의 주인공 장발장은 돈이 없어 빵을 한 조각 훔친 죄로 19년이라는 긴 세월 동안 감옥살이를 했다. 반면에 돈이 많은 사람들은 용서받을 수 없는 중죄를 지은 경우에도 쉽게 방면되는 것을 종종 볼 수 있다. 그래서 '무전유죄 유전무죄無錢有罪 有錢無罪'라는 말이 생긴 것이다.

우리 속담에 '돈만 있으면 귀신도 부릴 수 있다' '돈만 있으면 지옥

문도 연다'는 말이 있다. 이 속담은 돈이 많으면 무엇이든 할 수 있으며, 심지어는 사람의 능력이 미치지 못하는 일도 할 수 있다는 말이다. 이 속담들은 모두 돈의 위력이 얼마나 대단한지 나타내는데, 한마디로 황금만능주의 사상을 담고 있다.

황금만능주의의 구체적 사례   돈에 얽혀 황금만능주의에 젖어 있는 사람은 어디서든 흔히 볼 수 있다. 돈만 주면 성적이 부진한 학생들에게 '쪽집게 과외'로 시험을 잘 보게 해주는 사람, 돈만 주면 자신의 몸을 상하면서까지 술을 대신 마셔주는 사람, 돈만 주면 위험부담이 큰일이라도 기꺼이 뛰어드는 사람, 심지어는 돈만 주면 하나뿐인 목숨까지도 내거는 사람이 있으니, 돈의 위력을 실감하게 된다.

또한 돈은 사람들을 몸서리치게 한다. 돈 때문에 부모를 살인한 박한상 사건, 이른바 살인공장까지 차려놓고 사람들을 무자비하게 살해한 지존파 사건, 부유해 보이는 사람들을 무차별적으로 선정해 돈을 빼앗고 살해한 막가파 사건, 보험금을 타기 위해 친아버지가 어린 아들의 손가락을 자른 사건, 마찬가지로 보험금을 타내기 위해 자신의 두 발목을 자른 사건 등 모두 돈 때문에 일어난 사건이다.

이렇게 반인륜적이고 잔인한 사건들은 사회에 큰 충격을 안겨주었고 많은 이에게 돈에 대해 환멸을 느끼게 했다. 이쯤되면 이미 돈은 사람들의 생활에 편리를 주기 위한 필요물必要物이 아니라, 요물妖物이고 악물惡物이 된다.

돈의 주인인가, 돈의 노예인가?

돈은 인간생활을 편리하게 하기 위해 인간이 만들어낸 발명품이다. 그런데 많은 사람들은 자신들이 만들어낸 발명품의 주인이 되지 못하고 노예가 되어 크나큰 불행을 겪고 있다. 사람이 있고 돈이 있는 것이지 돈이 있고 사람이 있는 것은 아니다. 같은 칼이라도 음식을 만들기 위해 사용하면 생활도구가 되지만, 그 칼로 사람을 해치면 무기가 된다.

마찬가지로 같은 돈이라도 무기로 쓰느냐 도구로 쓰느냐는 인간의 손에, 그리고 인간의 의지에 달려 있다. 인간이 자신의 필요에 의해 돈을 벌고 그 돈을 필요한 시기에 필요한 곳에 적절히 사용하면 돈은 인간에게 충실한 하인이 된다. 그렇지만 인간이 돈을 위해 살고, 돈을 위해서라면 인간으로서 차마 할 수 없는 일까지 일삼는다면, 인간은 이미 돈의 주인이기를 포기한 것이며 스스로 돈의 하인이고, 돈의 노예가 된 것이다.

흉년의 떡도
많이 나면 싸다

▶인플레이션

시장에 가기가 무섭다?

사람들은 물가가 급격히 올라 장바구니가 예전에 비해 한결 가벼워질 경우 '시장에 가기가 겁이 난다'고 한다. 그리고 제자리 걸음인 월급과 오르기만 하는 물가에 한숨쉬며 정부를 원망한다. 주어진 소득으로 알뜰하게 살림을 꾸려가려니 주부들은 속이 탈 수밖에 없다. 경제상황이 이렇게 된 원인은 무엇이며, 어떻게 대처하는 것이 합리적일까?

우리 속담에 '흉년의 떡도 많이 나면 싸다'는 말이 있다. 흉년이 들면 쌀 수확량이 적을 테고, 따라서 이때 만들어진 떡은 희소성을 가질 수밖에 없다. 그런데도 수요량보다 공급량이 많으면 떡값은 결국 싸질 수밖에 없다. 경제생활에서 화폐공급도 마찬가지다. 돈은 반드시 필요하지만, 화폐가 과잉공급되어 제기능을 못한다면 의미가 없다.

돈이 제기능을 못한 이유는 따로 있다!

돈이 제가치를 발휘하지 못하게 되는 원인은 첫째, 화폐가 실물수요를 초과해 발행되기 때문이다. 돈이 적을 때는 알뜰구매를 하던 사람도 돈이 많아지면 씀씀이가 헤퍼진다. 특히 과소비풍조가 만연해지면 필요하지도 않은 물건을 사거나 분수에 넘치는 소비를 하게 된다. 단기간에 부동산투기로 엄청난 불로소득을 올려 자신을 과시하기 위해 돈을 물쓰듯하는 졸부형 과소비, 정직하고 성실하게 일해봤자 소용없다는 생각에 미래를 생각하지 않고 낭비하는 좌절형 과소비, 남이 장에 가니까 자신도 따라가는 흉내형 과소비 등이 많아진다.

따라서 통화량이 적정수준 이상으로 많아지면 물건에 대한 수요가 증가하고, 그에 따라 전반적인 물가가 상승하게 된다. 아무리 맛있고 귀한 '흉년의 떡'일지라도 '많이 나면 싸지듯이' 한 나라의 경제에서 통화량이 적정수준을 넘어서게 되면 돈의 가치가 떨어지고, 구매력 또한 감소하게 된다.

둘째, 각종 생산비용이 상승하기 때문이다. 석유생산국들이 계속해서 산유량을 조절해 유류가격이 상승하고, 근로자들의 임금이 생산성을 초과해 인상되는 것 등이 그 원인이다. 생산비용이 상승하면 기업은 적정이윤을 유지하기 위해 제품가격을 인상한다. 예를 들어 건설경기가 과열되면 시멘트, 모래, 자갈, 철근 등의 건축자재가 부족해지고 이로 인하여 자재 값이 오르며, 단기간에 아파트를 다량으로 건축하다 보니 공사에 투입될 인력이 부족해 인건비도 오르게 된다. 따라

서 아파트 분양가가 높아질 수밖에 없다. 한 산업의 제품가격이 인상
되면 그 영향은 모든 산업으로 파급되어, 산업전반에 걸쳐 물가가 오
르기 시작한다.

셋째, '사촌이 땅을 사면 배가 아프다'는 소득보상욕구가 분출하기
때문이다. 사람들은 다같이 배고플 때는 참으려 하지만 자기 혼자만
배고플 때는 절대로 참으려 하지 않는다. 근로자들은 임금인상을 통
해 소득을 보상받으려 하고, 기업인들은 제품가격 인상을 통해 소득
을 보상받으려 한다. 또 농민들은 농산물가격의 인상을 통해 농업소
득을 보상받으려 한다. 이러한 소득보상욕구가 적정수준 이상으로 과
도하게 분출되면 물가는 상승하게 마련이다. 어느 한 부문의 소득보
상욕구가 충족되면 사람들은 상대적으로 자신의 소득이 감소했다고
생각하는데, 이러한 소득보상욕구가 한꺼번에 분출될 경우 부익부 빈
익빈 현상은 더욱 심화된다.

넷째, 투기심리가 확산되기 때문이다. 나중에 높은 가격으로 다시
팔기 위해 상품을 다량으로 구입하는 것이 투기다. 1980년대 후반에
아파트 및 단독주택 가격이 하루가 다르게 폭등한 적이 있었다. 이때
아파트를 여러 채 가지고 있던 사람들은 가만히 앉아서 많은 돈을 벌
었다. 이른바 '돈이 돈을 번다'는 속담이 현실화한 것이다. 당시에 부
동산 가격이 폭등한 이유는 부동산 경기가 과열되어 주택의 수요가
공급을 앞질렀기 때문이다.

또 대선 및 총선 때 선거자금이 시중에 풀리는 경우 통화량증가가
실물증가를 앞지르게 되어 물가가 오른다. 물가가 오르면 사람들이

소비를 줄이게 되고, 소비가 줄어들면 기업은 재고가 늘어나 생산량을 줄이게 된다. 따라서 생산활동이 위축되고 일자리가 줄며 실업자가 늘어나 경기가 침체된다. 일단 경기침체가 본격화하면 부동산 가격도 순식간에 폭락할 수 있다. 이렇게 인플레이션은 자금을 비생산적인 곳으로 흐르게 해서 국가경제를 불안하게 만든다.

인플레이션의 극단적 사례

인플레이션으로 인해 독일은 1923년에 물가가 무려 1,600만%나 상승했고, 볼리비아는 1985년에 26,000%, 아르헨티나는 1989년에 4,923%, 1992년에 러시아는 2,600%, 브라질은 1993년에 1,586%까지 상승했다. 특히 독일의 경우 우표 한 장이 90억마르크, 신문 한 부가 7,000만마르크, 노동자 한 달 월급이 480조마르크나 되어, 그들이 평생 저축한 돈이 휴지나 다름없어졌다.

인플레이션은 무조건 나쁜 것일까?

아니다. 오히려 화폐 공급량이 수요량을 적정하게 초과하여 인플레이션이 적당하게 일어나면 국민 경제활동에 활력을 불어넣어준다. 물론 이 기간에도 재화와 용역의 가격은 조금씩 오를 것이다. 그러나 임금 등의 생산요소가격이 산출물의 가격보다 적게 올랐다면, 기업은 지금까지보다 더 많은 이윤을 기대하게 되어, 상품을 더 많이 생산하기 위해 고용을 늘릴 것이다. 또한 새로이 고용된 노동자들은 자신의 소득을 바탕으로 지출을 늘려갈 것이며, 이것은 경제 전체의 총수요 수준을 증가시키고 성장을 촉진할 것이다.

인플레이션은 경제에 어떤 영향을 미칠까?

우선 통화량 증가로 이자율이 하락하고, 투자수요와 명목국민소득을 증가시킨다. 이때 돈을 빌린 채무자는 이익을 보게 된다. 인플레이션이 일어나면 갚을 때의 돈의 가치가 그것을 빌렸을 때보다 작을 것이기 때문이다.

예를 들어 20평 아파트를 구입하기 위해, 20년 후 상환하는 조건으로 은행에서 1,000만원을 융자받을 경우, 그 돈은 20평 아파트를 구입하는 데 상당한 몫을 하겠지만, 20년 후 아파트 가격이 열 배로 오른다면, 그 돈은 별 게 아닌 것이 되어버린다.

반면에 일정한 봉급을 받는 사람이나 연금생활자는 인플레이션으로 인해 손해를 보게 된다. 한달에 100만원을 받는 연금생활자의 경우, 연간 10%의 인플레이션이 일어난다면 지금 100만원으로 구입할 수 있는 것도 1년 후에는 110만원이 들게 되므로, 그의 연금 구매력은 그만큼 떨어지게 된다. 은행예금 생활자나 채권자도 마찬가지다. 『허생전』의 허생이 애써 번 돈 100만냥 중 50만냥을 바닷물에 내버린 것을 이와 관련해 생각하면 이해하기 쉬울 것이다.

또 인플레이션은 화폐를 수요하는 사람에게서 화폐를 공급하는 사람에게로 재분배가 이루어진다. 제주도로 여행 간 '갑돌이' 라는 여행자가 관광지에서 물품을 사고 그 대금을 당좌수표로 지불했을 때, 상점주인은 신원이 확실하다고 판단되어 그가 주는 수표를 받았다. 그리고 상점주인 외에 다른 사람들도 이 여행자를 믿고 그들간에도 그가 지불한 수표를 가지고 계속 거래를 했다. 결국 아무도 '갑돌이'가 거래하는 은행에 가서 그 수표를 현금으로 바꾸지 않은 것이다.

이 경우 '갑돌이'의 휴가비용은 누가 부담한 것일까? 실제화폐는 전혀 오고 가지 않았으므로 '갑돌이'는 휴가비용을 부담하지 않은 셈이 된다. 이 여행자가 휴가를 온 것이 제주도의 총생산량에 아무런 영향을 끼치지 않는다면, 그리고 그가 제주도의 생산물 중 일부를 소비한다면, 제주도에 사는 사람들은 여행자가 소비한 만큼의 생산물 없이 생활해야 한다. 그러므로 생산량이 일정하다면 여행자가 소비한 양만큼을 제주도 사람들이 부담한 것이다. 경제논리에 따르면 제주도의 통화공급증가로 인한 물가상승을 통해 부담이 전가되었음을 알 수 있다. 이 여행자의 수표발행으로 인한 통화공급증가는 물가상승을 가져와 제수도의 화폐 구매력을 감소시켜, 화폐를 보유하고 있던 사람들이 '갑돌이'의 휴가비용을 부담하게 된 셈이다.

화폐위조가 사회불안 증폭

또다른 예로 위조지폐가 유통되는 경우를 들 수 있다. 화폐위조자가 국민생산의 일부를 향유하면 화폐를 보유하고 있는 다른 사람들은 위조지폐를 받지 않았다 할지라도 그 대가를 떠안게 되는 것이다. 그리하여 인플레이션은 그로 인한 부담을 타인에게 전가시켜, 정부에 대한 신뢰도를 떨어뜨리며, 사회의 불안감을 조성한다. 또 국민의 경제생활을 어렵게 한다. 인플레이션으로 인한 명목소득의 증가는 조세수입을 GNP(국민총생산, Gross National Product) 성장보다 더 빨리 증가시키기 때문에 정부부문의 규모가 민간부문의 규모에 비해 커지는 문제가 뒤따른다.

따라서 필요 이상으로 돈이 풀릴 경우 돈이 돈을 벌게 해주는 것이 현실화되어, 못 가진 자들에게서 가진 자에게로 부富가 옮겨가는 빈익빈 부익부 현상이 심화된다. 더욱이 알뜰파는 경제의욕이 꺾이게 되고 한탕주의파는 더욱 설치게 된다. 뿐만 아니라, 국내시장에서 물가가 오르면 국내 상품의 값은 비싸지고 수입품의 값은 상대적으로 싸지므로 수입이 늘어나게 된다. 결국 '흉년의 떡'도 적절한 수요와 공급의 조절이 필요하듯이, 돈 역시 통화량이 적정수준을 유지할 때 제기능을 발휘할 수 있다.

이마에 땀을 내고 먹어라

'이태백', '사오정', '오륙도'! 　요사이 우리 사회엔 '이태백' 이라는 용어가 유행한다. 이십대 태반이 실업자라는 말이다. '사오정' 은 45세가 정년, '오륙도' 는 56세까지 직장에 붙어 있으면 도둑 놈이라는 극단적인 용어가 나돈다. 우리나라의 일자리가 얼마나 어려운가를 반증하는 예다.

사람들은 대개 일을 하면서 살아간다. IMF 경제위기 이후 제2의 경제위기에 대해 우려하는 목소리가 높아지면서 실업은 다시 경제의 핵심문제로 떠오르게 되었다. 실업은 실제로 여러가지 문제를 일으킨다. 사람을 폐인으로 만들기도 하고, 때로는 가족간의 갈등을 불러일으키기도 하고 심지어는 부부가 이혼하는 원인으로 작용하기도 한다. 정치 및 사회의 혼란, 나아가 국가체제를 붕괴시킬 수 있는 위험까지도 몰고 올 수 있다.

'이마에 땀을 내고 먹는 것'이 제도화된 사회는 건강한 사회다. 그런데 이 사회에는 이마에 땀을 내지 않고 먹는 사람도 많다. '이마에 땀을 내고 먹어라' '나간 사람 몫은 있어도 자는 사람 몫은 없다' '누운 나무에 열매 안 열린다' '그늘 밑의 매미 신세' '오뉴월 응달 아래 개 팔자' '부잣집 밥벌레' 등은 노력하지 않고 살아가는 사람들에 대해 따갑게 비판하는 속담이다. 일하지 않고 놀고먹는 사람들은 지탄의 대상이다. 왜냐하면 그들이 일정한 직장에 고용되었더라면 생산량 증가가 가능할 텐데 그렇지 못함에 따라 가용자원이 낭비되거나 산출량이 감소하기 때문이다.

실업률은 흔히 한 시점의 경제활동인구 중에서 일자리가 없는 사람의 비율이다. 여기서 경제활동인구는 일할 의사와 능력을 모두 가진 사람을 말하는데, 우리나라의 경우 15세 이상의 인구 중에서 직업이 있거나 적극적으로 직업을 찾아다니는 사람을 말한다. 이 인구 중에서 노동 능력은 있지만 일할 의사가 없는 학생이나 주부 및 일할 능력이 없는 노약자, 환자, 죄수 등은 물론 제외된다. 이러한 경제활동인구는 취업자와 실업자로 나뉜다.

취업자란 주당 한 시간 이상 일하여 수입을 얻거나 별도의 수입이 없더라도 가족의 일을 도와 주당 열여덟 시간 이상 일하는 사람을 말한다. 주부나 학생은 경제활동인구에 포함되지 않지만 부업을 하는 주부나 아르바이트로 학비나 용돈을 버는 학생의 경우에는 경제활동인구에 포함되어 취업자로 간주된다. 경제활동인구에서 취업자의 수를 빼면 실업자의 수가 된다. 이 경우, 일자리를 얻을 수는 있지만 자신의 흥미나 자질에 맞는 직업을 선택하기 위해 일자리를 찾고 있는 사람도 실업자에 포함된다. 그들은 아마 자신에게 맞는 직업을 찾으면 즉시 일하려 할 것이다. 대학교육을 받은 고등실업자의 경우에 이런 일이 두드러지게 나타난다.

실업 중에서 임금이나 근로조건이 근로자가 원하는 수준에 맞지 않아서 발생하는 마찰적 실업 및 계절적 실업 등의 자발적 실업은 그나마 심각한 문제는 아니다. 그렇지만 일할 능력과 취업할 의사가 있음에도 불구하고 여러가지 이유로 직업을 갖지 못해 노동시장에서 배제된 비자발적 실업은 심각한 문제가 된다.

자발적 실업

자발적 실업 중 마찰적 실업은 일자리가 있어도 더 나은 조건의 일자리를 찾기 위해 스스로 실업을 택하고 있는 경우다. 현재 우리나라는 실업사가 100만명에 육박하는데도 구인난은 여전하다. 실업자가 대부분 더 좋은 조건의 일자리를 찾기 위해 스스로 실업을 택하고 있기 때문이다. 특히 3D 업종의 경우는 심각하다. 섬유, 염색, 목재부문 등 근무여건이 열악한 중소기업들은 근로자를 구하지 못해 조업을 단축하고 있을 정도다. 섬유공장에는 노령 구직자만 몰려들고, 젊은이들은 임금 및 근로조건이 맞지 않는다는 이유로 대부분 힘든 취업보다는 배고픈 실업을 선택한다.

비자발적 실업

우리 사회는 비자발적 실업으로 몸살을 앓고 있다. IMF 경제위기 이후 많은 기업이 자금부족으로 부도를 내게 되었고, 이에 따라 기업들이 연쇄적으로 도산해 하루에 100여개의 기업이 도산하면서 실업자수가 급속히 늘어났다. 근로자는 일을 하고 싶어도 일자리가 없어서 하지 못한다. 이처럼 불경기에 총수요가 부족해져 발생하는 실업을 경기적 실업이라 한다. 총수요가 부족하면 기업은 생산을 감소해야 하고 따라서 근로자를 해고해야 한다. 경기적 실업은 경기후퇴로 인해 발생하기 때문에 총수요가 증가하여 경기가 회복되면 없어진다. 이러한 경기적 실업은 일할 능력과 의사를 가졌음에도 불구하고 전체적으로 일자리가 부족해 생기는 실업이므로 비자발적 실업이라고 할 수 있다.

또 변화하는 사회에서 새로운 분야에 노동의 수요는 증가하나 노동 공급이 뒤따르지 못해 발생하는 구조적 실업도 있다. 신발제조 기술자가 신발공장에서 해고된 후 전자회사에 취업하기 어려운 것처럼 새로운 기술을 익히는 데는 오랜 시간이 걸리거나 아예 불가능하기 때문이다. 구조적 실업은 기술의 발전으로 종래의 기술이 쓸모없어지거나 기존의 산업이 사양화하는 경우, 또는 지역적으로 너무 떨어져 일할 기회를 갖지 못하는 경우에 발생한다.

예를 들어 과거 대구경제의 핵심이었던 섬유산업은 이제 사양화하여 많은 업체들이 문을 닫게 되면서 실업자가 발생했다.

실업의 폐해 | 실업은 당사자뿐 아니라 사회에도 커다란 폐해를 끼친다. 실업의 폐해는 경제적 손실과 주관적 손실로 나눌 수 있다. 우선 경제적 손실을 살펴보자. 실업은 일할 의사와 능력이 있는 사람이 일하지 못하는 상태이므로, 실업이 증가한다는 것은 그 사회가 생산할 수 있는 재화와 용역이 생산되지 못한다는 뜻이다. 여기서 생산할 수 있는데 생산하지 못하는 재화와 용역의 양이 바로 실업의 경제적 손실이다.

이러한 경제적 손실과 함께 실업은 당사자에게 실의와 좌절감을 안겨준다. 실업자는 자존심에 커다란 상처를 받게 되며, 가족에게도 걱정을 안겨준다. 자녀교육에도 문제가 생기고, 심지어 실업의 충격으로 알코올 중독에 빠져 몸을 해치기도 한다. 이 모든 것이 실업의 비용이다.

이마에 땀을 낼 수 있는 일자리가 있는데도 놀고 있는 사람이야 개인만의 문제지만, 일을 하고 싶어도 일자리 자체가 없는 것은 사회적, 국가적 문제이므로 정부가 나서서 해결해야만 한다. 우리 정부는 실업을 해소하기 위해 여러가지 정책을 개발, 실행하고 있다. 소극적 실업 대책에는 실업보험 등 실업급여를 제공하여 실직자의 최저생계비를 보장해주는 방식이 있다. 적극적 실업대책에는 직업알선, 직업훈련 및 재취업지원 등이 있다. 실업자를 최소한으로 줄이기 위해, 개인과 사회 모두 일자리를 마련하기 위해 최선을 다해야 한다.

03 축적의 경제

신용이 자본이다

신용이 머니money?

IMF 외환위기 이후 우리나라는 국제사회에서 신용도가 하락함에 따라 경제적으로 어려움을 겪었다. IMF 수석 부총재인 스티글리츠J. A. Stiglitz는 한국이 경제위기를 맞은 원인을 '신뢰성 상실loss of confidence' 이라고 진단했다. 잘못된 규제, 국제수준에 미달하는 기업공시제도와 불투명성, 기업이 잘못한 것까지 정부가 나서서 구제해주는 바람에 경제 전체에 도덕적 해이 현상이 팽배해졌고, 이로 인한 신용도 하락은 한국경제에 커다란 손실을 안겨주었다는 것이다.

'신용이 자본이다' 라는 말이 있다. 신용信用이란 믿고 임용하는 것으로 현재의 행위에서 미루어보아 앞으로도 약속이나 의무를 충실히 이행할 것으로 믿는다는 뜻이다. 이러한 신용으로 꽉 차 있는 사람은 주변 사람들이 서로 도와주려고 애를 쓴다. 이러한 분위기가 확산될 경우 개인은 물론 사회 전체가 화목해지고 심리적, 경제적 풍요를 얻을 수 있다. 특히 경제생활에서 매매나 고용 등 계약이 필요한 경우 지급일을 뒷날로 정하는 신용거래가 가능해진다. 따라서 불필요하게 서류를 작성하는 수고를 덜고 거래비용을 절감하는 것은 물론, 대단히 큰 경제적 거래도 어렵지 않게 이루어질 수가 있다. 이처럼 신용이 우리 사회에 정착될 경우 그 사람이 하는 말이나 행동들은 엄청난 금전적 가치를 가지게 되므로 신용은 곧 자본이 된다.

'개성상인'과 '신용'의 상관관계

'신용이 자본이다'라는 말과 관련한 상황을 우리의 역사 속에서 찾아보자. 이 경우 가장 적합한 예가 개성상인이 아닐까? 개성상인은 고려와 조선시대에 걸쳐 개성을 중심으로 사업활동을 벌인 상인으로서, 그들은 투철한 상혼商魂과 사개다리 치부四介-置簿로 유명하다. 사개다리 치부란 옛날부터 개성에서 발달한 복식부기複式簿記의 일종으로 장부에 과목科目을 정해놓고 대변貸邊과 차변借邊을 구별해 금전이나 물품의 출납을 기록하는 것이다. 또 복식부기란 거래를 할 때마다 대변과 차변을 분개分介하여 재산 및 자본의 증가와 감소를 빠짐없이 치부할 수 있도록 과목을 나누어 각각의 계좌計座를 설정해 조직적으로 장부를 기록하는 방법이다.

이렇게 하면 자산의 이동은 물론, 손실과 이익을 정확히 알 수 있고, 또 어디에서 잘못된 부분이 발생했는지 자동적으로 찾아낼 수 있다. 개성상인이 오늘날 더욱 중요한 의미를 가지는 이유는 다른 상인들이 생각조차 하지 못했던 그들 고유의 개성부기開城簿記를 만들어 투명성에 입각해 사업을 전개했다는 점이다. 개성부기란 고려 때 개성의 상인들 사이에 통용된 사개다리 치부법이다.

'고양이에게 반찬단지 맡긴 격이다' '믿는 도끼에 발등 찍힌 격이다' 라는 속담은 믿고 맡길 만한 곳이 마땅치 않음을 나타내는 말이다. 그럴 경우 불필요한 감시비용이 들어간다. 상대방을 신뢰하지 않는 사람들은 형식화한 규범이나 규제를 통해서만 협력하려 한다. 따라서 때에 따라 강압적인 수단까지 동원해 교섭을 성사시키고 동의를 얻어내며, 소송을 통해 갈등을 해결한다. 이러한 법적 장치를 이용하면 이른바 '업무추진비' 라는 것이 소요된다. 한 사회에서 불신이 팽배해지면, 신뢰가 높은 사회에서는 부담할 필요가 없는 비용이 부가되며, 그 액수는 신뢰성이 떨어질수록 많아진다.

사회적 자본 | 신뢰란 어떤 공동체 내에서 다른 구성원들이 보편적인 규범에 기초해 규칙적이고 정직하며 협동적인 행동을 할 것이라는 기대로서, 사회적 자본social capital을 형성한다. 사회적 자본은 한 사회, 또는 특정부문에 신뢰가 정착되었을 때 생긴다. 신뢰는 가장 작고 기본적인 사회집단인 가족 내에서 구현될 수도 있고 가장 큰 집단인 국가에 구현될 수도 있으며, 그 사이에 있는 다른 모든 집단에 구현될 수도 있다. 사회적 자본은 개인적 덕목이 아니라 사회적 덕목에

기초하므로, 산업경제에서 대단히 중요한 요소를 차지한다.

어떤 기업에서 함께 일하는 사람들이 모두 공통의 윤리적 규범에 따라 작업하면 서로를 신뢰하게 되므로 작업에 소요되는 비용은 줄어들게 된다. 이러한 사회에서는 신뢰도가 높기 때문에 한층 폭넓은 사회적 관계를 창출할 수 있으며, 조직적인 기술혁신이 더욱 용이해진다. 이 때문에 일본인들이 21세기에 관계망 조직의 가능성을 탐구했던 것과 마찬가지로, 사회성이 강한 미국인들은 19세기 말과 20세기 초에 현대기업이 발전하는 데 선구적인 구실을 할 수 있었다.

불행하게도 우리 사회는 신뢰성 상실이 심각한 상태이다. 종금사, 파이낸스사, 새마을금고, 각종 협동조합, 증권회사, 은행 등의 임원들이 고객의 돈을 개인 목적으로 사용하고, 심지어는 돈을 해외로 빼돌린 후 도주했다는 보도를 자주 접한다. 또 많은 기업, 특히 재벌 기업들이 실제 존재하지도 않는 공장을 허위 가동하거나 공사실적을 부풀리고, 회계장부를 조작하는 분식회계粉飾會計 등으로 이득을 보았다는 보도들도 심심찮게 접한다. 이러한 예들은 우리의 신용수준이 어느정도인지 말해준다.

카드거래의 활성화는 신용사회로 가는 증거

지구촌시대의 정보 사회에서는 신용이 경쟁력의 요체일 수밖에 없다. 도장문화에서 사인문화로, 서류문화에서 통신문화로 대체되고 있고, 현금거래보다는 카드거래가 일반화하고 있는 것 등은 우리 사회가 이미 신용사회로 가고 있다는 징표다. 경제에서 과정을 중시하고 투명성을 강화하는 것은 신용의 기본조건이다. 상호주의에 입각해 모든 일을 처리하고 국제적 기준에 입각해 자료를 정리해 투명성을 확보하는 것은 신용의 필수요건이다. 신용경제에서 재화의 유통은 전적으로 신용에 의해 이루어지고, 상거래에서는 수표나 어음, 전자화폐의 유통이 일반화한다. 반면에 불신경제에서는 현금거래나 물물교환 위주로 거래가 이루어지므로 불편한 점이 많고, 지체비용이 수반되는 것은 물론 경제적으로 퇴행하게 된다.

민주주의와 자본주의의 제도가 제대로 실현되려면 문화적 관습이 병행되어야 한다. 법률, 계약, 경제적 합리성 등은 후기 산업사회의 안정과 번영을 위한 필요조건이기는 하지만 충분조건은 아니다. 그밖에도 관습에 바탕을 둔 호혜성, 도덕률, 공동체에 대한 의무, 신뢰 등이 가미되어야 한다. 후자는 현대사회에서 시대에 뒤떨어지는 요소가 아니며 도리어 필수조건이다.

프랜시스 후쿠야미 F. Fukuyama는 『트러스트 Trust』에서 물질이 풍부한 나라보다 국민의 도덕성이나 문화가 우수한 나라가 번영을 누릴 것이며 21세기는 이러한 사회적 자본이 경쟁력의 요체라고 강조했다. 이는 '신용이 자본이다' 라는 말과 일치하는 사상이다. 결국 21세기 경제발전의 요체는 신뢰성이며, 객관화한 자료정리와 투명한 일 처리 등을 통해 사회적 자본을 축적하는 것이 한국경제의 필수과제이다.

한 우물을 파라

한가지로 경쟁력을 확보하라　우리 속담에 '우물을 파도 한 우물만 파라' 는 말이 있다. 이 속담은 여러가지 기능을 습득하려고 애쓰기보다 한가지 기능을 전문적으로 익혀 경쟁력을 확보하라는 뜻이다. 우리는 주위에서 좋은 대학과 좋은 일자리를 마다하고 자신이 좋아하는 분야를 열심히 파고들어 크게 성공하는 사례를 흔히 볼 수 있다.

　과거 우리나라는 물적 기반이 취약했기 때문에 경제개발 과정에서 IMF나 IBRD에서 장기차관을 얻을 수밖에 없었고, 때문에 대기업 위주의 불균형 성장전략에 입각한 양적 팽창을 그 기조로 삼았다. 그러한 전략은 단기간에 경제적으로 큰 성과를 거두었고, 한강의 기적을 이루었다는 평가를 받아, 한때 한국은 개발도상국의 모델이 되기도 했다. 단기적 성과를 지켜본 국민 대다수는 대기업의 백화점식 확장

전략을 당연한 것으로 받아들였다. 그러나 1997년 말 IMF 외환위기를 전후해 외국의 학계 및 언론계는 우리나라 대기업의 백화점식 경영을 경제위기의 주된 원인으로 지적하면서 정실자본주의crony capitalism에 대해 강하게 비판했다.

그렇다면 대기업의 백화점식 경영이 무조건 나쁜 것일까? 반드시 그렇지는 않다. 백화점식 경영으로 여러 산업에 참여하는 것은 위험을 분산시키는 효과도 있으며, 발전 가능성이 있는 신산업을 적극적으로 발굴하고 핵심 분야를 집중 지원하는 것이 가능하다.

다각화 경영의 문제점 | 그러나 지구촌 시대에 다각화 경영은 긍정적인 면보다는 문제점이 더 많은 것으로 지적된다. 왜냐하면 효율 지향적 경영전략으로서의 한계를 지니고 있기 때문이다. 다각화 경영의 문제점 가운데 두드러진 것들을 살펴보자.

첫째, 경영조점의 분산으로 총수owner에게 성공적인 기업경영을 기대하기가 어렵다. 둘째, 사업규모가 확대되고 그 내용이 다양해지면서 인적자원, 재무능력, 기술능력 등 각종 내부능력은 강하게 요구되는데, 이를 내부에서 충족시키기가 쉽지 않다. 셋째, 조직이 크기 때문에 정보를 전달하거나 의사를 결정하는 데 시간이 오래 걸리고 시너지 효과가 크지 않으며, 내부거래 등으로 문제가 생긴다.

전문기업 육성

외국은 거의 전문업종 중심이다. 전문업종의 육성으로 성공한 사례로는, 스포츠업계의 '나이키' 사와 '리복' 사, 컴퓨터업계의 '마이크로 소프트' 사와 'IBM' 사, 자동차업계의 '제너럴 모터스' 사와 'BMW' 사가 있다. 이들은 방만한 확장을 하기보다는 기업의 이윤을 전문업종의 육성에 재투자함으로써 현재의 브랜드 파워를 가진 전문기업이 되었다.

미국 '제너럴 밀즈사' 의 경우도 1980년대 중반까지는 가정 소비재 분야에서 사업확장을 거듭한 '문어발식 기업' 의 대표주자였다. 그러다 1985년에 위기에 직면했다. 회사 생존마저 위협받게 되자 밀즈는 '식품분야' 를 주력업종으로 선정하고 전체매출의 3분의 1에 해당하는 야외용품, 완구, 의류사업을 정리했다. 이 회사는 1995년 투자전문가들로부터 회생에 성공했다는 평가를 받았다. 또 미국 제1의 우량기업인 제너럴 일렉트릭GE의 경우 1981년 호황시기에 일찌감치 사업부문 축소작업을 벌여 성공한 케이스다. 당시 잭 웰치 회장은 무분별한 기업확장이 위기를 부른다는 판단에서 100개가 넘는 사업분야를 10여개로 크게 줄였다. 이후 지금까지 GE가 팔아넘긴 사업이나 생산라인만 해도 400여개에 이른다.

오늘날 국내기업들은 경쟁국가의 기업들에 비해 기술력은 물론이고 경영능력과 관리능력 등 모든 분야에서 뒤떨어지는 것으로 지적된다. 더욱이 우리 기업들이 경쟁상대로 생각하고 있는 미국과 일본의 기업들과는 규모 면에서 비교가 되지 않을 정도로 영세성을 면치 못하고 있다. 선진국의 기업들은 대체로 특정 업종에만 종사하고 있다. 그런 기업의 최고경영자들은 경쟁력이 이미 세계적인 수준에 도달했음에도 불구하고 경쟁력을 더욱 강화하기 위해 다양한 전략을 구사하고 있다. 그들은 다른 일에 한눈 파는 일이 거의 없으며 전문 업종에 대해서는 한시도 마음을 놓지 않는다. 반면에 국내기업들은 전문업종에 정열을 쏟기보다는 위험을 분산하기 위한 다각화 경영에 초점을 두어왔다.

아웃소싱으로 전문화의 효율성

그런데 최근 들어 국내기업들에 새로운 변화의 징후가 나타나고 있다. 주방가구 회사인 한샘의 경우, 토탈 인테리어 분야를 주력 사업으로 삼고 있다. 이제까지 가구를 구입할 때 침대는 에이스, 장롱은 보루네오 하는 식으로 소비자가 개별적으로 구입해 부분적으로 인테리어를 해왔다.

그러나 한샘의 경우에는 거실, 서재, 욕실, 베란다 등 집안 전체의 인테리어를 해주고 있다. 그렇다고 한샘이 침대까지 만드는 것은 아니다. 한샘이 잘 만드는 주방가구와 장롱 이외에는 아웃소싱(outsourcing, 기업이 생산·유통·포장·용역 등 업무의 일부분을 외부에서 조달하는 것)으로 제품을 선별적으로 구매해 공급하는 유통부분에 뛰어들어 효율적으로 전문화를 추구하고 있다. 과거에 모든 분야의 가구를 만들다가 경쟁력이 없어서 망한 대형 가구업체들의 전철을 되풀이하지 않고, 외부에서 구매해 파는 전략을 채택한 것이다. 이렇듯 잘 만들 수 있는 분야만을 전문적으로 생산함으로써 경쟁력을 더욱 높일 수 있다.

경제가 발전한다고 모든 기업이 발전하는 것은 아니다. 급변하는 경제환경에 맞추어 경쟁력이 떨어지는 비교열위의 업종이나 기업은 과감하게 정리해 비교우위의 기업으로 전환할 필요가 있다. 이처럼 경쟁력 있는 산업을 중심으로 경제구조를 변화시켜나가는 것이 바로 구조조정이다.

기업은 이윤의 주체이다. 이윤을 내지 못하는 기업이나 금융기관은 더이상 존재할 의미가 없다. 그러므로 규모를 줄이거나 부서를 없애거나 아예 기업 자체를 폐쇄하는 방안을 강구해야 한다.

다각화전략은 이제 그만!

기업이 살아남기 위해서는 전문화를 통해 경쟁력을 강화하고 이를 위해 구조조정이 따라야 한다. 산업구조조정에서는 비교열위의 산업을 비교우위의 고부가가치산업으로 전환시키고 이에 걸맞은 조세 및 금융제도, 기업의 경영원리와 행정처리관행, 노동제도 등을 새로운 환경에 맞추어 변화시켜나가야 한다.

그리고 기업구조조정에서는 기업의 핵심역량을 하나로 모아 집중화, 전문화를 추구해야 한다. 과거처럼 차입위주로 자금을 조달하는 대신 한층 투명한 재무전략과 수익경영으로 기업의 운영방식을 전환해야 한다. 위기를 맞고 있는 한국기업들은 전문분야를 육성해 지구촌 시대에 맞는 생존전략을 세워나가야 할 것이다.

아는 것이 힘이다

자본주의 아니, 지본주의!　21세기 세계경제는 새로운 경제사회의 패러다임을 요구하고 있다. 물적자본이 중시되었던 자본주의 경제는 지적자본이 중시되는 지본주의知本主義 사회로 변환되고 있다.

OECD를 중심으로 한 선진국에서 지난 20년 동안 진행된 산업과 고용상에서 가장 큰 특징은 무형의 지식자산과 혁신능력에 바탕을 둔 경제활동의 비중이 상승했다는 점이다. 경제의 지식집약화 추세는 더욱 가속화할 것으로 전망된다. 현대자본주의 경제에서 지식은 이미 가장 중요한 전략적 요소가 되었고, 지식기반경제knowledge based economy가 보편화하고 있다.

지식을 가지면 일처리의 혁명이 온다!

지식기반경제란 지식이 개인과 기업, 국가의 부를 창출하는 데 핵심이 되는 것으로 지식의 창출과 확산, 습득과 활용을 통해 경제주체들이 혁신능력을 배양하고 이러한 능력이 성장의 기반이 되는 경제이다. 우리 속담에 '아는 것이 힘이다'라는 말이 있다. 이 속담은 필요한 지식을 가지고 있으면 어떤 일을 능숙하게 처리할 수 있다는 말이다.

스위스의 국제경영개발원IMD이 발표한 『2004년 세계경쟁력연감』에 따르면 1995년 26위로 평가받던 한국의 국가경쟁력은 IMF 외환위기 이후 1999년에는 38위로 추락했다가 2004년에는 35위로 평가받았다. 그 순위가 약간 향상되기는 했으나 조사대상 47개국 중 이런 저조한 순위를 받게 된 데는 지식기반경제의 미흡이 중요한 원인으로 작용한 것으로 알려지고 있다.

우리나라가 지식기반경제 또는 지식기반사회라는 패러다임에 대해 관심을 갖게 된 것은 최근의 일이다. 그러나 미국, 네덜란드, 영국, 싱가포르 등 선진국들은 이미 90년대 중반부터 국가차원에서 지식기반경제로 발전하기 위한 전략을 마련해 수행해왔고 또 상당한 성과를 거두고 있다.

IT혁명이 산업사회의 변화를 가져왔다

인류는 도구를 사용한 이래 언제나 새로운 아이디어와 혁신에 의해 진보해왔으며, 이는 지식에 바탕을 둔 것이었다. 이와 같이 과거에도 지식의 역할이 중요했음에도 불구하고 오늘날 그 중요성이 새삼 강조되는 것은 무슨 이유일까? 그것은 다름아닌 정보통신기술IT 혁명이 산업사회의 전반적인 변화를 초래했기 때문이다. 정보통신 혁명은 정보의 저장, 가공, 처리, 전달 비용을 혁명적으로 감소시켰는데, 예를 들어 과거 40년 동안 컴퓨터를 이용해 정보를 처리한 데 든 비용을 1만분의 1 수준으로 낮추었다.

또 산업시대의 특징적 현상인 집중과 통제, 획일성과 중후장대重厚長大의 대량생산 개념을 분산과 자유, 다양성과 경박단소輕薄短小의 유연 생산 패러다임으로 바꾸면서, 경제사회 전반의 변화를 유도하고 있다. 이러한 정보화는 급격하고 광범위하게 경제사회의 모든 제도와 조직들을 변화시키고 있다. 이 변화의 핵심적 전략요소가 바로 지식이요, 혁신이다.

21세기에 요구되는 지식은 다음과 같은 특성을 가진다.

첫째, 선동적 생산요소와는 달리 공공재적 요소가 강하다. 지식을 창출하고 효율적으로 사용하기 위해서는 시장제도가 확립되어야 하고, 지식을 확산시키고 활용해 사회적 이익을 극대화하기 위해서는 사회적인 지식 인프라가 구축되어야 한다.

둘째, 기술적 숙련skill, 노하우know-how 등과 같은 암묵적 지식tacit knowledge은 형식화할 수 없기 때문에 신뢰와 같이 시장에서 상품화하여 거래할 수 없다. 따라서 지식자원의 경쟁력은 학습창출 능력에 있다고 할 수 있다. 이러한 지식획득은 긴밀하고도 빈번한 공식 및 비공

식적 교류, 접촉과 네트워킹을 통해서만 가능하다.

셋째, 지식은 전통적인 노동 및 자본과는 달리 희소성의 성격이 다르며, 많이 사용하고 전달할수록 새로운 지식창출이 용이해지는 눈덩이 효과snowball effect로 인하여 수확체증의 특성을 보인다. 이러한 특성은 지식사회로 이행될수록 지식과 숙련의 격차가 커진다. 그러므로 산업시대의 부富의 격차보다 더 큰 불안정 요인으로 작용할 가능성이 있다. 이러한 특성 때문에 특정 지식산업을 과거와 같은 정책 패러다임 아래서 육성하는 것은 지식 자체의 특성상 가능하지도 않으며 설사 시행한다 하더라도 그 목적을 달성할 수도 없다.

빌게이츠와 단순노무자의 상관관계?

지식정보시대의 도래는 필연적으로 산업구조와 노동시장의 변화를 수반한다. 전통산업은 상대적으로 퇴조하고 지식산업이 급성장해 인력수요도 변하게 된다. 일반적으로 미숙련 근로자에 대한 노동수요는 감소하고 전문지식과 창의력을 갖춘 지식근로자에 대한 수요가 증대된다. 지식기반시대에는 빌 게이츠처럼 창의력과 모험심 있는 사람은 짧은 기간에 거부가 될 수 있지만, 단순 노무자는 상대적 빈곤의 나락으로 떨어질 위험성이 크다.

지식경쟁력을 갖춘 근로자는 고소득자가 되는 반면, 그렇지 못한 근로자는 상대적인 소득격차를 감수해야 한다는 말이다. 미국의 경우 1997년 전통 산업근로자의 연평균 임금은 3만달러였지만, IT 산업근로자는 5만3,000달러였다.

지식정보산업에 관한 한 우리나라는 선두주자로 각광받고 있다. 지식경제 강국의 꿈이 현실로 다가오고 있다. 정보통신부에 따르면, 우리나라는 만 6세 이상 국민의 70.2%인 3158만명이 인터넷을 이용하며 국제전기통신연합ITU에 보고된 각국 인구대비이용률을 비교할 때 세계 3위 수준이다.

지식기반경제의 과제　　오늘날 우리는 지식본위의 지본주의시대를 살아가고 있다. 따라서 지식산업을 주도할 인적자원을 개발하는 것이 국가발전의 핵심전략으로 부각되고 있다. 이러한 21세기의 지식기반경제는 다음과 같은 과제를 안고 있다. 첫째, 개인의 다양성과 독창성에 기반한 지식기반경제를 구축해야 한다. 지식을 확산하는 가장 효과적인 메커니즘은 지식을 가진 사람이 이동하는 것이므로, 노동시장이 유연하게 돌아가야 하며 산업현장과 대학, 정부간에 우수한 인력이 활발히 교류해야 한다.

둘째, 지식기반사회의 핵심인프라로서 지식시장을 활성화하고 교육체계를 재정비해야 한다. 정보와 지식기술 등이 직접 거래되는 지식시장이 날로 커지고 있는 요즈음 미국을 중심으로 하는 인터넷 거래 활성화와 이를 둘러싼 표준화는 나날이 더욱 치열해지고 있다. 교육체계를 재정비하는 일은 지식을 창출하고 전파, 학습하는 데 필수적이다. 창의적인 인재를 육성하기 위해서는 초ㆍ중등교육 과정부터 다양한 현장체험이 가능해야 한다. 자신의 자질과 능력을 알고 본인의 판단과 필요에 따른 학습이야말로 효율성과 만족도를 동시에 보장해주는 가장 중요한 요소다.

셋째, 지식기반경제를 확립하기 위해 국가차원에서 발전전략을 구상해야 한다. 우리나라는 최근 들어 IT인력을 집중적으로 양성하기 위해 정보기능대학을 신설했으며, 민간훈련기관도 정보교육에 역점을 두고 있다. 선진국들은 1990년대 중반부터 이에 근거한 국가 발전전략을 짜놓고 실천하고 있다. 마이크로소프트사가 GM, GE 등 기라성 같은 제조업체를 누르고 주식시가총액 세계 1위 기업으로 발돋움한 사실에서 지식과 기술의 가치에 대한 미국인들의 인식을 엿볼 수있다.

넷째, 지식기반사회의 특성에 맞게 정부의 역할과 기능, 정책 패러다임이 변해야 한다. 지식기반사회로 이행하는 과정에 있는 우리로서는 정부의 역할을 재정립하는 것이 무엇보다 시급하다. 정부는 경제에 대한 규제자 및 공공재의 직접 생산자에서, 지식을 창출하고 확산하기 위해 새로운 제도와 관행을 고안하고 정착시켜나가는 조성자 designer로 바뀌어야 한다. 지식기반사회는 일종의 시스템이다. 이러한 시스템을 조성하고 감독하기 위해서는 정부가 먼저 지식정부화해야 한다. 정부가 스스로 내부의 지식을 창출하고 확산하는 체계를 갖추어야 하고, 이에 따라 조직 및 행정 방식이 변화해야 한다.

석 새 베에 열 새 바느질

경제발전의 요체, 기술진보! 사람들은 누구나 잘살기를 원한다. 잘살기 위해서는 소득증가가 필수적이다. 또 소득증가는 생산성 향상을 통해 가능하고, 생산성 향상은 기술진보를 통해 이루어진다. 생산성 향상과 기술진보는 경제성장과 발전의 요체다. 경제가 성장 혹은 발전한다는 것은 국민소득수준이나 소비수준이 높아진다는 뜻이며, 특히 총국민소득보다 1인당 국민소득과 1인당 소비수준의 증가를 가리키는 경우가 많다.

우리 속담에 '석 새 베에 열 새 바느질'이라는 말이 있다. '새'는 무명이나 비단과 같은 피륙의 날을 헤아리는 단위로, '석 새 베'란 육십 올의 날실로 짠 굵은 베를 일컫는다. 옷감을 짤 때 섬세하게 짜여져야 고운 옷감을 만들 수 있으므로 '새'에 따라 등급이 매겨진다. '석 새 베'란 엉성하게 짜여서 그만큼 좋지 않다는 뜻인 반면, '열 새 바느질'은 아주 정교한 바느질로 우수한 품질을 만들어낸다는 의미다. 곧 바탕이 좋지 않더라도 기술이 훌륭하다면 좋은 제품을 만들어낼 수 있다. 마찬가지로 베 짜는 기술이 정교하면 원료를 적게 들이고도 제품을 많이 만들어낼 수 있다. 베를 짤 때, 베 짜는 사람의 숙련도와 컨디션 및 베틀의 성능 등이 베의 품질을 좌우한다.

그러므로 적은 원료로 많은 제품을 생산하려면 그 제품을 생산하는 노동자가 자신의 능력을 최대한 살려 가장 효율적인 방법으로 제품을 생산해야 한다.

기술혁신 innovation

오늘날 우리는 기술을 가장 중요시하는 시대에 살고 있다. 한 나라의 경쟁력은 그 나라의 기술수준에 달려 있다고 말할 만큼 기술의 중요성이 절대적인 이른바 '기술입국技術立國' 시대에 살고 있다. 기술이란 물건을 취급하거나 일을 처리하는 방법, 수단 및 솜씨이고, 과학을 응용해 인간생활에 유용하도록 인류가 자연을 새롭게 고치거나 가공하는 재주다. 이러한 기술이 인류의 경제생활에 획기적으로 기여하게 된 것은 기술혁신innovation을 통해서다. 18세기 후반부터 19세기까지 영국을 중심으로 일어난 산업혁명은 인류를 혁신적으로 발전시켰다. 이 변혁의 직접적 계기가 된 방직기계의 발명과 증기기관의 출현은 영국을 산업자본주의사회로 이끌었다.

19세기 말부터 20세기 초에 새로운 에너지로서 전기가 등장하자 모든 생산분야에서 증기기관이 전동기電動機로 대체되는 원동기 혁명이 일어났다. 이것을 제2차 산업혁명이라고 한다. 이때 새로운 기계와 재료, 동력과 기술이 등장해 생산량을 비약적으로 늘렸다. 그리고 기차와 기선의 발명으로 세계지리상 거리가 단축되고, 이로 인해 시장이 넓어지고 무역이 발달했다. 이처럼 경제가 급속히 성장하자 사회가 획기적으로 변동했다.

기술진보는 노동생산성 증가

분업과 기계화를 통한 생산능력의 향상과 공장제 생산의 발달은 경영기술의 발전에 기인한 것이라 볼 수 있다. 미국의 유명한 자동차회사 포드가 나타나기 전까지 자동차는 타사 제품과 교환할 수 없는 부품으로 구성되었으며, 수리와 공급이 쉽지 않았다. 하지만 포드사가 모든 부품을 규격화함으로써 교환이 가능해졌다. 또한 경영기술을 통해 자동차를 대량 생산함으로써 당시 자동차 업계에서 절대적인 위치를 차지하게 되었다.

기술진보는 노동생산성 증가로 나타나며, 그에 따라 효율성이 증가하고 1인당 산출량 역시 늘어난다. 결국 기술진보는 1인당 산출량의 성장뿐만 아니라 궁극적으로 국가의 경제성장에도 기여한다. 자동차의 모든 부품을 한 사람이 만들던 때와는 달리 여러 사람이 일을 나누어 함으로써 사람들마다 그 일에 능숙해지고 1인당 산출량도 당연히 많아진다. 이러한 산출량 증가는 기업의 성장을 가져오고 나아가 국가경제가 지속적으로 발전할 수 있게 해준다.

이와 같이 바탕이 좋지 않더라도 기술수준이 우수해 좋은 제품을 많이 생산하는 경우는 실제경제에서 다양하게 나타난다. 인류는 끊임없이 기술을 탐구해 한정된 자원을 더욱 풍요롭게 만들었다. 경제를 장기적으로 발전시킨 원자력의 이용, 석유화학의 응용, 자동화의 발달 등이 대표적인 예다. 20세기 초에는 제조업 부문에 자동화가 도입됨으로써, 또 20세기 말에는 생산부문에 컴퓨터가 도입됨으로써 노동의 효율성은 급격히 증가했다. 컴퓨터의 개발과 인터넷의 보급으로 생산성은 고도화했고, 속도는 더욱 빨라졌다.

이러한 기술진보는 더욱 다양한 형태로 나타났다. 의학의 경우 예전에는 고치지 못했던 병을 고칠 수 있게 되었을 뿐만 아니라, 정밀검사부문에서의 기술진보는 우리가 알지 못했던 많은 질병과 인간의 몸에 대해 알 수 있게 해주었다. 오늘날 이러한 기술진보는 모든 기술발전의 근간이 되는 정보기술의 혁명적인 발전에서 더욱 두드러지게 나타난다. 특히 컴퓨터 소프트웨어가 끊임없이 개발되는 것을 보면 이런 현상에 대해 잘 알 수 있다.

압축경제성장의 비밀

동아시아의 경우 빈약한 부존자원, 열악한 경제환경을 극복하고 압축경제성장을 이루었다. 가장 괄목할 만하게 성장한 국가로는 동아시아의 네 마리 호랑이, 곧 홍콩, 싱가포르, 한국, 대만을 들 수 있다. 1966년부터 1990년 사이 미국의 1인당 실질소득이 해마다 약 2%씩 성장한 반면에 이 국가들은 매년 7% 이상 성

장했다. 한 세대만에 1인당 실질소득이 다섯 배 증가해 동아시아의
호랑이들은 빈국에서 부국으로 급성장했다. 이들의 성공요인은 바로
선진외국에서 기술을 습득해온 데 있다. 즉 따라잡기 모델catch-up
model이 압축경제성장을 가능케 했던 것이다. 이 국가들은 해외에서
개발된 기술을 채택해 생산능력을 크게 향상시킬 수 있었고 그로 인
해 고도의 경제성장이 가능했다.

　결국 바탕이 좋지 않은 '석 새 베'일지라도 우수하고 진보된 기술
등을 통해 '열 새 바느질'이 가능할 경우 시간과 공간을 초월해 개인,
사회, 국가, 인류를 풍요롭게 해주고 있음을 알 수 있다. 자원이 풍부
한 나라는 일시적으로 잘살 수 있겠지만, 아이디어와 기술이 풍부한
나라는 영원히 잘살 수 있다. 대표적인 나라가 바로 일본이다. 기술진
보는 생산성 향상과 함께 소득증가를 가져오고, 또 소득증가를 통한
기술개발 투자는 지속적인 경제성장을 가능케 한다. 요즘처럼 경제위
기로 몸살을 앓는 이때 '석 새 베에 열 새 바느질'이라는 속담에 담긴
예지가 더욱 필요하다.

돈 물려줄 생각 말고
자식에게 글 가르쳐라

▶인적자본투자

세계적 교육열!

    우리 속담에 '돈 물려줄 생각 말고 자식에게 글 가르쳐라' 는 말이 있다. 이 속담은 자식을 위해 재산을 물려주는 것보다 공부를 가르쳐 지식을 물려주는 것이 더 중요하다는 뜻이다. 이는 인적자본의 중요성이 개인에게는 물론 가정과 사회와 국가에서 물적자본을 훨씬 능가하는 가치가 있다는 말로, 우리 민족의 교육열이 얼마나 높은지 잘 보여준다. 이러한 사고방식은 우리나라의 압축성장 시기에 여지없이 나타났다. 교육받은 인력들은 사회에서 신분상승은 물론, 경제적 풍요까지 누렸다. 이에 따라 '돈 때문에 못다 배운 한'을 지닌 우리나라의 대다수 부모들은 자식교육에 집착하게 되었다.

자식교육에 집착한 부모의 예정된 시나리오

이 속담과 관련해 가상의 이야기로 예를 들어보자.

돈아무개는 우리나라에서 다섯 손가락 안에 꼽히는 재벌의 삼대독자였다. 그는 모든 일을 다른 사람의 도움을 받아 해결했기 때문에 스스로 혼자 할 수 있는 일이 거의 없었다. 그의 부모는 아들을 너무 사랑하고 아끼는 나머지 돈아무개가 원하는 것은 무엇이든 들어주었다. 그 바람에 돈아무개는 버릇없고 자기중심적인 아이가 되었다. 학교에 가면 공부는 하지 않고 돈만 쓰는 방탕한 생활을 했다. 하지만 그의 부모는 아들을 걱정하지 않았다. 왜냐하면 그들에게는 아들에게 물려줄 재산이 있었기 때문이다.

어느날 부모가 갑작스런 사고로 죽자 돈아무개는 혼자 남게 되었다. 그가 가진 것은 돈뿐이었고, 아는 것도 돈 쓰는 것뿐이었다. 그런데 그 많은 돈도 흥청망청 쓰다 보니 마흔살도 안되어 바닥났고, 결국 빈털터리가 되어 길바닥에 나앉게 되있다. 돈아무개는 밥 한끼라도 먹기 위해 돈을 벌려고 했지만 할 줄 아는 일이 없기 때문에 아무도 그를 고용하지 않았다. 그가 할 수 있는 일이라고는 막노동밖에 없었다. 하지만 곱게 자란 그에게 그와 같이 힘든 일은 무리였고, 채 하루도 일하지 못하고 그만두었다. 돈을 벌지 못한 그는 굶어 죽게 되었다. 돈아무개의 부모가 그에게 돈을 물려주는 대신 공부를 제대로 가르쳤으면 그는 굶어 죽지 않았을 것이다.

미국의 경우, 1996년 대졸 근로자는 고졸 근로자보다 소득이 약 65% 더 많았다. 이러한 현상은 우리나라에서도 마찬가지다. 1998년의 경우 고졸자의 임금을 100으로 했을 때 중졸 이하는 83.9, 전문대졸은 107.3, 대졸은 158.2로 나타났다. 2001년의 경우도 중졸을 임금지수 100으로 했을 때, 고졸이 114.5, 전문대졸이 118.6, 대졸 이상은 174.3으로 나타났다. 고학력자는 저학력자보다 노동생산성이 높기 때문에 노동을 수요하는 기업은 고학력자에게 높은 임금을 주려 한다. 따라서 교육이 소득을 높이는 요인이 된다. 경제적 관점에서 재화나 용역처럼 교육이 생산요소가 되기 위해서는 희소한 경제적 자원이 상당량 투입되어야 한다. 교육이 경제적 투자대상이 된다는 말이다.

이는 교육을 하나의 경제적 재화로 간주하는 셈이다. 곧, 미래에 한층 높은 수익을 기대하여 교육에 드는 비용을 투자하는 것이고, 그 결과 물적자본과 똑같은 종류의 투자가치를 가진 인적자본을 얻을 수 있다. 인적자본human capital이란 일반국민의 교육수준 및 숙련도를 말한다. 인적자본의 축적, 특히 교육투자는 경제성장의 중요한 밑바탕 가운데 하나임이 실증되었다. 슐츠T. Schultz와 데니슨E. Denison은 인적자본의 증가가 미국 및 서구의 성장에 물적자본인 공장이나 설비의 증가보다 공헌했다고 결론내렸다.

인적자본에 투자한 만큼 노동대가가 크다

인적자본에 많이 투자한 근로자가 그렇지 못한 근로자보다 소득이 많은 것은 당연하다. 대조적인 두 사람을 예로 들어 비교해보자. 유쾌한씨는 과거에 영어회화학원도 다니고 컴퓨터학원도 다니는 등 인적자본에 투자를 많이 해서 지금은 영어회화도 능통하고, 컴퓨터도 잘 다루게 되었다. 하지만 울퉁불퉁씨는 교육을 제대로 받지 못했을 뿐만 아니라 인적자본에 투자하지 않고 힘으로 하는 단순작업만 했다. 누구의 노동대가가 클 것인지는 뻔하다.

지식정보화시대에 지식자본은 부가가치가 가장 높은 자본이다. 이러한 투자는 생산요소인 노동의 질을 향상시켜 생산성이 증대되고, 결국 경제적 성장을 가져온다. 재산을 모아 자식에게 물려주기보다는 글을 가르쳐 지식을 물려주는 것이 개인적으로나 국가적으로나 모두 더 유익할 수 있다. 교육은 개인의 자아실현과 인격완성을 이룩해 인간다운 삶을 향유할 수 있게 할 뿐만 아니라, 인적자본을 형성해 뛰어난 지식과 기술, 성실한 근무태도와 적응력으로 생산성을 높인다. 생산성이 높기 때문에 교육받은 인력에게 높은 임금이 지급되는 것이다. 그 여파는 개인에게 소득향상을 가져오고 소득분배에 기여하여 사회적으로 경제성장을 가져온다.

1980년대 이후 정보화 신기술이 확산되고 점차 시장규모가 세계화하면서 노동의 성격과 숙련도가 생산활동에 미치는 영향이 크게 달라지고 있다. 21세기 지식기반경제에서 인적자원을 개발하는 것은 경쟁력을 결정짓는 요인이 될 것이다.

과거에는 부가가치를 창출하는 데 가장 큰 의미가 있었던 노동량, 생산량과 같은 물질적, 유형적 생산활동이 대부분이었으며, 임금도 시간급 위주였기 때문에 일괄적으로 부여된 근무시간에 따라 임금을 지급했다. 그러나 오늘날에는 인적자본의 가치, 곧 성과를 창출해내는 근로자 개인의 기본능력에 따라 보상의 크기가 결정된다.

이 때문에 요즘 들어 유용한 근로자를 채용, 양성, 유지하기 위해 그들이 보유하고 있는 지식의 질적 수준에 따라 임금을 차별화하는 경향이 나타나고 있다. 지식은 컴퓨터에 저장되고 통신으로 전달될 수 있는 자료나 정보와는 다른 개념이다. 지식은 특정상황에 대한 특정인의 해석이기 때문에 사람에 의해 창출되고 또 오직 사람에게만 체화할 수 있다. 따라서 지식경영의 성패는 사람을 어떻게 관리하느냐에 달려 있다고 할 수 있다.

이런 관점에서 인적자원 관리의 핵심인 임금(보상) 관리방식의 기본원칙이 과거와 많이 바뀌어 지식급이나 스톡옵션stock option과 같은 방식이 나오게 된 것이다. 캐나다 상업은행CIBC에서 실시하고 있는 정책들을 보면 세계 기업들이 이러한 추세에 발맞추려 한다는 것을 엿볼 수 있다. 캐나다 상업은행에서는 경력개발프로그램에 근거해 사원들 개개인의 능력 프로필을 만들어 사원들을 평가하고 있다. 평가 결과와 인적자원 개발투자 및 효과는 주주들에게 공개되어 회사의 잠재력을 알리는 구실도 한다. 직원들은 입사직후 능력에 대해 구체적으로 평가받으며 업무를 수행하기 위한 적절한 수준에 도달하기 위해 학습계획서를 작성하고 실행한다. 그리고 이는 회사에 의해 평가되고 보상받는다. 캐나다 상업은행은 프로그램 위주의 능력개발 체계에서 탈피해 지식과 학습에 초점을 둔 능력개발 체계를 구축하는 것을 지식경영의 목표로 삼고 있다.

21세기에는 물적자본보다 인적자본이 더 중요하다

21세기 정보화시대에는 물적자본보다 인적자본이 중요시되며, 그중 지식자본이 더욱 강조되고 있다. 지식정보사회에서 노동은 일한 시간에 따라 임금을 받거나 양적으로 지표화할 수 있는 것에 의존하는 단순노동이 아니라, 근로자의 능력 자체의 질적 수준에 의해 차별화하는 전문성을 지닌 노동을 의미한다. 전문성을 지닌 인적자본을 육성하는 것은 개인과 사회, 국가발전의 요체이며 경쟁력의 관건이다.

이를 위해 국가는 어릴 때부터 국민 개개인이 자신의 소질을 최대한 계발해 이떠한 분야에서 자기나름의 전문성을 키우기 위한 발판이 될 수 있는 교육의 장을 마련해주어야 한다. 우리나라가 압축경제성장을 이룩할 수 있었던 것은 열악한 경제사정에도 불구하고 미래를 위해 자식에게 글을 가르친 조상들의 예지와 경제를 하려는 의지the will to economize 때문임을 잊지 말아야 한다.

▶ ▶ ▶ **4 장**

산중 놈은 도끼질, 야지 놈은 괭이질 ·**비교우위** 반달 같은 딸 있으면 온달 같은 사위 삼는다 ·**자유무역**

팔이 안으로 굽는다 ·**보호무역** 이불깃 봐가며 발 편다 ·**국제수지**

산중 놈은 도끼질,
야지 놈은 괭이질

▶비교우위

교역의 이유 | 지구촌 시대에 무역은 필수적이다. 우리의 밥상에 외국산 나물과 오렌지주스, 소시지 등 각종 수입 식품들이 오르는 것은 이미 일상화했다. 외국산 제품을 소비하지 않거나 소유한 경험이 없는 사람은 거의 없을 것이다. 우리가 그러하듯이 외국인들 또한 마찬가지다.

이렇게 국가간 무역이 활발하게 이루어지게 된 것은 다음과 같은 기대이익이 크다는 판단 때문이다. 다시 말해 기후, 환경, 부존자원이 다른 세계 각국의 다양한 재화를 소비할 수 있고, 값이 싼 원자재를 구입할 수 있고, 기술도입이 쉬워지고, 규모의 경제economies of scale의 이득을 볼 수 있기 때문이다. 또 초과수요로 물가가 상승해 수입을 늘릴 경우 물가안정에 기여할 수 있고, 수출을 통해 획득한 외화로 자본재를 수입해 시설을 확장하고 투자를 늘림으로써 국가의 경제규모가 확대되고, 무역을 통해 단순재화 교류 및 문화 교류가 확대되는 것 등이다.

비교우위

무한경쟁, 무국경의 지구촌 시대를 합리적으로 살아가는 일은 여간 어렵지 않다. 우리 속담에 '산중 놈은 도끼질, 야지 놈은 괭이질'이라는 말이 있다. 이 속담은 산에 사는 사람은 나무를 찍는 도끼질에 능숙하고, 들에 사는 사람은 땅을 파는 괭이질에 능숙하듯 사람은 각자 자신의 환경에 따라 하는 일이 다르다는 뜻이다.

다시 말하면 산에 사는 사람은 나무가 풍부한 곳에 살고 있기 때문에 도끼를 이용해 나무를 하는 데, 들에 사는 농부보다 비교우위 comparative advantage에 있다는 말이다. 반면에 들에 사는 농부는 들판이라는 환경요소에 적응하기 위해 괭이로 각종 곡식과 야채를 생산하는 데 산에 사는 사람보다 비교우위에 있다는 말이다. 물론 산중에 사는 사람과 야지에 사는 사람 모두 나무도 베고 농사도 지어 자급자족할 수도 있지만 생산비가 상대적으로 적게 드는 쪽을 특화specialization하는 것이 더 경제적이다. 양자가 서로 비교우위 부문에 특화하여 서로의 물품을 교환한다면 둘 모두에게 훨씬 이익이 되기 때문이다.

생산성우위의 상품을 교환한다

좀더 구체적인 예를 들어보자. 한국 근로자 한 명이 1년에 컴퓨터를 50대 생산해낼 수 있는 데 비해,

스리랑카 근로자는 10대밖에 생산해내지 못한다고 하자. 그리고 한국 근로자 한 명이 1년에 옷 100벌을 만드는데, 스리랑카 근로자는 50벌밖에 만들지 못한다고 하자. 이때 컴퓨터 생산의 경우 한국 근로자의 생산성은 스리랑카 근로자보다 다섯 배나 높다. 그렇지만 옷 생산에서는 생산성이 두 배밖에 안된다.

여기에서 한국 근로자는 컴퓨터 생산에 비교우위가 있고 스리랑카 근로자는 상대적으로 옷 생산에 비교우위가 있다. 두 나라는 컴퓨터와 옷을 모두 자국에서 생산해 자급자족하는 것이 가능하지만 효율적인 것은 아니다. 그러므로 한국에서 두 물건을 모두 생산하는 것보다는 한국은 컴퓨터 생산에, 스리랑카는 옷 생산을 특화해 무역을 하는 것이 양국 모두에게 이익이 된다.

이와 같이 국제관계에서 각자가 비교우위가 있는 상품을 특화해 생산하고 서로 교환한다면 양국 모두 이익을 얻게 된다. 분업 내지 특화 이익은 각 분야의 생산성을 더욱 향상시키는 데 기여해 비교우위에 따른 국제분업과 무역을 가능케 한다. 더욱이 모든 사람이 각자 비교우위가 있는 물건을 특화해 생산한다면 경제의 총생산량은 증가하게 된다. 이렇게 증가된 총생산량은 사회의 모든 사람을 전보다 잘살 수 있게 해준다.

국제무역 상품들의 인식코드는?

비교우위는 국제무역에서 두드러지게 나타난다. 국제사회에서 '카세트는 일본, 패션은 이탈리아'

하는 식으로 고정관념이 형성되어 있다. 옷가게에서도 같은 원단과 디자인의 옷이 있을 때, 상표가 'made in Italy'인 옷이 'made in Japan'보다 가격이 몇배 더 높다. 그러나 전자제품 가게에서는 다른 나라 상품보다 일본산이 월등히 소비율이 높고, 제품이 우수하다는 인식 또한 강하게 박혀 있다. 그리고 우리나라에서는 어디에서도 이탈리아산 전자제품은 찾을 수 없다. 오래 전부터 전자산업에 주력한 결과 일본은 전자산업의 발달에 필요한 요건들을 고루 갖추게 되어 전자강국이 되었다.

세계적으로 유명한 소니, 아이와, 파나소닉, 산요 등은 모두 일본의 전자회사이다. 일본이 전자제품 분야에서 강한 산중 놈이라면, 이탈리아는 패션에 강한 야지 놈으로 볼 수 있다. 이탈리아는 의류와 섬유 분야에 여전히 세계 최고의 자리에 있다. 이탈리아에서 전자제품을 생산한다면 새로 기반시설을 갖추어야 하므로 기존의 의류산업을 특화하는 것보다 생산비가 더 많이 들 뿐더러, 세계시장을 개척해 소비자를 확보하는 것도 무리다. 일본 역시 패션산업이 비교적 활발하지만, 이탈리아에는 미치지 못한다.

만약 두 나라가 두 재화를 생산하는 데 생산력을 투자한다면, 얻을 수 있는 이익은 극히 줄어들 뿐만 아니라 손해를 볼 수도 있기 때문에 두 나라 사이에는 무역이 이루어질 것이다. 이탈리아 사람들은 성능이 뛰어난 일본 카세트를 사서 쓸 것이고, 일본 사람들은 고급 원단과 세계적으로 명성이 높은 이탈리아 브랜드의 옷을 구입할 것이다.

우리나라와 스리랑카처럼, 일본과 이탈리아처럼, 뿐만 아니라 미국의 오렌지 수출과 오스트레일리아의 밀 수출처럼 무역관계에 있는 양국이 각기 비교우위에 있는 재화를 특화해 생산한 후 상호교역을 하면 양국 모두 이익을 얻을 수 있다.

경쟁력 강화

지구촌 시대의 생존 요체는 경쟁력 강화다. 그리고 경쟁력 강화의 요체는 비교우위의 극대화에 있다. 우리나라의 경우 수출품의 품질이 떨어져 교역조건이 계속 악화되고 있는 것으로 나타났다. 한국은행 조사에 따르면 수출 1단위로 수입할 수 있는 물량을 나타내고, 또 지수가 낮을수록 악화되는 것을 뜻하는 '순상품 교역조건지수'가 2000년을 100으로 했을 때 2002년 95.0, 2003년엔 89.0을 기록하고 있다(한국은행, 『2003년 중 무역수지 및 교역조건 동향』, 2004). 교역조건이 나빠진 이유는 국산 수출품의 품질이 수입품의 품질에 비해 비교우위 내지 특화이익의 장점을 살리지 못했기 때문이다. 미국, 일본, 중국 등 편중된 교역국을 다변화하는 방안과 환율에 대한 능동적인 대응으로 슬기롭게 풀어나가는 예지가 요구된다.

주어진 비교우위만으로 살아가는 소극적인 자세에서 부가가치가 가장 높은 비교우위 부문을 만들어낼 필요 또한 절실하다. IMF 외환위기 때 국민 모두가 외채를 갚기 위해 금모으기 운동을 했는데, 영화 〈타이타닉〉 한 편이 그 돈을 맞바꿔간 것이나 다름없다는 사실은 중요한 시사점을 주고 있다.

비교우위라고 하면 부존자원량이나 환경적 요인에 국한해 생각하기 쉬운데, 과학기술 또한 현대사회에서 중요한 비교우위 요소다. 이런 점에서 인구나 자연자원이 부족한 우리나라가 더욱 비교우위를 가지기 위해서는 젊은이들의 독창성과 창의력 등을 신장시키기 위해 정부가 다양한 프로그램을 개발하고 이를 정책적으로 뒷받침해주어야 한다. '산중 놈은 도끼질, 야지 놈은 괭이질'의 비교우위 원리에 따른 특화이익은 특화를 할 수 있는 능력자의 것이다. 주어진 여건이나 환경요소 및 소질에 맞게 '도끼질'과 '괭이질'을 적절히 특화하는 것은 무한경쟁의 지구촌 시대를 능동적으로 살아가기 위해 필수적으로 해야 할 일이다.

반달 같은 딸 있으면
온달 같은 사위 삼는다

▶자유무역

개방화, 세계화는 선택이 아니라 필수! 오늘날 우리는 무한경쟁, 무국경의 지구촌 시대를 살아가고 있다. '지구촌'은 각 나라들끼리 서로 긴밀한 관계를 맺으며 공존하고 있다는 뜻에서 지구를 하나의 마을로 비유한 말이다. 경제적 이익을 얻기 위해 국가간에 상품을 교환하는 무역도 마찬가지여서, 각국은 서로 필요한 상품들을 주고받으며 의존하고 있다. 필요한 물건을 직접 생산해 소비하는 자급자족체제나, 자국 내에서만 상호의존을 허용하는 폐쇄적 경제체제로는 가난과 저발전에서 벗어날 수 없기 때문에 이제 개방화, 세계화는 선택이 아니라 필수다.

우리 속담에 '반달 같은 딸 있으면 온달 같은 사위 삼는다'는 말이 있다. 이 속담은 '반달 같은 딸'로 잘 키워놓을 경우 '온달 같은 훌륭한 사위'를 얻을 수 있다는 말이다. 비교우위에 의한 자유무역free trade을 국가간의 상품교환이라는 좁은 의미로 생각해볼 때 '반달 같은 딸'과 교환될 만한 것은 '온달 같은 사위'다. 이 균형조건이 성립할 경우 거래가 이루어지며, 국가간에는 이러한 거래활동을 통해 비교우위에 입각한 자유무역이 활발하게 이루어진다.

'반달 같은 딸'과 '온달 같은 사위'의 주역들

우리나라의 '반달 같은 딸'은 무엇이고, '온달 같은 사위'는 무엇일까? 2003년도 우리나라의 '반달 같은 딸의 수출품'으로는 반도체(195억달러, 17.5%), 자동차(191억달러, 29.4%), 무선통신기기(187억달러, 37.3%), 컴퓨터(150억달러, 15.7%), 석유화학(119억달러, 28.6%), 철강(93억달러, 31.4%) 등 중화학제품(1,644억달러, 19.3%)의 큰 증가세를 들 수 있다. '온달 같은 사위의 수입품'에는 원유(231억달러, 20.2%), 금속광물(59억달러, 39.2%), 철강·금속(153억달러, 26.0%), 정밀기계(3억달러, 60.9%), 반도체(213억달러, 14.8%) 등이 높은 증가세를 기록하고 있다(『2003 경제백서』, 재정경제부, 2004. 7, pp.45~46).

이를 보면 우리나라의 '반달 같은 딸'은 기술이나 고급 노동력을 필요로 하는 반도체나 자동차 등이고, '온달 같은 사위'는 원자재와 자본재 등임을 알 수 있다. 그런데 요즘 우리나라의 '반달 같은 딸'이 '초승달 같은 딸'이 되려 하고 있다.

우리나라의 수출품목 1위 자리를 굳건히 유지하던 반도체는 싱가

포르의 반도체 업체에 맹추격당하고 있고, 자동차는 생산의 큰 몫을 담당하던 기업이 부도가 나고 외국에 넘어갈 지경에 이를 정도로 쇠약해져 있다. 또 1960~70년대의 주요 산업이었던 신발, 전자제품, 섬유 등은 중국이나 태국 등의 값싼 노동력에 밀려 이제는 주요 수출품목에 포함되지도 못한다. '반달 같은 딸'이 없다면 '온달 같은 사위'도 얻을 수 없다.

비교우위를 통한 자유무역은 서로에게 이익

그렇다면 우리의 '반달 같은 딸'이 '초승달'이 되려는 위기상황을 어떻게 극복해야 할까? '초승달 같은 딸'을 '반달 같은 딸'로 키우기 위해서는 기술개발이 가장 선행되어야 한다. 중국이나 태국이 버티고 있는 한 값싼 노동력을 바탕으로 한 해외시장 개척은 더이상 한국기업의 전략이 될 수 없다. 이제 우리나라는 기술과 품질에 승부를 걸지 않으면 안된다. 또 국내기업들은 세계적으로 경쟁이 격화되는 환경에서 주력업종 중심의 구조조정 노력을 한층 강화할 필요가 있다. 초대형 기업이나 초국가적 기업의 탄생에 대응해 국내외 기업간 협력을 통한 대형화나 전략적 제휴를 강화할 필요가 있다. 정보화에 대한 투자를 확대하고, 전문인력을 양성하며, 경영능률을 향상시키는 일 또한 소홀히 할 수 없는 부분이다. 정부는 국가신용도를 높여 한국의 제품이 믿을 만하고 우리나라의 경제환경 또한 건전하다는 인식을 전세계에 심어주어야 한다. 이러한 노력들이 잘 시행된다면 '반달 같은 딸'로 '온달보다 더 좋은 사위'도 삼을 수 있을 것이다.

지구촌 시대에 비교우위에 입각한 자유무역은 필수적이다. 21세기에는 어떠한 국가도 완전히 외부세계와 고립되어 살아갈 수 없다. 대원군 시대와 같은 쇄국정책으로는 세계 흐름을 따라갈 수 없고, 경제가 완전히 독립적인 체제로 존속할 수도 없다. 서로 의존하고 살아가는 경제체제에서 특히 우리나라와 같이 부존자원이 부족한 나라는 무역을 하지 않으면 경제가 마비된다. '반달 같은 딸 있으면 온달 같은 사위 삼는다'는 조상들의 예지를 되새겨 우리나라의 수출품목을 시장조건에 맞추어 '반달 같은 딸'로 잘 키워야 한다.

팔이 안으로 굽는다

왜 팔이 안으로 굽을까? 인간은 누구나 자기보호 본능이 있다. 우리의 신체 역시 마찬가지다. 바람이 세게 불어 먼지가 흩날리면 자기도 모르게 눈을 감고, 위험한 물체가 가까이 다가오면 언제 피했는지도 모르게 몸을 피하는 것 등이 이를 말해준다. 경제생활 역시 나 자신을 중심으로 이루어지고 있다. 자신의 소득에 맞추어 물건을 구매하고, 가계나 기업이나 정부도 같은 원리로 움직이고 있다.

우리 속담에 '팔이 안으로 굽는다' 는 말이 있다. 이 속담은 팔이 자신의 신체 일부로 붙어 있으므로 불리한 처지에 처했을 때 스스로를 보호하기 마련이라는 뜻이다. 경제에서도 '팔이 안으로 굽는다' 는 원리는 그대로 나타나고 있는데, 보호무역protective trade이 바로 그것이다. 보호무역이란 중요산업을 중심으로 한 국내산업을 보호, 육성하기 위해 국가가 외국무역에 간섭하는 일을 말한다. 보호무역이야말로 '팔이 안으로 굽는' 상황이 경제생활 속에 구체화한 것이다. '팔이 안으로 굽는' 정책들에는 보호관세, 수출장려금제도, 수입할당제 등이 있다. 보호관세란 국내산업을 보호, 장려할 목적으로 자국의 상품과 경쟁하는 수입상품에 부과하는 관세를 말한다. 수출장려금제도란 특정한 화물의 수출을 장려하기 위해 정부에서 수출상에게 보조금을 주는 제도다. 수입할당제quota system는 수입관리제도의 하나로 정부가 국내산업을 보호, 육성하기 위해 일정한 상품에 대해 미리 수입총량과 할당량을 결정해놓고 그 한도 내에서 수입을 승인하는 제도다. 이러한 수단이 강구되는 것이 바로 '팔이 안으로 굽는' 국제경제상의 구체적인 제도들이다.

보호무역은 봉건시대 말기에 중상주의자들에 의해 사상체계가 확립되었다. 보호무역은 처음에 금, 은 등 귀금속을 얼마나 보유하고 있느냐가 국가의 부富를 결정짓는다고 생각한 중상주의重商主義에서 출발했다. 대내적으로는 상공업을 중요시하고 대외적으로 국가의 보호, 간섭으로 무역 차액을 확대하려 한 중상주의자들은 무역이 부의 유일한 원천이라고 생각했다. 그들은 수입품에 고율의 관세를 부과하고, 수출장려금제도를 실시해 자국의 산업을 강력하게 보호하려 했다.

유치산업의 보호

한편 보호무역주의는 자국의 유치산업을 보호, 육성하려는 데서 비롯되었다. 이러한 보호무역주의protectionism는

19세기 중엽에 당시 후진국이었던 독일과 미국에서 주로 주장되었는데, 이는 애덤 스미스Adam Smith에 의해 확립된 영국의 자유무역주의에 대한 반발에서 시작된 것이다.

보호무역이 주창된 이유는 유치산업을 보호하고, 구舊산업을 유지하고, 임금을 보호하고 유지하며, 덤핑 및 금 유출을 방지하려는 경제적인 이유 외에 군사 및 외교상의 이유도 포함되어 있다. 보호무역주의를 체계화한 사람은 독일의 경제학자 리스트F. List다. 리스트는 영국의 자유무역주의에 대항하기 위해 관세동맹에 의한 보호무역을 주창했을 뿐만 아니라, 고전학파의 경제학 이론들을 비판하며 새로운 경제학 이론 체계를 수립했다. 고전학파의 만민주의萬民主義에 대해서는 국민주의國民主義를, 또 고전학파의 가치학설에 대해서는 생산력 이론을 수립함으로서 그의 경제학은 보호무역주의의 고전이 되었다.

리스트는 프랑스의 경우 콜베르(J. B. Colbert, 루이 14세 시절 프랑스의 재상)를 위시한 중상주의자들이 산업육성과 수출증대에 의한 외화획득의 중요성을 이해하시 못히고 중농주의重農主義에 의한 자유주의로 너무 일찍 이전함으로써 산업화를 이룩하지 못했고, 그 결과 영국에 비해 경제적으로 뒤떨어지는 국가가 되었다고 지적했다.

이론적으로 고찰해볼 때 리스트는 경제발전 단계에서는 유치산업을 보호하는 것이 타당하다고 주장했지만, 경제가 성숙한 단계에 이르면 보호주의를 중단해야 한다고 주장했다. 곧 보호를 위한 보호가 아니라 자유주의를 향한 수단으로서 보호를 주장한 것이다. 또 리스트는 산업의 힘power of manufacture을 중요시했는데, 산업의 힘이란 부존자원에 의해서만 결정되는 것이 아니라 국민성, 교육수준, 기술 등에 의해 결정된다고 했다. 그러므로 국가가 교육에 대한 투자를 늘리고 기술개발산업을 육성하기 위해 노력함으로써 그 국가의 산업의 힘을 증대시킬 수 있다고 주장했다.

리스트의 보호무역주의는 유치산업을 보호하는 데 중점을 두고 있으며, 보호된 산업이 경쟁력을 갖게 되면 자유경쟁 원칙에 따라야 한다는 것이 요지다. 따라서 리스트는 국가의 관여에 의한 산업화 과정이 국부國富를 증대시키는 방법이며 산업화가 이루어진 후에는 자유무역 이론을 따르는 것이 타당하다고 주장했다. '팔이 안으로 굽는' 보호무역은 무조건적인 보호가 아니라 더 큰 자유주의를 향한 자기보호 본능에서 비롯되었음을 명심해야 한다.

이불깃 봐가며 발 편다

국제수지란? 일정 기간 동안에 한 나라 국민과 다른 나라 국민 사이에 이루어지는 모든 경제적 거래에서 발생하는 수지타산이다. 국제수지는 경상수지와 자본수지로 나뉜다. 경상수지는 비누, 연필 등과 같은 일반적인 상품 빛 서비스의 수출과 수입에서 발생한 수지타산인데, 이때 수입한 상품이나 서비스보다 수출한 상품이나 서비스가 많으면 경상수지 흑자라고 한다. 이러한 경상수지는 상품수지, 서비스수지, 소득수지로 나뉜다. 상품수지란 반도체, 자동차, 전자, 섬유 등과 같은 재화의 거래에서 발생한 수지타산이고, 서비스수지는 해외여행이나 보험료, 로열티 등에서 발생한 수지타산이다.

한편 자본수지는 돈만 오고 가는 거래에서 발생한 수지타산인데, 외국으로 나간 돈(해외에 빌려준 돈)보다 들어온 돈(빌려온 돈, 외국인

주식투자 등)이 많으면 자본수지 흑자라고 한다.

왜 이불깃 봐가며 발을 펴야 할까?

우리 속담에 '이불깃 봐가며 발 편다' 는 말이 있다. 이 속담은 이불의 크기는 제한되어 있는데 아무렇게나 다리를 뻗으면 발이 드러나 추워지므로, 이불깃을 봐가며 발을 뻗어야 따뜻한 이불 속에서 편안히 잘 수 있다는 말이다. 이를 국제수지와 관련하여 생각해보면, 국제경제에서 국가는 국제수지를 가급적 균형상태로 유지하거나 흑자로 만들기 위해 노력한다는 것이다. 국가는 국제수지가 흑자냐, 적자냐에 따라 경제정책을 펼치고, 그 정책에 의해 국민의 생활도 많은 영향을 받게 된다. 국제수지의 상황에 따라 국가와 국민은 '이불깃 봐가며 발 펴는' 알뜰한 생활을 해야 한다.

국제수지가 흑자일 경우에는

수요의 증가와 더불어 국내생산의 증가로 국민소득 역시 늘어난다. 이 말은 곧 모든 국민이 덮고 잘 이불깃이 충분하므로 넓은 이불 안에서 모두 두 다리 쭉 펴도 이불이 남는 상황으로 볼 수 있다. 그렇다면 남아도는 이불의 한 부분을 잘라내어 베개를 삼으면 좀더 편안히 잘 수도 있다. 혹은 넓은 이불을 팔아 더 포근하고 적당한 크기의 이불로 바꿀 수도 있다. 이렇게 함으로써 더 따뜻하고 편안하게 잘 수 있다. 곧 흑자에 따른 외화 자산의 증가로 국가는 외채가 있다면 외채를 갚을 수도 있고, 산업기반에 필요한 원자재를 안정적으로 확보해둘 수도 있고, 해외에 직접 투자할 수도 있다는 말이다.

그렇게 된다면 우리의 불안정한 증권시장이 해외에서 날아드는 헤지펀드hedge-fund에 의해 손해를 보는 일을 줄일 수 있을 것이다. 헤지펀드란 국제금융시장에서 100명 미만의 소수 투자자들에게서 자금을 모아 주식, 채권 등의 금융상품뿐만 아니라 원유, 철강 등의 실물자산을 포함한 고위험, 고수익 자산에 공격적으로 투자하는 자본을 가리킨다. 금융시장에서 위험회피형 거래자들은 위험도가 높은 투자행위는 하지 않는 보수적인 투자 태도를 보이는 반면, 헤지펀드들은 공격적인 투자행위를 서슴지 않는 것이 보통이다.

국제수지 흑자의 역효과

그러나 국제수지 흑자가 항상 좋은 것만은 아니다. 경상수지 흑사는 국내통화량을 증가시켜 인플레이션을 일으킬 수도 있으며, 무역상대국의 수입규제를 강화시킬 수도 있다. 이러한 이유로 국가의 경제정책도 자연히 '이불깃 봐가며 발을 펴는' 정책으로 바뀌게 된다. 한 예로 해외여행 규제를 완화할 수도 있는데, 이때 눈치 빠른 사람은 이불깃이 넓다는 것을 감지하고 마음 편하게 해외여행을 다니며 시야를 넓히기도 하고, 평소에 사고 싶었던 루이비통 가방, 코끼리 밥솥, 고급 골프채, 고급 양주 등을 몇개씩 사서 들어와도 세관에서 걸리지 않을 수 있다.

국제수지의 적자의 결과는?

반면에 국제수지 적자는 우리나라 제품의 수출감소와 외국제품의 수입증가를 뜻하므로, 국내생산은 감소하고 국민소득이 줄어들어 실업이 늘어나게 된다. 덮고 자야 하는 사람은 많은데 이불깃이 좁아 그 이불깃을 덮기 위해 경쟁이 치열해지고 이불깃을 덮지 못한 사람들이 속출하게 된다. 곧 국민소득이 감소하고, 실업이 증가하게 된다. 또한 국가는 국제수지 적자인 상황에 알맞은 경제정책을 펴야 하므로, 국제수지 균형을 위해 외화부채를 늘리게 되어 외채에 대한 원리금 상환부담이 증가하고, 이는 결국 국민경제의 안정을 해치게 된다. 우리나라의 국제수지 상황은 어떤지 살펴보자.

우리나라의 국제수지 상황

2003년도 경상수지는 전년대비 46억달러 증가한 150억달러를 기록하였다. 미국·일본·EU 등 선진국에 대한 무역수지는 68억달러 적자로 전년대비 22억달러 감소하였으나, 개도국에 대한 무역수지는 218억달러 흑자로 전년대비 69억달러 증가하였다. 2003년도 경상수지는 123.2억달러 흑자를 기록하여 1998년 이후 6년 연속 흑자를 기록하였다. 경상수지 구성항목별로 보면, 상품수지 흑자(221.6억달러)가 크게 확대되고 서비스수지 적자(76.1억달러)가 소폭 개선됨에 따라 경상수지 흑자규모가 2002년(53.9억달러)보다 69.3억달러 증가하였다. 서비스수지는 기업활동과

관련한 사업서비스 지급증가로 기타 서비스수지 적자(64.0억달러)가
2002년보다 8.2억달러 증가하였으나, 해상화물운임 상승 등에 따라
운수수지 흑자(35.2억달러)가 2002년보다 16.1억달러 증가하여 전체
적으로 적자규모가 2002년(82.0억달러)보다 5.9억달러 감소하였다.
소득수지는 투자소득 적자가 감소하고 급료 및 임금에 대한 흑자가
확대되어, 흑자규모가 2002년(4.3억달러)보다 1.6억달러 확대된 6억
달러를 기록하였다. 경상이전수지는 내국인의 대외송금 지급증가 등
으로 적자규모가 2002년(16.2억달러)보다 12.1억달러 확대된 28.2억
달러 적자를 기록하였다(『2003 경제백서』, 재정경제부, 2004. pp. 47
~48).

외환위기 때 국가경제의 이불깃을 넓힌 주역

지난날 IMF 외환위
기 때 우리는 모두 힘을 합쳐 어려움을 이겨내려 했다. 외제차와 중형
차의 판매량이 현저히 줄어들고, 중고차와 소형차 시장이 활기를 띠
었다. 그리고 장롱 속의 금송아지, 금반지, 금팔찌가 막 쏟아져나왔
다. 다 같이 힘을 모아 작은 이불깃을 덧붙이고 늘려보려고 노력한 것
이다. 결국 이러한 노력으로 외환 보유고를 늘려갔고 국제수지 균형
을 어느정도 맞추면서 외환위기를 극복할 수 있었다. 국민 스스로 이
불깃 봐가며 발을 펴는 경제활동을 펼치면서 국가경제의 이불깃을 넓
힌 것이다.

그러나 IMF 외환위기 시대에도 오히려 가진 자와 정책을 펴는 자

는 국가가 어려운 틈을 타 부정한 방법으로 부를 축적하고, 여유롭게 해외여행을 다니고, 외제 물건을 더 많이 사들였다. 이런 사람들은 정부의 말을 그대로 믿고 따른 국민에게 상대적 박탈감을 안겨주었으며, 치유하지 못할 불신을 심어주기도 했다. 우리나라에 또다시 IMF와 같은 외환위기가 닥칠 경우 장롱 속의 금송아지, 금반지, 금팔찌가 또 나올까? 만약 그렇게 되지 않는다면 이것은 모두 '이불깃 봐가며 발 편다' 는 속담과는 무관하게 경제생활을 하는 사람들 때문이다. 이런 사람들에게는 특별소비세를 부과하거나 세무조사를 실시해 국가의 경제정책을 따르지 않고 개인의 이득만을 쫓은 대가를 치르게 해야 한다.

국가는 국제수지를 가급적 균형상태로 유지하거나 흑자로 만들기 위해 노력한다. 이처럼 균형적인 국제수지를 위해 국가와 국민 모두 노력해야 한다. 모든 사람이 이불깃에 맞춰 자신의 발을 잘 조정하여 잠을 자려 한다면 작은 이불로도 따뜻한 밤을 보낼 수 있을 것이며, 그렇지 못할 때는 이불이 아무리 커도 춥고 불안하게 밤을 지샐 수밖에 없다. 마찬가지로 주어진 여건에서 분수에 맞게 자신의 생활을 조절하고, 또 국가도 형편에 맞게 국제수지를 잘 조절해나갈 때 모든 국민은 풍요로운 삶을 살아갈 수 있을 것이다.

용어해설

미시경제 microeconomics
개별경제 주체들의 경제행위와 그 상호작용을 연구하는 경제학 분야.

거시경제 macroeconomics
인플레이션, 실업, 경제성장 등 국가경제의 전반적인 현상에 관해 연구하는 경제학 분야.

희소성 scarcity
사회구성원들의 욕망에 비해 그 욕망을 충족시켜줄 수단인 자원이 상대적으로 부족한 현상.

기회비용 opportunity cost
한가지 기회를 선택하기 위해 기꺼이 포기해야만 하는 다른 기회의 가치.

보이지 않는 손 invisible hand
애덤 스미스 Adam Smith 의 『도덕감정론』과 『국부론』에서 나온 말로 개별경제 주체의 영리추구행위가 결과적으로 사회의 생산력 발전에 이바지하는데 이를 가능케 하는 것이 바로 '보이지 않는 손' 이다.

소비자 균형 consumer's equilibrium
최소의 비용이라는 가격조건과 최대의 만족이라는 효용조건을 둘 다 만족시키는 소비경제 상황. 이를 바탕으로 소비자는 경제원칙에 입각한 합리적 경제행위를 한다.

생산자 균형 producer's equilibrium
주어진 총비용으로 최대의 산출량을 얻는 상황으로 생산자균형이 달성되었을 때 생산성을 가장 극대화할 수 있다.

균형가격 equilibrium price

상품의 수요와 공급이 균형을 이룰 때 성립하는 가격. 수요량이 많으면 균형
가격은 높아진다.

한계효용 marginal utility

재화의 한 단위를 추가적으로 소비한 결과 얻어지는 추가적인 만족도. 재화
의 소비량이 증가하면 필요도는 작아지므로 한계효용은 감소하는데 이를 한
계효용체감의 법칙 law of diminishing marginal utility 이라 한다.

대체재 substitute goods

소비자가 원하는 상품이 없을 때 서로 대체할 수 있는 재화를 말한다. 또는
한 재화의 가격이 하락함에 따라 다른 재화의 수요량이 감소하는 경우 두 재
화의 관계를 말한다. 커피와 홍차, 짬뽕과 자장면 등이 있다.

보완재 complementary goods

상호보완하여 한가지 용도로 쓰이는 재화를 말한다. 또는 한 재화의 가격이
상승함에 따라 다른 재화에 대한 수요가 감소하는 경우 두 재화의 관계를 말
한다. 커피와 설탕, 연필과 지우개, 바늘과 실 등이 있다.

유효수요 effective demand 이론

산출량의 크기와 총고용량은 투자와 소비로 이루어지는 유효수요의 크기에
의해 결정된다는 이론. 유효수요란 물건을 살 수 있는 확실한 구매력이 뒷받
침되는 수요를 말한다.

세이의 법칙 Say's law

고전파 경제학의 기본명제인 '공급은 그 스스로의 수요를 창조한다' 는 법칙
으로, 프랑스 경제학자 세이가 주창했다.

수요의 법칙 law of demand

어떤 재화의 가격이 올라가면 그 재화의 수요량이 줄어드는 관계를 말한다.

수요 demand

어떤 재화의 가격이 싸지면 그 물건을 더 많이 구매하고자 하는 소비자의 욕
망을 말한다.

공급의 법칙law of supply

어떤 재화의 가격이 올라가면 공급량이 늘어나고, 가격이 내려가면 공급량
이 줄어드는 관계를 말한다.

밴드웨건bandwagon **효과에 의한 소비**

한 소비자가 어떤 재화를 소비할 때, 다른 소비자들이 그 재화를 많이 소비
하는 데서 영향을 받아 소비하는 경우.

스놉snob **효과에 의한 소비**

밴드웨건 효과에 의한 소비와 정반대의 소비 효과. 다른 이들이 많이 소비하
는 재화는 소비하지 않는 행위.

규모의 경제economies of scale

상품의 생산량이 증가함에 따라 장기적인 평균생산비용은 감소하므로 상품
을 생산하는 기업은 시장의 지배자가 된다는 개념. 전력, 수돗물, 전화, 통
신, 항만, 댐 등이 있다. 이 경우 기업은 자연스럽게 시장을 독점하므로 이를
자연독점natural monopoly이라고 한다.

기업집중 concentration

대기업이 막강한 자금력과 시장의 독점화를 통해서 영세한 중소기업을 흡수
또는 합병함으로써 독점이윤을 획득하고 대규모 기업으로 성장하는 것을 기
업집중 또는 경제력집중이라고 한다.

윈윈 win-win

경쟁이나 전투에서 지는 쪽이 없이 서로 이기는 원리. 기업이 발전하려면 주
변 이해당사자인 소비자와 근로자, 주주, 협력업체, 정부 등 각 주체들과 윈
윈의 우호적 관계를 유지해야 한다.

제로섬 zero-sum

경제정책의 운영과정에서 합하면 영이 되어 처음의 상태로 돌아가는 원리.
제로섬 상황을 타파하기 위해서는 저축을 투자에 결부시켜 경제성장률을 높
여야 한다.

매몰비용 sunk cost

한번 지불되면 회수할 수 없는 비용. 매몰비용에 연연하면 의사결정에 오류를 범할 위험이 있다.

외부경제 효과

생산자나 소비자의 경제활동이 시장거래에 의하지 않고 직접적으로, 또는 부수적으로 제3자의 경제활동이나 생활에 영향을 미치는 것을 외부경제 효과라고 한다.

공공재 public goods

정부재정에 의해 공급되어 모든 개인이 공동으로 이용할 수 있는 재화나 서비스. 많은 사람이 동일한 재화와 서비스를 동시에 소비할 수 있다. 국방, 치안, 도로, 가로등, 등대, 공원 등이 공공재에 속한다.

사적재 private goods

대부분 편익이 그 재화를 보유하는 경제주체에게 돌아가는 재화. 사적재는 다른 사람이 그 재화를 소비할 수 없다.

도덕적 해이 moral hazard

자기가 맡은 일에 최선을 다하지 않으려는 마음가짐이나 행동, 또는 다른 이들의 이익을 희생하고 자신만의 이익을 추구하는 기회주의적 행동.

정부의 실패 government failure

시장의 실패를 교정하기 위한 정부 개입이 오히려 효율적인 자원배분을 저해하는 상황을 가리킨다.

공적자금

금융구조조정을 지원하기 위해 동원되는 자금으로, 금융기관이 기업여신을 회수하지 못해 부실해질 경우 정부에 의해 투입된다.

아웃소싱 outsourcing

기업 내부의 프로젝트나 활동을 외부에 위탁해 처리하는 경영전략. 기업은 자신의 전문 분야만 담당하고 그외의 부분은 아웃소싱을 통해 보완함으로써 경쟁력을 더욱 높일 수 있다.

스톡옵션 stock option
신규채용 임직원에게 일정기간이 지난 후에도 채용 당시의 약정가격으로 주식을 살 수 있는 권한을 인정해 영업이익 확대나 상장 등으로 주가가 오르면 그 차익을 볼 수 있게 하는 보상제도.

비교우위 comparative advantage
비교생산비가 유리한 것, 즉 각국은 생산비가 비교적 유리한 상품을 집중적으로 생산하여 수출하고 그 반대의 상품은 수입을 할 경우 두 국가 모두에게 이익이 된다는 것이다. 이리하여 각 국가긴에 분업이 비교우위에 의해 이루어지고 자유무역이 추진된다.

자유무역 free trade
외국에서 수입되는 재화에 제한을 가하지 않고 자유롭게 거래하는 것. 각국 간의 교역을 자유롭게 하여 무역을 확대하는 것이 자유주의경제의 기반이 된다는 생각이다. 영국이 산업혁명기에 우월한 생산력을 무기로 내세운 통상정책이었다.

보호무역 protective trade
무역수지의 개선이나 국내산업 보호를 목적으로 수입을 제한하는 것. 관세 인상, 수입할당제, 수입과징금제, 수입담보금제 등이 있다.

국제수지 Balance of Payments; BOP
일정기간 동안에 한 나라의 국민과 다른 나라의 국민 사이에 이루어지는 모든 경제적 거래의 수지타산.

헤지펀드 hedge-fund
개인이나 기관투자가들에게서 모은 자금의 이윤을 극대화하기 위한 일종의 투자신탁 형태. 헤지펀드는 주식, 채권 등의 금융상품뿐만 아니라 원유, 철강 등의 실물자산까지 포함하는 고위험, 고수익 자산에 공격적으로 투자한다.

참고문헌

· 강칠규 외 6인 공저, 『현대경제학』, 법문사, 1993
· 『경제교육』 1992~2005년판, KDI 경제정보센터
· 『경제백서』 2003년판, 재정경제부, 2004
· 『경제백서』 2004년판, 재정경제부, 2005
· 『경제학 대사전』, 박영사, 1986
· 곽해선, 『경제기사 300문 300답』, 동아일보사, 2000
· 권오철, 『살아가는 경제이야기』, 성훈출판사, 1993
· 교학사 편, 『겨레의 슬기 속담 3000』, 교학사, 1996
· 『국세통계연보』 2004년판, 국세청, 2004. 12
· 『국제통계연감』, 통계청, 2004
· 김상규, 『세계경제질서와 경제교육』, 학문사, 1996
· 김상규, 「속담을 통해서 풀어본 한국인의 경제의식」, 『경제교육』 제6권 제2호, 한국
  개발연구원부설 국민경제교육연구소, 1997. 12
· 김상규, 「속담 활용의 경제학 개념 교육」, 『경제교육』 제9권 제2호, KDI 경제정보센
  터, 2001. 7
· 김상규 외 공저, 『사고중심의 경제학강의 (개정판)』, 형설출판사, 1999
· 김종선, 『길거리 경제』, 동아일보사, 2000
· 네이 마사히로 편, 이균 역, 『세계를 움직인 경제학 명저 88』, 한국경제신문사, 1997
· 『대한민국 50년의 경제사회상 변화』, 통계청, 1998
· 막스 베버 저, 조기준 역, 『사회경제사』, 삼성출판사, 1988
· 모리스 H. 돕 저, 이선근 역, 『자본주의 발전연구』, 동녘, 1980
· 박홍립, 『경제학원론』, 박영사, 1990

· 『사회통계조사보고서』, 통계청, 2005

· 새뮤얼 헌팅턴 저, 이희재 역, 『문명의 충돌』, 김영사, 1997

· 손인수, 『한국교육의 뿌리』, 배영사, 1995

· 손정식, 『생활 속의 경제원리』, 사계절, 1998

· 송병락, 『한국경제론』, 박영사, 1990

· 송재선, 『우리말 속담 큰 사전』, 교학사, 1996

· 스티븐 코비 저, 김경섭 · 김원석 역, 『성공하는 사람들의 7가지 습관』, 김영사, 1996

· 스티븐 호킹 저, 현정준 역, 『시간의 역사』, 삼성출판사, 1993

· 안국신, 『신경제학개론』, 율곡, 1991

· 애덤 스미스 저, 박세일 · 민경국 공역, 『도덕감정론』, 비봉출판사, 1996

· 앨빈 토플러 저, 이규행 감역, 『전쟁과 반전쟁』, 한국경제신문사, 1994

· 앨빈 토플러 저, 함희준 역, 『제3의 물결』, 배제서관, 1987

· 엄병섭 외 공저, 『조선속담집』, 한국문화사, 1994

· 편집부 편, 『옛 어른의 가르침이 담겨 있는 고사성어사전』, 교학사, 1996

· 오영수, 『오 교수와 함께 떠나는 경제여행』, 사계절, 2003

· 이기문 편, 『속담사전』, 민중서관, 1969

· 이종호, 『조선시대의 경제사상』, 민속원, 1993

· 이주명 · 김소연 · 박기학 공저, 『손바닥 경제용어』, 사계절, 2000

· 이지순, 「경제학, 무엇이 문제인가?」, 『한국의 경제학교육, 이대로 좋은가?』, 한국경
  제학회. 2000. 6

· 이학용, 『생활경제학』, 다산출판사, 1999

· 이희승 편저, 『국어대사전』, 민중서림, 1988

· 임동권, 『속담사전』, 민속원, 2002

· 정승모, 『시장의 사회사』, 웅진출판, 1993

· 조셉 A. 슘페터 저, 이상구 역, 『자본주의 사회주의 민주주의』, 삼성출판사, 1988

· 조순 · 정운찬 공저, 『경제학원론』, 법문사, 1990

· 조희천 · 박정양 김철환 공편, 『중국고대명언명구집』, 연변인민출판사, 1994

· 존 케네스 갤브레이스 저, 조규하 역, 『경제사 여행』, 고려원, 1994

· 존 케네스 갤브레이스 저, 김성숙 역, 『하버드 경제학 교수』, 한국경제신문사, 1992

· 찰스 다윈 저, 박만규 역, 『종의 기원』, 삼성출판사, 1988

· 최광, 『현대경제학의 이해-사회문제의 경제학적 분석』, 비봉출판사, 1989

· 최래옥, 『되는 집안은 가지나무에 수박 열린다』, 미투, 1993

· 최윤재, 『한비자가 나라를 살린다』, 청년사, 2000

· 최창열, 『우리 속담 연구』, 일지사. 1999

· 칼 마르크스 저, 김수행 역, 『자본론 Ⅰ, Ⅱ, Ⅲ, Ⅳ, Ⅴ』, 비봉출판사, 1991

· KDI 경제정보센터 편, 『디지털 경제용어』, 매일경제신문사, 2001

· 페르낭 브로델 저, 주경철 역, 『물질 문명과 자본주의 Ⅰ-1, Ⅰ-2』, 까치, 1995

· 편집부 편, 『고사성어』, 민성사, 1988

· 프랜시스 후쿠야마 저, 이상훈 역, 『역사의 종말』, 한마음사, 1997

· 프레이저 저, 김상일 역, 『황금의 가지(상), (하)』, 을유문화사, 1988

· 『한국의 사회지표』, 통계청, 2004

· 홍기현, 조영달 공저, 『경제학산책』, 김영사, 1993

· 『논어』, 『맹자』, 『대학』, 『중용』

· Adam Smith, *An Inquiry into the Nature and Causes of the Wealth of Nations*, Clarendon Press Oxford, 1776

· Daniel R. Fusfeld, *The Age of the Economist*, 5th ed., Tower Press, 1986.

· Francis Fukuyama, *Trust-The Social Virtues and the Creation of Prosperity-*, New York: The Free Press, 1995

· Fannie R. Shaftel, "Role Playing : An Approach to Meaningful Social Learning", *Social Education 34* : 1970. 5

· James A. Banks, *Teaching Strategies for the Social Studies-Inquiry, Valuing, and Decision-Making*, 4th edition, Longman, 1990

· J. M. Keynes, *The General Theory of Employment, Interest and Money* (London : Mallian and Company Limited), 1936

· John Rawls, *A Theory of Justice*, Harvard University Press, 1971

· Kenneth L. Judd and Young Ki Lee, *An Agenda for Economic Reform in Korea-International Perspectives*, Hoover Institution Press, 2000

· Mark Blaug, *The methodology of economics*, Cambridge University Press, 1980

· Maurice Levi, *Thinking Economically : How Economic Principles Can Contribute to Clear Thinking*, Basic Books, 1985

· Michael Watts, "Economists Ideological Conflicts and Consensus on Economic Issues, and Their Implications for Economic Education", in *An International Perspective on Economic Education*, Kluwer Academic Publishers, 1994

· N. Gregory Mankiw, *Principles of Economics*, The Dryden Press, 1997.

· Paul Heyne, *The Economic Way of Thinking*, 10th edition, Science Research Association, Inc., 2003

· Richard E. Gross and Thomas L. Dynneson (eds.), *Social Science Perspectives on Citizenship Education*, Teachers College Press, 1991.

· Stephen Buckles, "Guidelines for Economic Content in School Programs" in *Effective Economic Education*, (Washington: National Education Association) 1991

· Stowell Symmes (eds.), *Economic Education : Links to the Social Studies*, National Council For The social Studies, 1981

· Stuart King, Year 10 Economics, ESA Publications(NZ) Ltd., 1997

· Todd G. Buchholz, *New Ideas from Dead Economists*, A Plume Book, 1989.

· William B. Walstad (eds), *International Perspective on Economic Education*, London: Kluer Academic Publishers, 1994

· William B. Walstad and C. Soper (eds), *Effective Economic Education*, National Education Association of the United States Joint Council on Economic Education, 1991